KB076298

초연결사회와 개인정보보호

초연결사회와
개인정보보호

초판 1쇄 펴낸 날 2019년 10월 11일

지은이 이욱한 · 조수영
펴낸이 김삼수
편 집 김소라
디자인 최인경

펴낸곳 아모르문디
등록 제318-2007-00076호
주소 서울시 마포구 성미산로13길 87 201호
전화 0505-306-3336
팩스 0505-303-3334
이메일 amormundi1@daum.net

ISBN 978-89-92448-90-1 93360

© 2019, 이욱한 · 조수영 Printed in Seoul, Korea

이 도서의 국립중앙도서관 출판예정도서목록(CIP)은 서지정보유통지원시스템 홈페이지(http://seoji.
nl.go.kr)와 국가자료공동목록시스템(http://www.nl.go.kr/kolisnet)에서 이용하실 수 있습니다.(CIP제어
번호 : CIP2019039006)

HYPER CONNECTED SOCIETY & PERSONAL DATA PROTECTION

초연결사회와
개인정보보호

이욱한 · 조수영 지음

아모르문디

프롤로그

"New civilization is emerging in our lives. This new civilization brings with it new family styles; changed ways of working, loving, and living; a new economy; new political conflicts; and beyond all this an altered consciousness as well. Pieces of this new civilization exist today. Millions are already attuning their lives to the rhythms of tomorrow." - *The Third Wave*, Albin Toffler

'초연결사회(Hyper Connected Society)'는 2001년 캐나다의 사회과학자인 애너벨 콴하스(Anabel Quan-Haase)와 배리 웰먼(Barry Wellman)이 정보통신기술(Information & Communication Technology, 이하 ICT) 분야에서 처음 사용하였으며, 사람과 사물 그리고 공간이 고도화된 정보통신기술의 발달로 컴퓨터 네트워크인 인터넷에 의해 초(超)연결성을 띠게 되는 사회를 의미한다. 현재는 제4차 산업혁명(Industry 4.0), 'IoE(Internet of Everything)' 등과 함께 ICT 분야에서 미래사회에 대비하자는 차원에서 널리 쓰이는 용어가 되었다.

과거 제1의 물결을 이루는 농경사회가 사람과 사람 간의 소통을 통해 사회관계를 형성했고, 제2의 물결을 이루는 산업사회에서는 전화나 TV, 컴퓨터와 같은 사물을 매개로 사회관계가 형성되었다면, 제3의 물결을 이루며 점점 더 고도화되어가는 ICT 사회에서는 사람과 사람, 사람과 사물뿐 아니라 사물과 사물 간에도 네트워크가 형성되어,

모든 것들이 초연결(hyperconnectivity)된 네트워크를 형성해 지구 상의 가능한 모든 것들 간에 소통이 가능해지는 초연결사회를 형성할 것이라 예측한다.

이러한 초연결사회의 구현은 그리 먼 미래의 일이 아니다. "2018년에 전 세계 모바일 데이터의 트래픽이 2013년에 비해 11배 증가"했다는 기사를 읽은 것이 바로 얼마 전의 일인데, 글로벌 시장조사 기관인 IDC의 연구 결과에 따르면 2025년 전 세계 데이터 규모가 2016년보다 10배 늘어나 약 163ZB(제타바이트)에 이를 것이라고 한다. 1ZB가 미국 전체 학술 도서관에 소장된 도서 정보량의 50만 배에 이르는 수치라는 점을 감안할 때, 163ZB 정도의 데이터가 모든 사람과 사물 그리고 공간을 통해 인터넷으로 전송된다는 것은 스마트폰의 발달과 사물인터넷의 확장 등에 비추어 볼 때 그리 놀랍거나 비현실적 예측은 아닌 것이다.

인터넷이라는 컴퓨터 네트워크를 통해 사물 간의 소통이 가능하고(사물인터넷), AI(Artificial Intelligence), 로봇 등이 다양한 산업과 결합해 새로운 형태의 서비스와 비즈니스, 제품을 만들어내고 있는 현실은 초연결사회가 이미 도래했음을 알려준다.

앨빈 토플러의 표현을 빌리자면 새로이 도래하는 초연결사회는 노동, 사랑뿐만 아니라 삶의 양식 자체를 변화시킬 것이다. 초연결사회에서 얻어지는 수많은 정보는 인류에게 지금까지와는 다른 차원의 편리성과 효율성, 안전성 등을 제공해준다. 이것은 정보의 양이 어마어마하게 많기 때문이기도 하지만 개인에 대한 구체적인 정보가 포함되어 있기 때문에 가능한 일이다. 특정할 수 있는 구체적인 정보일수록 정보의 가치는 높아지는데, 이러한 수많은 개인정보는 보다 높은 편리성과 효율성을 제공하는 기반이 된다.

다른 한편으로 인류는 지금까지 경험해보지 못한 편리성과 효율성, 안전성을 얻는 대신 또 다른 소중한 가치인 개인의 사적 영역이 침해될 수 있는 위험에 노출되고 있다. 개인정보는 개개인의 사적인 영역에 관한 정보로서 서로 다른 개인의 정체성을 형성하고 인격 주체성을 결정짓는 핵심 요소이다. 개인에 대한 사적인 정보가 무단으로 노출된다는 것은 마치 공개된 장소에서 발가벗겨지는 것과 같은 심각한 인격권의 침해가 될 수 있다. 따라서 우리 헌법은 사생활의 비밀과 자유 및 인격권으로부터 개인정보의 자기결정권을 기본권으로 인정하고 있다. 개인정보의 보호는 결코 가볍게 취급되거나 포기할 수 없는 소중한 가치인 것이다.

우리 앞에 불쑥 도래한 초연결사회에서는 이처럼 포기할 수 없는 두 가지 가치가 충돌하는 양상을 띤다. 하지만 상충하는 두 가치 중에 더 소중하다고 여기는 것을 선택하는 것은 해결책이 될 수 없다. 초연결사회는 이미 다가왔고, 돌이킬 수 없을 것이며, 오히려 더 발전할 것이다. 이런 상황에서 개인정보의 보호 또한 포기할 수 없기에, 이제는 이 두 가치를 어떻게 조화롭게 조정할 것이냐 하는 문제만 남았다. 그에 대한 해답은 당장 그 누구도 제공할 수 없을 테지만, 과학의 발달에 맞추어 끝없이 적절한 조화점을 찾아내고 수많은 시행착오를 거치며 보다 나은 해결책에 조금씩 다가갈 수 있을 것이다.

이 책은 초연결사회와 개인정보보호에 관한 그간의 논의를 정리하고, 우리 법제는 어떻게 조화점을 찾고 있는지, 그 쟁점과 문제점은 무엇인지 살펴보고자 집필하였다. 인류에게 큰 축복이 될 수 있는 편리성, 효율성 그리고 안전성과 너무나도 소중한 개인정보보호라는 상충하는 두 가지 가치의 조화라는 과제를 해결하기 위한 작은 한 걸음이라는 데 의미를 두고자 한다.

마지막으로 책의 완성도를 높이기 위해 정성과 열정을 다해 힘써주신 아모르문디 김삼수 대표에게 깊은 감사의 마음을 전한다.

2019년 10월

이욱한 · 조수영

차례

V. 정보주체 권리 보장 등

VI. 법 위반 시 처벌사항과 적용제외

I

초연결사회와
개인정보보호

1. 초연결사회의 프라이버시 보호와 개인정보

(1) 초연결사회의 개념

'초연결사회'는 2001년 캐나다의 사회과학자인 애너벨 콴하스와 배리 웰먼이 발명한 용어로, 네트워크 사회에서 사람과 사람 그리고 사람과 기계 간의 커뮤니케이션에 관한 연구에서 비롯된 것이다.[1] 점점 더 고도화되는 미래의 ICT사회를 언급할 때 'IoE(Internet of Everything) 시대' 또는 '제4차 산업혁명 시대'라는 용어와 함께 사용된다. [그림1]은 라우터(router)[2]를 통해 연결된 인터넷망을 시각화한 것이다. 사물인터넷(IoT, internet of things) 또는 초연결망이 고도화된 만물인터넷(IoE, Internet for Everything) 사회 형성에 따라 네트워크 연결망이 고도화된 사회를 '초연결사회'라고 하는데, 이 용어가 처음 사용된 2001년과 비교할 때 데이터의 규모는 급성장하고 있으며 2025년 이후가 되면 전 세계 데이터 규모가 175ZB[3]로 증가하여 연평균 61%의 성장률을 보일 것이라는 전망[4]이 나올 정도이다. 그러므로 우리 사회는 현재 초연결사회로 진입했다고 판단해도 무리는 아닐 것이다.

초연결사회(Hyper Connected Society)

인간과 인간, 인간과 사물 간의 소통을 넘어, 사물과 사물, 사물과 공간 등 지구 상의 모든 물체가 인터넷을 통해 연결되는 사회로, 여러 고도화된 통신 수단으로 네트워크를 형성하여 모든 것이 고도화된 (hyperconnectivity) 연결망 구조를 띠는 사회

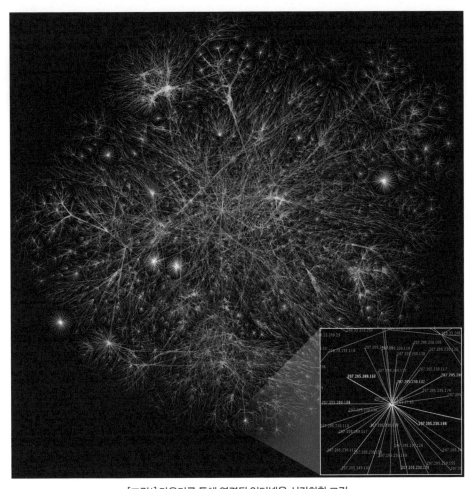

[그림1] 라우터를 통해 연결된 인터넷을 시각화한 그림

출처: The Opte Project Originally from the English Wikipedia; Partial map of the Internet based on the January 15, 2005 data found on opte.org.

　현재 시중에 판매되는 물품 중 일부에는 이미 네트워크에 연결할 수 있는 장치가 내장되어 있다. 유선전화, 휴대전화, 컴퓨터, 노트북이나 패드뿐 아니라 냉장고와 커피메이커, 무선청소기 등으로 네트워크 연결이 가능한 물품의 영역이 급속히 확장되고 있다. 사람과 사물뿐 아니라 사물과 사물 간의 네트워크를 통한 연결이 가능한 사회가 되었으며, 그 네트워크 영역은 확장되어 공간으로까지 확대되고 있다. 자율주행 차의 운행이나 드론, 3D 프린팅 기술, 사물인터넷이나 AI와 빅데이터 등을 활용한 무인점포의 등장, 증강현실의 구현 등은 이러한 환경의 변화를 잘 설명해주는 사례들이다.

(2) 초연결사회와 스마트 신인류의 등장

무엇보다 초연결사회와 함께 신인류로 일컬어지는 일명 'Z세대(Generation Z)', 'C세대(Generation C)' 등의 등장은 우리 사회에 새로운 문명이 생겨나고 있음을 나타내며, 이들은 기존 세대와 다른 소비 행태와 문화의 흐름을 만들어내고 있다. 이러한 스마트 신인류의 등장은 새로운 의식과 새로운 정치 · 경제적 흐름을 만들어낼 것이며, 이는 곧 새로운 문명의 탄생을 의미한다.[5] 최근 급부상하고 있는 센서, 모바일, 클라우드, 빅데이터는 또 한 번의 사회 변화를 이끌고 있다. 이처럼 정보화 3세대로 일컬어지는 초연결사회는 인간뿐 아니라 사물에도 컴퓨팅 파워가 접목되고, 인터넷을 기반으로 모든 개체가 연결됨으로써 사람과 사물의 운영프로세스가 고스란히 저장, 관리된다는[6] 특징을 띤다.

이러한 특징은 과거 산업혁명 시대의 원유(原油)에 비견될 정도이다. 이와 같이 데이터의 가치는 확대 · 고평가되고 있으며, 이에 따른 데이터의 정제기술과 저장기술의 발달 등 데이터의 생애주기(life cycle)별 비즈니스 모델의 개발도 활발히 진행 중이다.

(3) 초연결사회와 네트워크화된 개인주의

인터넷이 진화함에 따라 초연결망인 네트워크의 이용자가 증가하고 있으며, 앞서 언급한 바와 같이 신인류가 등장하였다. 이 신인류는 과거의 개인주의와는 다른 네트워

Z세대, C세대, Y세대, 포노 사피엔스

* Z세대(Generation Z): 1990년대 말부터 2000년대 초에 출생한 연령 집단을 일컫는 용어.
* C세대(Generation C): 구글이 2006년 창안한 것으로 연결(Connection), 창조(Creation), 커뮤니티(Community), 큐레이션(Curation, 빅데이터 분석 등을 통해 개인에게 맞춤정보를 제공하는 행위)의 4C 환경에서 자란 세대를 일컫는 용어.
* Y세대(Generation Y): 1980년대부터 2000년대까지의 출생 집단을 'Y(혹은 밀레니얼)세대'라고 일컬음.
* 포노 사피엔스(Phono Sapiens): 휴대폰을 뜻하는 'Phono'와 생각, 지성을 뜻하는 'Sapiens'의 합성어로, '생각하는 사람'이라는 의미의 호모 사피엔스(Homo Sapiens)를 빗댄 말. '스마트폰 없이 살아가기 힘들어하는 세대'라는 의미.

크화된 개인주의를 발달시킴으로써 사회 · 경제 · 문화 전반에 다양한 변화를 가져오고 있다. 개인의 이동은 사람들이 어떻게 동원되고 사람들과 정부가 모든 형태의 사회, 특히 민주주의 사회에서 어떻게 관계를 맺는지에 심대한 영향을 끼치는데, 그것은 민주주의가 시민들의 총체적인 요구를 다루는 사업에 집중하고 있기 때문이다.[7] 그러나 정보통신기술의 고도화로 과거 지역 기반 네트워크 사회에서 초연결망인 네트워크 사회로 변화함에 따라 집단적 또는 지역적 연대보다는 네트워크화된 개인주의를 중심으로 사회적 계층 모델이 발달 · 강화되다 보니, 네트워크화된 시민이 민주주의의 발달과 변화에 중요한 영향을 끼치고 있다. '정보화사회'가 민주주의의 실질적 구현(직접민주주의 구현 등)에 순기능으로 작용할 것이라는 장밋빛 미래를 예측한 과거의 연구 결과와 달리, 최근 발생한 댓글봇 사건[8]이나 페이스북 사건, 드루킹 사건 등은[9] 민주주의와 밀접한 관련이 있는 정치적 의사 형성에 중요한 역할을 끼치는 영역에서 네트워크화된 개인주의를 역이용함으로써 잘못된 판단을 유도하여 민주주의에 심각한 영향을 끼치는 사태를 보여주었다. 독재 국가에서는 오히려 이러한 디지털 환경의 특징을 악용해 대규모의 블로거나 프로그래머를 양성하여 국가의 정치주권을 와해시키거나 정책 결정에 영향을 끼치는 사이버 심리전 등을 펼침으로써 민주주의 구현에 상당한 위험을 초래하고, 나아가 한 나라의 주권에 심각한 해를 끼치는 결과마저 야기하고 있다.[10]

또한 고도화된 정보통신기술의 발달로 IoE 시대로 대변되는 디지털 시대에는 '정보'의 처리 · 유통을 매개로 인류 개개인이 다양한 생활의 이기(利器)를 경험하고 있다. IT혁명에 의한 인터넷, 멀티미디어 등 정보계 네트워크의 정비는 사람들의 소비나 노동, 교육 · 연구, 의료, 오락 등 생활 전반에 걸쳐 효율성을 실현해줌으로써 우리의 욕망과 필요를 즉시 그리고 쉽게 이룰 수 있게 해준다. 다른 말로 표현하면, 우리나라 「헌법」제10조에 근거할 때 디지털 시대의 '정보'의 처리와 유통은 자유권적 기본권과 사회적 기본권의 보장을 위한 총칙적 개념으로서의 행복추구권을 제대로 보장하는 수단으로 작

네트워크회된 개인주의(Networked individualism)[11]

정보통신기술의 고도화로 소셜 미디어 네트워크의 발전에 따라 가구나 노동 집단과 같이 엄격하게 짜인 계층적 관료제나 사회 집단을 중심으로 형성된 고전적인 사회적 계층 모델이 변화된 개인주의를 일컫는 용어.

용하고 있다고 해도 지나치지 않다.

그런데 '데이터자본주의' 또는 '정보자본주의'[12]로 일컬어지는 디지털 시대[13]는 '정보(데이터)'의 처리와 흐름을 매개로 한다는 점에서 정보의 한 유형인 '개인정보(데이터)'의 처리와 유통을 필수불가결하게 내재하고 있다. 상황이 이렇다 보니, 당연히 정보자본주의에 입각한 이윤 추구를 위한 개인정보의 처리와 유통이 법정책 범위 안팎을 넘나들며 공공연히 행해지고 있다. 그리고 이러한 개인정보의 처리와 유통은 정보자본주의의 한 유형인 '감시자본주의(Surveillance Capitalism)'를 형성하고, 이러한 감시자본주의는 개인의 인격 주체성 형성에 근간이 되는 개인정보자기결정권에 대한 침해와 밀접한 관련성을 띠고 발전하고 있다. 사회학자인 쇼샤나 주보프(Shoshana Zuboff)는 지난 20세기의 전체주의적인 악몽 또는 황금시대의 자본주의의 독점적인 횡포에 이르기까지 과거의 재앙으로부터 얻은 교훈을 바탕으로 '감시자본주의' 사회에 충분히 대응할 필요가 있음을 강조하며, 감시자본주의하에서 사람들은 자칫 "무지, 배움에 대한 무력감, 부주의, 불편함, 습관 또는 표류"로 인해 '자결의 원칙(principles of self-determination)'을 상실할 수 있다고 경고한 바 있다.[14] 이러한 경고는 현재 대한민국 사회에서 발생하는 일련의 사건(드루킹 사건, 음원차트 거래 등)에 비춰 보면 매우 설득력이 있다고 할 수 있다.

디지털 시대에 '정보자본주의'의 형성과 발전에 따라 정보를 가진 자와 가지지 않은 자 간에 계급이 형성되고 국민 개개인이 자신에 관한 정보를 통제하는 '자기정보통제권'[15]이 약해지거나 통제력을 상실하면, 「헌법」 제17조에 근거한 사생활의 비밀과 가치 및 더 나아가 광의의 프라이버시 침해와 더불어 「헌법」 제23조의 재산권 및 「헌법」 제24조와 제25조, 제72조와 제130조 제2항, 제8조 등 정치적 기본권의 침해로 이어져, 개인의 기본권과 인간의 존엄과 가치 및 행복추구권에 기인한 인격 주체성만 훼손되는 것이 아니라 국가의 근간이 되는 민주적 기본 질서의 가치마저도 훼손되는 결과를 야기하기 때문이다. 디지털 시대의 정보자본주의하에서 우리나라 「헌법」 제10조 제2문에 근거한 국민의 기본권 보장을 위한 국가의 개입이 필요한 이유는 바로 이 때문이다. 무엇보다 '자본과 데이터의 사용 권리는 누구에게 귀속하는가?'에 대한 고민이 필요하다. 디지털 시대와 정보자본주의가 표리의 관계를 형성한다면, 시민 또는 국민은 이러한 정보자본주의 시대에 우리가 정보의 주인이 될 것인가 아니면 노예가 될 것인가를 고민해야 한다. 그리고 무엇보다 개개인이 정보의 주인으로서 기본권(인권)을 보장받기 위해서는 국민 개인의 노력 외에 법정책적 해결 방안을 마련하는 국가(정부)의 지속적이고 체계적인 노력이 필요하다.

(4) 프라이버시와 개인정보보호

프라이버시권(the Right to Privacy)은 개인의 사생활의 일이 함부로 공개되지 않는 법적 보장 및 권리[16]로, 개인의 인격권적 측면이 강하다. 그러나 우리 사회는 언제부터인가 프라이버시와 개인정보를 동일한 의미로 해석하여 사용하고 있다.[17] 하지만 프라이버시 보호와 개인정보보호는 사실 다른 것(또는 비슷하면서도 다른 것)이며, 이들을 연결 개념으로 초연결사회의 데이터 프라이버시를 발전시킬 수 있는 방법이 요구되고 있다.[18]

원래 '개인정보'를 권리 또는 법익으로 보호해야 한다는 생각은 19세기 후반 미국에서 시작되었다. 당시 미국에서는 도시화와 산업화가 급속히 진행됨에 따라 대중에 대한 가십(gossip) 기사를 게재하는 신문이 등장하였으며, 이 기사의 대상이 되는 사람들의 사생활 침해가 발생해도 그 시대의 법 시스템으로는 유효한 대응책을 찾을 수가 없었다. 그리하여 이러한 사회 변화에 대한 새로운 보호 법익으로 개인정보보호를 인정하고 "혼자 있을 권리(right to be let alone)"를 인정하는 것이 대응책으로 제시된 것이다.[19]

'혼자 있을 권리'는 향후 프라이버시권의 발전에 초석이 된 권리로, 미국 루이지애나주 법원 판사 토머스 쿨리(Thomas M. Cooley)가 불법행위의 법칙에 관한 논문에서 처음 사용한 표현이다.[20] 그리고 이를 1890년 미국의 루이스 브랜다이스(Louis Brandeis)와 사무엘 워렌(Samuel D. Warren)이 공동 논문 「프라이버시의 권리(The Right to Privacy)」[21]에서 인용해 발표하면서 체계화되었다.[22] 즉, 프라이버시의 초창기 개념은 '혼자 있을 권리'에서 출발하여, 나중에 "개인의 인격에 대한 부당한 이용 또는 개인의 활동에 대한 침입"[23]으로 정의되는 개인의 침해에 대한 불법 행위의 원인으로 발전했다.[24] 프라이버시권은 '불법행위 법상의 권리'로서 개인의 사생활에 관한 정보를 공개하지 않을 자유와 개인 업무에 속하는 영역에 낯선 사람의 침입을 받지 않을 자유의 의미로 사용된다.[25]

프라이버시권을 개념 정의한 워렌과 브랜다이스의 개인의 권리(생래적 개인의 권리, Inherent Individual Rights[26])와 혼자 있을 권리 및 프라이버시권에 대한 개념을 도식적으로 표현하면 [그림2]와 같다.[27]

[그림2]에서와 같이 그들은 미국 수정헌법 제5조에 규정된 생명, 자유, 재산권은 개인에게 내재된 근본적이고 고유한 권리로, 이 중 생명권 또는 삶을 영위할 수 있는 권리가 보장되기 위해서는 혼자 있을 권리와 프라이버시권이 보장되어야 한다고 이해했다. 즉, '혼자 있을 권리'라는 보다 일반적인 범주 내에서 프라이버시 권리를 부여했으며, [그림2]에서와 같이 '혼자 있을 권리'는 그 자체로 훨씬 더 일반적인 권리로서 삶을 즐길 수 있는 권리의 일부이며 개인의 근본적인 삶의 권리 중 하나라고 파악했다.[28] 다만 워렌과 브랜다이스는 자유와 재산권에 대한 프라이버시권을 조심스럽게 분리했는데, 그들에 따르면 자유에 대한 권리는 "광범한 시민의 특권"을 보장받는 영역이지만, 프라이버시권은 그 영역에서 배제된다는 것이다.[29] 그들은 또한 개인의 물질적 이익을 구성하는 재산에 대한 권리를 "영원한 이익을 위한 사생활의 관심사에 대한 권리"와 대비

프라이버시, 사생활의 비밀과 자유

* 프라이버시(privacy): 사생활의 비밀과 자유(이른바 프라이버시권)는 미국의 판사 토머스 쿨리가 1879년 그의 글에서 "혼자 있을 권리(the right to be let alone)"를 언급하며 논의가 시작되어, 보스턴의 두 변호사인 사무엘 워런과 루이스 브랜다이스(이후 미 연방대법원 판사가 됨)가 1890년 『Harvard Law Review(Vol. 4, No. 5)』를 통해 공동 논문 "프라이버시권(The Right to Privacy)"을 발표하면서 체계화되었다. 프라이버시권은 정보통신기술의 발전과 더불어 그 의미가 변화하였다.
  – 고전적 의미: 주로 불법행위에 의해 개인의 평화와 평온을 방해하는 것에 대한 개인의 불가침권인 '혼자 있을 권리'로 주장되며, 19세기 후반부터 논의가 시작되었다. 매스미디어 등과 관련된 개인정보라고도 하며, '개인의 사생활이 공개되지 않을 권리'로 인식되는 경우가 많다.
  – 현대적 의미: 정보 기술의 발전에 따라 컴퓨터에 대량의 개인데이터를 처리할 수 있게 됨에 따라 '자기정보의 흐름을 제어할 수 있는 권리(자기정보통제권)'로 그 개념이 변화되어 이해되고 있다.
* 사생활의 비밀과 자유: 프라이버시권과 관련하여 우리나라는 「헌법」 제17조(사생활의 비밀과 자유)에 규정되어 있으며, '사생활의 비밀의 불가침', '사생활의 자유의 불가침', '자기정보에 대한 통제권(자기정보결정권)'을 내용으로 한다.

[그림2] 개인의 권리와 프라이버시권의 관계도[30]

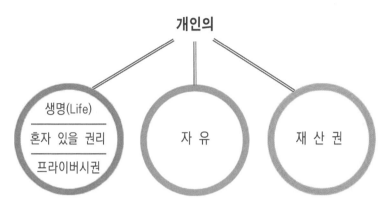

천부인권적 개인의 권리
(Inherent Individual Rights)

개인의

생명(Life)
혼자 있을 권리
프라이버시권

자 유

재 산 권

하여 생각했다.[31] 다시 말해, 워렌과 브랜다이스는 개인정보를 명예훼손법, 지식재산권 및 계약법에 비교했다. 그렇기 때문에 그들이 논의한 프라이버시는 합법적인 대중이나 일반 관심사의 문제로 확장되지 않았다. 따라서 프라이버시권을 고전적으로 이해할 때 는 주로 불법행위에 의해 개인의 평화와 평온을 방해하는 것에 대한 개인의 불가침권 인 '혼자 있을 권리'로 주장된다. 19세기 후반부터 논의가 시작된 이러한 프라이버시권 은 매스미디어 등과 관련된 개인정보라고도 하며, '개인의 사생활이 공개되지 않을 권 리'로 인식되는 경우가 많았다(소극적인 프라이버시권). 1960년 저명한 법학자 윌리 엄 L. 프로서(William L. Prosser)는 프라이버시 보호가 법적 개념으로 "고립 또는 고독 에 대한 침입 또는 사적인 일에 대한 침입", "당황스러운 사적 사실 공개", "공공연히 거 짓된 사항 적시", "이름 또는 초상의 무단사용"의 4가지 불법 행위(프라이버시의 4가지 유형)로 구성된다고 주장하였다.[32]

이후 정보 기술의 발전에 따라 컴퓨터로 대량의 개인데이터를 처리할 수 있게 됨에 따라, "자기 정보의 흐름을 제어할 수 있는 권리(자기 정보 통제 권한, 적극적인 프라이 버시권)"로 그 개념이 변화되어 이해되고 있다. 앨런 웨스틴(Alan Westin)[33]은 1967 년 『프라이버시와 자유(Privacy and Freedom)』에서 프라이버시의 현대적 개념을 정의했는데, 개인의 권리란 "자기 정보에 대한 통제권"이라고 정의를 내렸다. 이런 관점에서 현대적 의미의 '프라이버시권'은 다음과 같이 8가지로 유형화할 수 있다.[34]

1. 혼자 있을 권리(the right to be let alone)
2. 자신의 개인정보에 대한 타인의 접근을 제한하는 선택권(the option to limit the access others have to one's personal information)
3. 사생활 비밀과 자유권(타인으로부터 자신의 정보를 은폐하거나 비밀로 하는 선택권, secrecy or the option to conceal any information from others)
4. 개인정보자기결정권(control over others' use of information about oneself)
5. 프라이버시 보호 상태(states of privacy)[35]
6. 인간성과 자율(personhood and autonomy)
7. 자기 정체성과 인간적 성장(self-identity and personal growth)
8. 친밀한 관계의 보호(protection of intimate relationships)

프라이버시권에 대한 이러한 인식을 바탕으로, 1980년 경제협력개발기구(OECD) 이사회는 '프라이버시 보호와 개인정보의 국가 간 유통에 관한 가이드라인(Guidelines on the Protection of Privacy and Transborder Flows of Personal Data)[36]을 채택하여 프라이버시 보호를 위한 8원칙을 제시하여, 세계 각국의 개인정보보호 제도에 큰 영향을 주었다.

유럽연합(EU)은 회원국 간 프라이버시 보호 관련법제도의 공통화를 위해 EU 출범 2년 후인 1995년에 '데이터보호지침(Directive 95/46/EC)을 채택하여 프라이버시 보호 조치를 각국의 입법에 맞게 구현토록 하였으나, 정보통신기술의 고도화로 ICT 기기의 자동화된 처리를 통한 프라이버시 등 시민의 자유와 권리를 침해하는 일이 발생하자, 법적 구속력을 강화한 GDPR을 제정해 회원국에 법적 구속력을 갖도록 하는 법을 시행 중이다.

미국이 프라이버시권을 개인주의적인 권리로 이해하여 앞서 언급한 바와 같이 네트워크화된 개인주의적 입장에서 인간의 자유와 권리의 변화를 살펴보는 것과 달리, 일본의 경우 개인주의적 관점에서의 접근이 논의되지 않다가 1964년 도쿄 지방법원의

『연회는 끝나고(宴のあと)』사건'[37] 판결이 일본의 프라이버시권 발전의 계기가 되었다. 당시 담당 판사인 이시다 데츠이치(石田哲一)는 판결문에서 프라이버시권 침해의 요구 사항을 다음과 같이 4가지로 유형화하였다.

1. 사생활상의 사실, 또는 사실답게 받아들일 우려가 있는 사항일 것[38]
2. 일반인의 감수성을 기준으로 당사자 입장이라면 공개를 원하지 않을 사항일 것[39]
3. 일반인에게 아직 알려지지 않은 사항일 것[40]
4. 이런 공개를 통해 당사자가 현실에 불편함과 불안함을 느꼈을 사항일 것[41]

그런데 1970년대 이후 사회의 복잡성과 컴퓨터 기술의 발전에 따라 개인정보의 가치가 기하급수적으로 증가하고 매스 미디어에 의한 사생활 노출과는 다른 유형의 프라이버시 침해가 발행함에 따라[42] 이에 대한 대응이 필요해졌다.[43]

상황이 이렇다 보니 일본도 이러한 새로운 프라이버시 침해의 위험에 대해 새로운 접근 방법을 제시하게 되었다. 교토 대학의 사토 코지(佐藤幸治)는 '자기정보통제권'을 제창하고 이를 "개인이 도덕적 자율의 존재로서 스스로 선하다고 판단하는 목적을 추구하고 타인과 의사소통을 위해 자기의 인격과 관련된 정보를 공개할 범위를 선택할 수 있는 권리"로 정의했으며, 도쿄의 헌법학자인 아시베 노부요시(芦部信喜)도 "정보화사회의 진전에 따라 '자기정보를 통제할 권리(정보 프라이버시권)'를 개인의 권리로 파악"하였다. 이는 기존의 프라이버시권의 확장으로, 개인정보를 수집, 저장, 가공, 사용하는 과정에서 매스 미디어가 아닌 주체(개인정보처리자)에 의해 일어나는 침해도 프라이버시 침해로 인식할 수 있다는 접근 태도이다.[44]

그러나 기존 일본 법원의 판결에 근거해 판단해 보면 프라이버시권의 개념은 '자기 정보 통제권'으로서 개인 가치관의 다양성에 따라 달라질 수 있으며, 정보통신기술의 고도화에 따라 언제 누구에게 어떻게 자기 정보를 공개할지 자체가 개인의 가치 선택의 문제이고, 그것을 지키는 것이 프라이버시권이라고 할 수 있다. 그렇다면 이러한 상황에서는 '일반인의 감수성'이라는 개념이 설 자리가 매우 작아진다. 따라서 '혼자 있을 권리로서의 프라이버시(고전적 의미의 프라이버시)'와 '자기 정보 통제 권한으로서의 프라이버시권(현대적 의미의 프라이버시권)'의 관계가 후자가 전자를 포섭하는 간단한 관계가 아니라 오히려 대립적 측면이 발생하는 복잡한 상황이 발생한다.[45]

이러한 상황은 비단 일본뿐 아니라 현재 우리나라가 당면한 문제이기도 하다. 개인정보의 보호와 프라이버시의 보호가 언제나 동일한 의미로 사용되지 않기에 이에 대한 개념 분리가 필요함에도, 우리 사회는 개인정보보호와 프라이버시 보호를 동일한 의미로 인식해 활용하고 있다. 오늘날에는 스마트 신인류의 등장으로 사생활이 심각하게 침해되지 않는 범위 내에서의 개인정보의 활용에 적극 동의하는 사람들이 증가하고 있다. 일본의 경우 'My데이터 제도'를 도입해 개인정보통제권을 보장하는 범위 내에서 익명가공정보의 활용 등을 통해 기업에게 개인정보의 처리를 독려하고 있고, EU도 GDPR 제1조에서 이 규정의 준수를 통해 개인의 자유와 권리를 침해하지 않는 범위 내에서 개인정보의 처리를 보장하고 있다는 사실을 고려할 필요가 있다.

OECD 프라이버시 가이드라인 8원칙

1. 수집 제한의 원칙(Collection Limitation Principle): 개인정보의 수집은 적법하고 정당한 절차에 의하여 정보 주체의 인지나 동의를 얻은 후 수집되어야 한다.
   * 개인정보처리자는 구체적이고 명확한 수집 목적을 가지고 개인정보를 수집하여야 하며, 특정된 목적 달성에 직접적으로 필요하지 않은 개인정보는 처리하여서는 안 된다.
2. 정보(내용)의 정확성의 원칙(Data Quality Principle): 개인정보는 그 이용 목적에 부합하는 것이어야 하며, 이용 목적에 필요한 범위 내에서 정확하고 완전하며 최신의 상태를 유지해야 한다.
   * 개인정보처리자는 개인정보의 정확성과 최신성을 확보하기 위하여 개인정보 입력 시 입력 내용을 사전에 확인하는 절차, 개인정보에 대한 열람 및 정정 요구 등을 통해 정확한 정보를 입력할 수 있는 절차나 방법 등을 마련하여야 하며, 오류정보를 발견한 경우 정정이나 삭제할 수 있는 절차도 마련하여야 한다.
   * 개인정보를 처리하는 과정에서 개인정보취급자 등이 고의 또는 과실로 개인정

보를 변경·훼손하는 일이 없도록 주의 의무를 다하여야 한다.

3. 목적 명확화의 원칙(Purpose Specification Principle): 개인정보의 수집 목적은 수집 시에 특정되어 있어야 하며 그 후의 이용은 구체화된 목적 달성 또는 수집 목적과 부합해야 한다.

4. 이용 제한의 원칙(Use Limitation Principle): 개인정보는 특정된 목적 이외의 다른 목적을 위하여 공개, 이용, 제공될 수 없다.

5. 안전성 확보의 원칙(Security Safeguards Principle): 개인정보는 분실 또는 불법적인 접근, 파괴, 사용, 위조·변조, 공개 위험에 대비하여 적절한 안전조치에 의하여 보호되어야 한다.

6. (처리 방침) 공개의 원칙(Openness Principle): 정보주체가 제공한 개인정보가 어떠한 용도와 방식으로 이용(처리)되고 있으며 개인정보보호를 위하여 어떠한 조치를 취하고 있는지를 공개하여야 하며, 정보주체가 자신의 정보에 대하여 쉽게 확인할 수 있어야 한다.

7. 정보주체 참여의 원칙(Individual Participation Principle): 정보주체가 제공한 개인정보를 열람, 정정 및 삭제를 요구할 수 있는 절차를 마련하여야 한다.

   * 정보주체는 자신과 관련된 정보의 존재 확인, 열람 요구, 이의 제기 및 정정·삭제·보완 청구권을 가진다.

8. 책임의 원칙(Accountability Principle): 정보관리자(개인정보처리자)는 위의 제 원칙이 지켜지도록 필요한 제반 조치를 취하여야 할 책임이 있다.

   * 개인정보처리자는 법령 준수 등 규정된 책임과 의무를 실천해야 한다.

(5) 초연결사회의 프라이버시 보호와 개인정보자기결정권

대한민국에 거주하는 일반인은 경찰청이나 카드회사, 보안업체 등에 하루 평균 70여 회 정도 개인정보가 노출된다는 통계 기사가 있을 정도로, 우리에게 삶의 편의를 제공하거나 안정적인 삶의 영위를 위해 동의 없이 적법하게 처리되는 개인정보의 양은 상당하다. 이러한 개인정보의 처리는 네트워크화된 인간, 즉 C세대 등으로 일컬어지는 신인류의 생활 변화와 연계되어 초연결사회가 고도화될수록 가속화될 가능성이 농후하다. 특히 정보자본주의 사회로 변화함에 따라 정보로 부가가치를 창출하려는 자들에 의한 개인정보 이용 또는 악용을 통한 프라이버시 침해가 일어나고 있으며, 이러한 침해는 국민에게는 기본권의 침해로, 국가 공동체에게는 체제의 불안으로 이어진다는 점에서 개인정보보호를 위한 법적 토대 마련이 절실히 필요하다.

다음에 제시하는 사례는 실제로 국내에서 발생한 것으로, 한 사람의 인격 주체성을 결정짓는 데 중요한 역할을 하는 개인정보가 적법ㆍ불법 처리될 경우 가져오는 프라이버시 침해의 상관관계를 적나라하게 보여준다.

- 사례 1 데이팅 앱

연애를 하려고 데이팅 앱을 설치했더니, 스마트폰을 통해 교육, SNS 계정뿐 아니라 희망, 두려움, 성적 취향 및 가장 깊은 비밀까지도 유출되었다.[46]

- 사례 2 CCTV

육아를 위해 집 안에 CCTV를 설치했더니, 몰카로 침실 영상이 촬영되어 유튜브에 판매되었다.[47]

- 사례3 신용정보

신용불량자 A씨는 자신의 신용불량으로 인해 아들의 명문대 입학이 취소되었다. 신용불량 정보가 공개되다 보니, 항공권 및 기차표도 살 수 없다.[48]

위에 제시된 것은 비록 세 가지 사례에 불과하나 우리의 삶 전체와 관련이 있으며, 우리 생활 전반에 걸쳐 ICT 환경에 노출된다는 점에서 초연결사회는 프라이버시 침해와 밀접한 관련성을 띤다. 사물과 공간 등을 활용해 개인의 성명, 연락처, 종교, 교육 등 인적 사항이나 민감정보, 위치정보 등 각종 개인정보가 정보주체의 의사나 인식 여부와 관계없이 제3자에 의해 광범위하게 수집ㆍ보관ㆍ처리되고 있으며, 가명 정보의 처리가 가능해질 경우 빅데이터의 활용 등으로 이어지면 개인의 프라이버시 침해와 표리 관계에 놓이게 된다.

미국에서 발전한 프라이버시권을 우리나라 헌법상의 '사생활의 비밀과 자유(제17조)'와 같은 의미로 해석하는 것은 한계가 있으나, 개인의 인격 주체성을 결정짓는 인격적 이익의 총체라는 점에서는 유사한 의미성을 지닌다.[49]

"'사생활의 자유'란, 사회공동체의 일반적인 생활규범의 범위 내에서 사생활을 자유롭게 형성해나가고 그 설계 및 내용에 대해서 외부로부터의 간섭을 받지 아니할 권리로서, 사생활과 관련된 사사로운 자신만의 영역이 본인의 의사에 반해서 타인에게 알려지지 않도록 할 수 있는 권리인 '사생활의 비밀'과 함께 헌법상 보장되고 있는(헌재 2001. 8. 30. 99헌바92 등, 판례집 13-2, 174, 202)" 기본권이다. 우리나라의 최고 규범인 헌법에 규정된 사생활의 비밀과 자유는 넓은 의미에서 인격적 이익의 총체를 포괄[50]하며, 구체적으로는 사생활의 비밀의 불가침, 사생활의 자유의 불가침 및 자기정보관리통제권(개인정보자기결정권)을 내용으로 한다.

일반적으로 헌법에 규정된 '사생활의 비밀과 자유', '주거의 자유', '통신의 자유' 등의 기본권은 개인의 사사로운 영역을 구축하기 위한 것이다. 이러한 개인적 영역의 구축을 위해 '비밀'을 가질 수 있다는 것은 자신에 관한 정보의 결정권을 본인이 갖는다는 의미로, 국민 개개인이 자신이 관리할 수 있는 '비밀'이 내포된 사생활 영역을 보호하는 것은 공동체의 유지와 발전을 위한 초석이기 때문에 이 권리 보장의 중요성이 강조된다. 「헌법」 제10조와 제17조 등을 통하여 개인정보자기결정권을 보호하는 이유는, 인간은 자신의 비밀을 유지할 수 있어야 비로소 인간으로서의 존엄성도 지킬 수 있고 행복도 추구할 수 있기 때문이다.

프라이버시(사생활의 비밀과 자유) 보호와 개인정보자기결정권의 관계의 중요성에 대해 살펴보기 위한 예로 '가' 그룹 기획팀에 근무하는 '홍길동'의 일상생활을 살펴보자.

아파트에 거주하는 '김숙명'은 아침 6시 30분에 일어나서 9시까지 회사에 지하철로 출근하고, 오후 12시부터 오후 1시까지 회사 앞 '낚으마' 불낙볶음집에서 식사를 하고, 이후 기획팀 근무를 하다 오후 6~7시에 퇴근한다. 퇴근길에 여자 친구를 만나 '호프으리' 맥줏집에서 간단히 치맥을 한다. 그 후 여자 친구를 버스 정류장까지 배웅한 후 버스로 귀가한다. 집에서 스마트폰으로 게임을 하며 휴식을 취한다.

'김숙명'의 하루 일상을 개인정보와 연계하여 시간대별로 나열하면 아래와 같다.

① 오전 6시 30분 스마트폰으로 날씨 확인

　　　▷ 위치정보 등

② 오전 7시 30분 아파트 엘리베이터 안 CCTV(네트워크를 통해 스마트폰 열람 가능)

　　　▷ 초상, 영상정보, 위치정보 등

③ 오전 8시~8시 50분 지하철 안 및 거리

　　　▷ 위치정보, 거래 시간, 교통카드 요금정보(은행 또는 카드사 전송) 등

④ 오전 8시 50분~9시 회사 세콤 해지

　　　▷ 신원 확인, 출입 시간 등

⑤ 오전 9시~오전 11시50분 회사 개인 컴퓨터로 업무

　　　▷ 이용 내역 기록, 저장 등

⑥ 오후 12시~오후 1시 점심식사 카드 결제(앱을 통해 결제)

　　　▷ 위치정보, 거래 시간, 요금정보(은행 또는 카드사 전송) 등

⑦ 오후 1시~오후 7시 회사 개인 컴퓨터 업무 및 퇴근 시 세콤 확인

　　　▷ 이용 내역 기록, 저장, 신원 확인, 출입 시간 등

⑧ 오후 7시~오후 9시 호프집 카드 결제(앱을 통해 결제, 쿠폰 연계)

　　　▷ 위치정보, 거래 시간, 요금정보(은행 또는 카드사 전송) 등

⑨ 오후 9시~오후 10시 버스 정류장 및 버스 이용, 아파트

　　　▷ 위치정보, 거래 시간, 교통카드 요금정보(은행 또는 카드사 전송) 등

⑩ 오후 10시 30분 스마트폰으로 게임 앱 접속

　　　▷ (필요 시) 위치정보, 게임 성향, 취미 등 민감정보, 아이템 결제 시 휴대전화 번호

　　　또는 카드 번호, 쿠키정보 등

앞서 우리나라에 거주하는 정보주체가 경찰청이나 카드회사, 보안업체 등 개인정보처리자에게 하루 평균 70여 회 정도 노출된다는 통계를 언급한 바 있는데, 위의 사례를 적용해 살펴볼 때 아파트와 거리에 설치된 CCTV 대수만 생각해봐도 평균 70여 회의

노출 빈도는 어쩌면 당연한 수치로 보인다.

　이러한 노출의 빈도는 차를 가지고 출근한다고 달라지지 않는다. 일정한 요건에 해당하면 설치가 의무화된 아파트 주차장(또는 단독주택 앞 거리) CCTV, 도로에 설치된 단속용 CCTV와 차량 흐름 파악용 CCTV 등을 생각해보라. 이러한 일상에 더하여 저축을 하거나 대출을 받기 위해 은행을 방문하거나 진료 목적으로 병원을 방문하면 노출되는 개인정보는 더 다양하고 빈도수도 증가하게 된다. 그리고 이러한 네트워크의 연결망이 점점 더 세밀하고 촘촘해져서 초연결성이 고도화된다면, 이에 따른 개인정보의 처리도 그만큼 다양성을 띠고 증가할 것임을 충분히 예측할 수 있다.

　이처럼 개인정보는 우리의 일거수일투족이 고스란히 담긴 일상생활과 표리의 관계에 있다. 국민의 개인정보가 중요하고 보호받아야 하는 이유는 그것이 개개인의 내외면, 사회관계, 권리를 나타내는 인권적 가치(개인정보 자기결정권)이기 때문이다.

(6) 사회 변화와 개인정보의 침해 증가

　사회가 산업사회에서 정보화사회로 발전, 고도화함에 따라 개인정보의 중요성과 보호체계도 발전, 고도화되고 있다. 과거 산업사회에서는 단순히 개인을 특정하기 위한 인격권의 성격이 강했다면, 고도화된 정보화사회로의 발전을 거듭하고 있는 오늘날에는 단순히 개인을 특정하기 위한 단계를 넘어 재산권의 성격으로까지 발전하고 있다. 2014년 초 국내 카드사들의 개인정보 유출 대란 이후 보이스피싱뿐 아니라 신종 범죄인 파밍, 스미싱 등 경제적 침해를 목적으로 하는 범죄가 급증했다는 점은 개인정보자

개인정보자기결정권, 개인정보자기결정권의 내용

* 개인정보자기결정권: 자신에 관한 정보가 언제 누구에게 어느 범위까지 알려지고 또 이용되도록 할 것인지를 그 정보주체가 스스로 결정할 수 있는 권리이다. 즉 정보주체가 개인정보의 공개와 이용에 관하여 스스로 결정할 권리[51]를 말한다.

* 개인정보자기결정권의 내용
1) 자신에 관한 권리를 함부로 침해당하지 아니하고 2) 자신에 관한 정보를 자유로이 열람하며 3) 자신에 관한 정보의 정정 · 사용 중지 · 삭제 등을 요구할 수 있고 4) 이러한 요구가 수용되지 않을 경우에 불복 신청이나 손해배상 청구가 가능하다.

기결정권이 재산권적 성격을 띠고 있다는 것을 방증한다. 특히 스마트폰으로 금융 결제를 하고, 집 안의 사물(냉장고, CCTV, 세탁기 등)을 원격 조종할 수 있게 된 초연결사회에서는 개인정보자기결정권이 재산권적 성격을 갖는다는 주장이 설득력을 더하게 되었다.

이처럼 "오늘날 현대 사회는 개인의 인적 사항이나 생활상의 각종 정보가 정보주체의 의사와는 전혀 무관하게 타인의 수중에서 무한대로 집적되고 이용 또는 공개될 수 있는 새로운 정보 환경에 처하게 되었고, 개인정보의 수집·처리에 있어서의 국가적 역량의 강화로 국가의 개인에 대한 감시 능력이 현격히 증대되어 국가가 개인의 일상사를 낱낱이 파악할 수 있게 되었다. 정보화사회로의 이러한 급속한 진전에 직면하여 개인정보보호의 필요성은 날로 증대하고 있다고 볼 때, 국가권력에 의하여 개인정보자기결정권을 제한함에 있어서는 개인정보의 수집·보관·이용 등의 주체, 목적, 대상 및 범위 등을 법률에 구체적으로 규정함으로써 그 법률적 근거를 보다 명확히 하는 것이 바람직하다. 그러나 개인정보의 종류와 성격, 정보처리의 방식과 내용 등에 따라 수권법률의 명확성 요구의 정도는 달라진다 할 것이고, 일반적으로 볼 때 개인의 인격에 밀접히 연관된 민감한 정보일수록 규범 명확성의 요청은 더 강해진다고 할 수 있다."[52]

1) 개인에게 개인정보의 의미: 개인정보자기결정권 = 인격권+재산권

'개인정보자기결정권'은 우리나라 최고 규범인 헌법에 직접 그 자구가 규정되어 있지는 않지만, 우리나라 기본권의 보장 목적을 규정한 「헌법」 제10조의 인간의 존엄과 가치 및 행복추구권에서 도출될 수 있는 일반적 인격권의 성질과 더불어 「헌법」 제17조에 근거한 '사생활의 비밀과 자유'에 의해 보장된다.

이 중 '사생활의 비밀과 자유'는 '사생활 비밀의 불가침', '사생활 자유의 불가침', '자기정보관리통제권(개인정보자기결정권)'으로 구성되어 있는데, 그 주된 내용은 인간의 사적 영역과 관련하여 국가가 "사생활의 비밀을 침해하지 말고(사생활 비밀의 불가침)", "사생활의 자유를 침해하지 말며(사생활 자유의 불가침)", 사생활에 수반되는 정보를 온전히 정보주체 자신이 통제하고 비밀로 가지고 있기 위해서 국가로부터 '자기정보관리통제권(개인정보자기결정권)'을 보장받아야 한다는 것이다.

「헌법」제10조제1문과 「헌법」제17조에 의하여 보장되는 '개인정보자기결정권'은 '정보주체가 개인정보의 공개와 이용에 관하여 스스로 결정할 수 있는 권리(헌재 2005. 5. 26. 99헌마513등, 공보 105, 666, 672)'를 말한다. 따라서 국가 등이 개인정보를 대상으로 조사나 수집 또는 보관이나 처리, 이용 등의 행위를 할 경우 정보주체인 국민의 '개인정보자기결정권'을 제한하는 것이 된다(헌재 2005. 5. 26. 99헌마513등, 공보 105, 666, 672).

「헌법」제10조는 "모든 국민은 인간으로서의 존엄과 가치를 가지며, 행복을 추구할 권리를 가진다. 국가는 개인이 가지는 불가침의 기본적 인권을 확인하고 이를 보장할 의무를 진다"고 규정하며, 제1문의 전단 부분을 통해 "모든 기본권 보장의 종국적 목적(기본 이념)이라 할 수 있는 인간의 본질과 고유한 가치인 개인의 인격권을 보장하고 있어", 이를 통해 인간의 존엄과 가치라는 기본권 보장의 이념을 확인할 수 있으며, 행복추구권의 보장과 더불어 국가의 기본적 인권을 보장할 책무를 확인할 수 있다. 그렇다면 우리나라 헌법이 추구하는 인간의 존엄과 가치의 근거가 되는 인간상은 무엇으로 인식할 수 있을까? 헌법재판소는 "헌법상 인간상은 자기결정권을 지닌 창의적이고 성숙한 개체로서의 국민이다. 우리 국민은 자신이 스스로 선택한 인생관·사회관을 바탕으로 사회공동체 안에서 각자의 생활을 자신의 책임하에 스스로 결정하고 형성하는 민주적 시민"[53]으로 해석하고 있으며, "인간의 존엄과 가치는 인간을 인격적으로 대우하고, 독자적인 인격적 평가를 하여야 한다는 것을 의미한다"[54]고 볼 수 있다.

그리고 이러한 '인간의 존엄과 가치'를 통해 주관적 공권으로 도출되는 기본권이 '일반적 인격권'인데, 일반적 인격권은 일반적으로 자신과 분리할 수 없는 인격적 이익의 향유를 내용으로 하는 인격의 자유로운 발현에 관한 권리로서 인격을 형성, 유지 및 보호받을 수 있는 권리(성명권·명예권·초상권 등)를 의미한다. 일반적 인격권은 인격에 대하여 소극적으로 침해받지 않을 권리와 적극적으로 보호받을 권리를 포함하기에 국가는 국민의 '개인정보자기결정권'을 보장하여야 하며, 국가안전보장·질서 유지·공공복리 등 필요한 경우 이를 제한할 수 있지만, 그 경우라도 반드시 법률에 근거하여야 하며, 정당한 목적으로 최소한의 제한을 하여야 하고, 그 제한 시에도 개인정보자기결정권의 본질적인 내용은 침해되어서는 아니 된다(「헌법」제37조제2항).

이러한 이유로 국가가 「헌법」 제10조제2문(국가의 국민에 대한 기본권보장의무)에 근거하여 국민에 대한 개인정보자기결정권을 보장하기 위한 노력에서 제정된 법률이 바로 「개인정보보호법」이다.

다시 정리하면, 우리나라의 규범통제기구인 헌법재판소는 「헌법」 제10조제1문(일 반적 인격권)과 「헌법」 제17조(개인정보자기결정권)에 의하여 보장되는 '개인정보자 기결정권'이 헌법에서 도출되는 기본권임을 확인하고, 「헌법」 제10조제2문(국가의 국 민에 대한 기본권보장의무)에 근거하여 국가에게 국민의 개인정보자기결정권을 보장 할 책무가 있다고 결정하였다. 그리고 우리나라의 법률을 만드는 국가기관인 의회는 이러한 것을 내용으로 하는 법률인 「개인정보보호법」을 제정하여 국민의 개인정보가 보호될 수 있도록 한 것이다.

2) 정부 등 공공기관에서 개인정보의 의미: 개인정보=사회운영 자산+사회 핵심요소

현재 우리나라의 여러 언론매체(매스미디어)들은 앞 다퉈 개인정보의 중요성을 설 파하고 있다. 특히 국가에 있어서 개인정보는 단순히 국민의 개인정보자기결정권의 보

[그림3] 국가 운영을 위한 개인정보의 종류

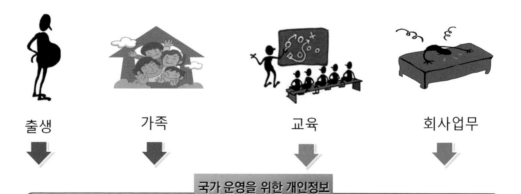

출생　　　　가족　　　　　교육　　　　회사업무

국가 운영을 위한 개인정보

성명, 주민등록번호, 운전면허번호, 주소, 전화번호, 출생지, 본적지, 성별 등과 같은 일반정보, 가족구성원에 대한 정보, 교육 및 훈련정보, 병역정보, 부동산 정보, 소득정보, 기타 수익정보, 신용정보, 고용정보, 자동차 교통위반기록 등 법적인 정보, 의료정보, 조직정보, 통신정보, 위치정보, 신체정보 등 개인정보

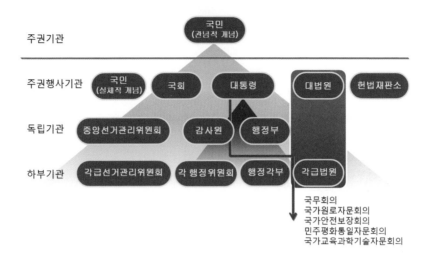

[그림4] 헌법상의 정부조직 구조도

장 의무를 다하기 위해서만 중요한 것이 아니다. 그렇다면 국가에게 개인정보란 어떠한 의미가 있을까? 즉, 국가의 운영과 개인정보의 활용은 어떠한 상관관계에 놓여 있을까? 그에 대한 답을 얻기 위해 국가의 운영 작용을 예로 살펴보도록 하자.

국가는 크게 입법부와 행정부, 사법부로 구성되어 있다. 이 중 국민 개개인의 생활과 가장 밀접한 관련을 가진 기관이 행정부다. 행정부가 제대로 된 행정(집행) 작용을 하기 위해서는 국민 개개인의 생로병사(生老病死)에 관한 정보가 필요하다. 즉 국민 개개인의 성명, 주민등록번호, 운전면허번호, 주소, 전화번호, 출생지, 본적지, 성별 등과 같은 일반 정보부터 가족 구성원에 대한 정보와 교육 및 훈련정보, 병역정보, 부동산정보, 소득정보, 기타 수익정보, 신용정보, 고용정보, 교통 위반 기록 등 법적인 정보, 의료정보, 조직정보, 통신정보, 위치정보, 신체정보 등이 필요하다.

이러한 정보가 있어야 원활한 행정사무를 집행하고, 교육제도와 지방자치제도, 조세제도, 병역제도 등을 원활히 운영할 수 있다. 그러므로 정부 등 공공기관에게 개인정보란 국가와 기관을 운영하는 사회의 핵심요소이자 사회 운영을 위해 필요한 중요 자산이라 할 수 있다. 그리고 갈수록 고도화되는 현대 복지국가의 운영을 위해 개인정보의 중요성은 계속 높아지고 있으며, 우리나라와 같이 전자정부를 표방하며 정보의 고도화가 이뤄지는 사회에서 개인정보의 중요성은 기본권 보장 이상의 의미를 지니고 있다.

  3) 기업 등 민간 분야에서 개인정보의 의미: 개인정보=영업자산+수익 창출의 기회

  기업에서 보낸 쇼핑몰 마케팅 문자, 예금 수익률이 높은 적금에 가입하라는 카드회사나 은행의 홍보성 전화, 지금 응모하면 해외여행이 공짜라는 이벤트 안내 메일, 추석 선물용 물품이 보기 좋게 배열된 책자 형태의 우편물 등 하루에도 여러 번 받게 되는 홍보물들은 좋은 정보를 넘어 공해라는 말까지 나오게 한다. 그러면 기업은 무엇 때문에 이런 형태의 정보를 보내는 것일까? 보다 정확히는 어떠한 확신에서 이러한 정보를 보내는 것일까? 바로 수익 창출의 기회를 만들기 위해서다. 이러한 의미에서 개인정보는 단순한 정보가 아닌 기업이 가진 영업자산이라 할 수 있다.

  예를 들어 카드회사가 보낸 명세서를 살펴보면 주요 거래처, 거래 유형 등이 나와 있다. 카드회사는 개인의 카드 사용 내역을 통해 소비 성향을 분석하고 이벤트 등의 안내 정보를 제공하여 소비를 부추기고 있다고 볼 수 있다. 그러한 의미에서 카드회사는 개인의 성명, 연락처, 결제 내역, 소득 정도를 하나의 영업자산으로 가지고 있으며, 이를 마케팅 등에 적극 활용함으로써 기업의 소득을 창출하고 있는 것이다. 이처럼 개인에게는 단순한 이름이나 전화번호, 주소나 금전 소비의 정보일 뿐이지만 이러한 정보들이 모이면 수익 창출을 주된 목적으로 하는 기업에게는 큰 영업 이익의 기회가 된다.

  시가총액이 무려 4조 원대로 국내 IT업계 사상 최대 규모의 인수합병이 될 것이라고 했던 2014년 D커뮤니케이션과 K사의 인수합병 기사를 보며 4조 원대의 시가총액 중 고객의 개인정보가 기여하는 비율이 어느 정도일까를 추산하게 되는 이유도, 기업에게 개인정보란 영업자산이자 수익 창출의 기회가 되기 때문이다.

  다만 기업이 영업자산이자 수익 창출의 기회인 고객의 개인정보를 소홀히 다룬다면, 기업의 이미지는 실추되고 고객의 기업에 대한 신뢰도가 하락하여 기업의 존폐를 위협할 수도 있다. 2014년 초 카드회사들의 개인정보 유출 사고가 있은 후 카드회사의 회원 탈퇴 신청자 수가 급증한 사례나 2018년 페이스북의 개인정보 유출 사고 이후 회원 탈퇴가 급증하고 주식이 급락했다는 보도는 기업이 개인정보를 잘못 다뤘을 때 생길 수 있는 악영향의 일례이다.

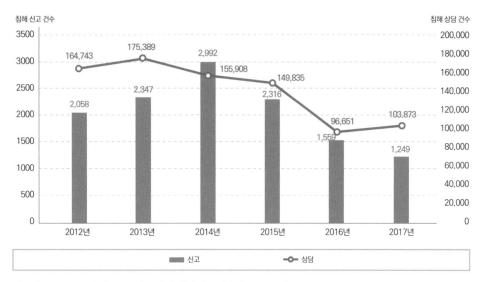

[그림5] 개인정보 침해 신고 상담 건수

침해 신고 건수 / 침해 상담 건수

- 164,743 (2012년), 175,389 (2013년), 155,908 (2014년), 149,835 (2015년), 96,651 (2016년), 103,873 (2017년)
- 2,058 (2012년), 2,347 (2013년), 2,992 (2014년), 2,316 (2015년), 1,559 (2016년), 1,249 (2017년)

■ 신고 —○— 상담

출처: 『2013~2017 개인정보 실태 점검 및 행정 처분 사례집』, 2018, 8면

정보통신기술의 고도화로 초연결사회로 진입하면서 개인정보는 개인과 기업과 국가기관을 통해 다양한 작용을 하고 있다. 그리고 개인정보의 쓰임과 중요성이 늘어날수록 개인정보를 악용하는 침해 사례도 비례하여 급증하고 있다. 개인정보의 중요성이 사회 이슈화되기 시작한 2011이후부터 현재까지 크고 작은 개인정보 유출 사고가 발생하였으며, [그림5]에서 파악할 수 있는 바와 같이 최근 5년간 개인정보 상담 건수는 매년 10만 건 안팎에 이른다.

물론 일반법인 「개인정보보호법」이 2011년 제정되어 시행되기 전에도 공공기관에 대해서는 「공공기관의 개인정보보호에 관한 법률」[55]이 1994년 1월 7일 제정되어 법률 제4734호로 1995년 1월 8일부터 시행되어 공공기관을 규율하는 개인정보보호법으로 작용하였으며, 민간 분야는 정보통신망사업자를 대상으로 하는 「정보통신망법」이, 신용정보 보호 분야는 「신용정보호보법」의 개인정보에 관한 특별한 규정이 적용되어 국민들의 개인정보보호 체계를 규율하는 법규범으로 자리매김하였으나, 정보통신기술의 발달로 전자적 매체에 기록된 개인정보파일뿐 아니라 수기로 작성된 개인정보파일(진료기록 카드, 민원서류 등)에 대한 보호 체계의 확립도 필요하고, 법의 사각지대(국회, 헌법재판소, 대법원 이하의 법원, 선거관리위원회, 단체 및 민간사업자 등)의 해소를 위해 일반법인 개인정보보호법의 규율이 절실히 필요하게 되었다.

  4) 개인정보 범위의 확대

  ICT 기술의 고도화로 네트워크에 유통되는 개인정보의 유형과 범위가 이름이나 주민등록번호뿐 아니라 직장 전화번호, 직장 주소, 직장 정보, 주거 상황, 신용카드 번호 및 유효 기간, 결제 계좌, 카드 정보, 이용 실적 금액, 결제일, 신용 한도 금액, 결혼 여부, 자가용 유무, 신용등급, 여권번호 등으로 그 범위와 유형이 확대되고 있다는 점에서 개인정보의 침해 유형은 개인정보의 범위 확대와 무관하지 않다. 앞서 개인정보의 개념을 이해하며 살펴본 바와 같이 개인을 특정할 수 있는 모든 정보가 개인정보가 될 수 있다는 점에서, 단순히 개인을 인식하기 위한 수단으로 사용되던 개인정보의 범위가 확대되어 그에 따른 침해 유형도 다변하고 있다.

  대법원도 헌법 제10조의 행복추구권과 헌법 제17조의 사생활의 비밀과 자유에 관한 규정은 개인의 사생활 활동이 타인으로부터 침해되거나 사생활이 함부로 공개되지 아니할 소극적인 권리는 물론, 오늘날 고도로 정보화된 현대 사회에서 자신에 대한 정보를 자율적으로 통제할 수 있는 적극적인 권리까지도 보장하기 위한 것(대법원 1998. 7. 24. 선고, 96다42789 판결)으로 해석하고 있다.

  개인정보의 범위는 일반적인 개인 신상정보(이름, 주소, 주민번호, 연락처 등)뿐만 아니라, 바이오 정보(지문, 홍채 등), IC칩과 같은 RFID(Radio Frequency Identification)에 내장된 정보 및 위치정보(IP주소, GPS 위치 등) 등의 형태로 다양해지고 있다. '위치정보'의 경우 이를 보호하기 위한 「위치정보의 보호 및 이용 등에 관한 법률」이 제·개정되어 시행되고 있으며, '생체정보'도 「바이오 정보보호 가이드라인」을 만들어 사용하고 있다. 미국의 경우 지난 2018년 8월부터 세계 최초로 유전자 검사로 수집된 개인 유전자정보의 상업적 이용 제한을 위해 어떠한 이유로든 제3자에게 넘길 땐 별도의 동의를 받도록 하는 가이드라인을 제정하여 시행하고 있다.

  초연결사회는 모든 사물과 공간이 인터넷에 연결되어 다양한 데이터를 지능적으로 언제 어디서나(이른바 유비쿼터스 환경) 처리할 수 있는 환경이 구현된다는 특징이 있

[그림6] 개인정보 범위의 확대

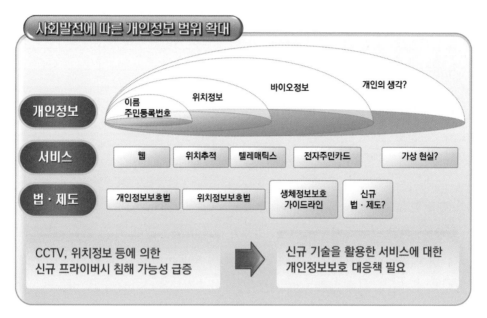

출처: 행정안전부 · 한국인터넷진흥원 개인정보보호영향평가전문교육 강의 자료

다. 영화 〈마이너리티 리포트(Minority Report)〉(2003)를 통해 확인할 수 있듯이 초연결사회의 핵심은 스마트센서와 이를 연결하는 정보통신 기술이기에, 사적인 영역이든 공적인 영역이든 디지털 정보를 활용한 콘텐츠의 확대로 사적인 영역과 공적인 영역의 구분이 명확하지 않게 되었다. 일례로 인류의 문명이 생긴 이래 인쇄술의 발명 이후 500년 동안 1천 억여 권의 책이 출간되었다면, 초연결사회로 진입한 이 시점에서 웹에 업로드되고 있는 콘텐츠로 이를 환산하면 한 달분도 채 되지 않는다.[56]

무엇보다도 오늘날의 디지털 영토는 쏟아져 들어오는 인간의 경험과 가치관에 의해 팽창되고 있는데, 페이스북이 공식 출범한 지 불과 5년 만에 7억 5천 명이 넘는 사람들이 자신의 개인적 신상을 거리낌 없이 업로드했다는 사실은 정말 놀라운 것이다.[57] 다양한 사람들의 경험과 지식과 활동 및 사건 등이 인터넷이라는 환경과 어우러져 각 사물이나 공간을 통해 다양한 데이터를 처리하는 환경을 만들다 보니 인류가 지금까지 경험한 것과는 사뭇 다른 환경이 구현되고 있고, 제4차 산업혁명이라 일컬어지는 이 새

로운 시대의 구현 핵심에는 인간 개개인의 개인정보가 담겨 있다 할 수 있다. 따라서 초연결사회에서 생산, 유통되는 정보에는 개인을 식별하거나 개인의 사생활에 심각한 위협을 줄 수 있는 정보, 즉 개인정보가 포함되어 개인의 권리를 침해하고 사회의 불안을 야기할 수 있는 가능성이 점차 증가하고 있다.[58]

(7) 개인정보보호의 필요성

1) 현행 헌법에 따른 개인정보보호 필요성

초연결사회의 도래로 예측되는 개인정보의 침해 유형은 크게 세 가지로 구분할 수 있다. 첫째, 개인정보에 대한 자기결정권(privacy autonomy)을 보장하기 어려워진다. 이름, 전화번호, 이메일 주소 등과 같은 개인 식별 정보뿐 아니라 건강, 생활 패턴, 위치정보 등이 개인화 · 지능화되어 다양한 유형으로 생성 처리되는 사물인터넷 환경에서는 다양한 네트워크 단말(Network Edge) 정보에 대한 개인의 통제가 어려워지고, 결국 개인정보의 수집 처리에 대한 자기 결정권의 침해 가능성이 높아진다.[59]

둘째, 보안성이 담보되지 않는 IT 기기를 통해 저장, 전송되는 개인정보의 침해 위험성이 증가한다. 즉, 개개인이 사물인터넷의 다양한 네트워크 단말을 통해 전송되는 개인정보와 클라우드 컴퓨팅(Cloud Computing)에 의해 저장되는 방대한 개인정보의 침해, 유출 위험에 직면하게 된다.[60]

셋째, 데이터의 처리 과정에서 개인정보의 침해 위험성 문제가 있다. SNS(Social Network Service) 이용의 확대, 공공데이터의 개방 등 정보의 수집 경로가 다양해진 상황에서 빅데이터를 통해 생산되는 분석 및 통계 데이터는 개인정보의 식별성을 제거하는 익명화 조치가 필요하다. 따라서 익명화 조치의 적절성, 다른 정보와의 결합을 통한 재식별 가능성 등으로 인해 비식별화 혹은 익명화 조치에 대한 객관적인 검증이 요구된다.[61]

인간이 '비밀'을 가질 수 있다는 것은 자신에 관한 정보의 결정권을 본인이 갖는다는 의미다. 국민 개개인이 자신이 관리할 수 있는 '비밀'이 내포된 사생활 영역을 보호하는 것은 공동체의 유지와 발전을 위한 초석이기 때문에, 이 권리 보장의 중요성이 강조된다. 우리나라 「헌법」 제10조와 제17조 등을 통하여 개인정보자기결정권을 보호하는 이유는, 인간은 자신의 '비밀'을 유지할 수 있어야 비로소 인간으로서의 존엄성도 지킬 수 있고 행복도 추구할 수 있기 때문이다.

　일반적으로 헌법에 규정된 사생활의 비밀과 자유, 주거의 자유, 통신의 자유 등으로 표현하는 권리는 개인의 영역을 구축하기 위한 것으로, 사적인 영역을 구축하기 위한 요건이 되며, 이 중 사생활의 비밀과 자유(이른바 프라이버시권)는 미국의 판사 토머스 쿨리가 '혼자 있을 권리'[62]라고 부른 데서 연유하며, 1890년 미국의 사무엘 워렌과 루이스 브랜다이스의 공동 논문 「프라이버시의 권리」가 발표되면서 체계화되었다.

　헌법재판소는 이와 같은 개인의 '비밀' 보장을 위한 적극적 권리로서의 자신에 대한 정보를 자율적으로 통제할 수 있는 개인의 자기정보결정권의 내용을 "헌법 제17조의 사생활의 비밀과 자유, 헌법 제10조제1문의 인간의 존엄과 가치 및 행복추구권에 근거를 둔 일반적 인격권 또는 이 조문들과 동시에 헌법의 자유민주적 기본질서 규정 또는 국민주권원리와 민주주의원리 등을 이념적 기초로 하여 헌법에 명시되지 아니한 독자

[그림7] 개인정보자기결정권의 헌법상 근거

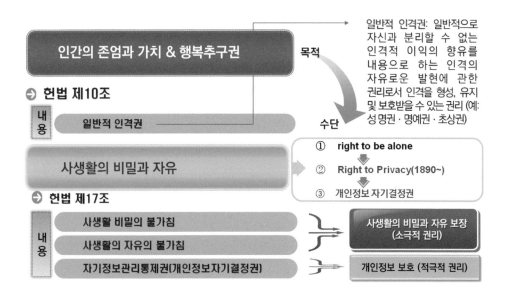

적 기본권"으로 이해하고 있다.[63] 다음은 개인정보자기결정권에 대한 헌법재판소의 결정문을 발췌한 것이다.

인간의 존엄과 가치, 행복추구권을 규정한 「헌법」 제10조제1문에서 도출되는 일반적 인격권 및 「헌법」 제17조의 사생활의 비밀과 자유에 의하여 보장되는 개인정보자기결정권은 자신에 관한 정보가 언제 누구에게 어느 범위까지 알려지고 또 이용되도록 할 것인지를 그 정보주체가 스스로 결정할 수 있는 권리이다. 즉 정보주체가 개인정보의 공개와 이용에 관하여 스스로 결정할 권리를 말한다. 개인정보자기결정권의 보호 대상이 되는 개인정보는 개인의 신체, 신념, 사회적 지위, 신분 등과 같이 개인의 인격 주체성을 특징짓는 사항으로서 그 개인의 동일성을 식별할 수 있게 하는 일체의 정보라고 할 수 있고, 반드시 개인의 내밀한 영역이나 사사(私事)의 영역에 속하는 정보에 국한되지 않고 공적 생활에서 형성되었거나 이미 공개된 개인정보까지 포함한다. 또한 그러한 개인정보를 대상으로 한 조사 · 수집 · 보관 · 처리 · 이용 등의 행위는 모두 원칙적으로 개인정보자기결정권에 대한 제한에 해당한다.[64] 헌법 제10조의 행복추구권과 헌법 제17조의 사생활의 비밀과 자유에 관한 규정은 개인의 사생활 활동이 타인으로부터 침해되거나 사생활이 함부로 공개되지 아니할 소극적인 권리는 물론, 고도로 정보화된 현대 사회에서 자신에 대한 정보를 자율적으로 통제할 수 있는 적극적인 권리까지도 보장하기 위한 것이다(대법원 1998. 7. 24. 선고, 96다42789 판결).

개인정보는 정보화사회의 발달로 국가 또는 기업의 경제 · 사회 활동 목적으로 유통되거나 이용되면서 그 중요성이 강조되고 있다. 개인정보자기결정권은 순수하게 개인의 인격적 이익만 보호한다기보다는 자신의 개인정보가 무단으로 영리 목적에 활용되지 않도록 제어한다는 의미에서 재산적 이익도 부수적으로 보호하는 특수한 인격권이라고 할 수 있다.

「개인정보보호법」은 제1조에서 "개인정보의 처리 및 보호에 관한 사항을 정함으로써 개인의 자유와 권리를 보호하고, 나아가 개인의 존엄과 가치를 구현함을 목적으로 한다"고 규정하여 개인정보의 중요성에 근거한 보호의 필요성과 법의 시행 목적을 규정하고 있다.

산업사회에서 정보화사회로 이행하면서 개인정보는 단순히 개인을 확인하기 위한 정보의 처리 및 인지의 단계(인격권적 성격)에서 개인정보로 인해 기업 등이 부가가치를 창출하는 핵심 자원의 단계(재산권적 성격)로 까지 발전되었으며, 정보화사회의 고도화로 이러한 개인정보가 지닌 인격권적 성격과 재산권적 성격이 강조되며 개인정보의 중요성이 대두되었다.

개인정보로 인한 사회 기여도가 증가하고 있는 상황에서 개인정보의 유출은 개인에게는 정신적 · 금전적 피해, 기업에게는 경제적 피해, 공공기관에게는 이미지 실추 및 신뢰도 저하라는 다양하고 지대한 손실을 입히며, 더 나아가 사회 전반에 예측할 수 없는 다양한 혼란과 문제를 야기할 수 있다는 점에서 개인정보의 보호 필요성이 강조되고 있다. 특히 정보화사회의 고도화(빅데이터 시대로의 진입)로 인하여 전자정부의 발전과 기관들 간의 행정정보 공동 이용, 기업 간의 정보 연계 등 공공이나 민간의 모든 영역이 개인정보를 매개로 운영될 것이기에 개인정보의 쓰임과 활용은 증가할 수밖에 없다. 따라서 개인정보의 보호도 사회 안전과 기업 발전의 필수 요소로서 정보화사회의 발전에 비례하여 발전 · 강화될 수밖에 없다.

2) 정보자본주의와 개인정보보호를 위한 해외 동향

초연결 시대의 '정보자본주의' 사회는 '정보'의 통합 및 조정자가 권력과 부를 가져가는 구조를 띤다. 따라서 권력과 부의 집중과 편재를 막기 위해 각국 정부는 대량 정보(빅데이터의 규제 등)의 감시를 위한 새로운 기능 및 용도에 규제를 가하고 있으며, 한편으로는 편리한 빅데이터의 활용을 위한 근거를 마련하고 있다. 일본의 경우 「민관 데이터[65] 활용 추진 기본법」을 제정해 시행하고 있는데, 이는 민관 데이터 활용의 추진을 위해 일본의 「고도정보 통신 네트워크 사회 형성 기본법」 및 「사이버 보안 기본법에 관한 법률」의 행정 절차에서 특정 개인을 식별하는 번호의 이용 등에 관한 법률 및 기타 관계 법률에 의한 시책과 더불어 개인 및 법인의 권리 이익을 보호하면서 정보의 원활한 유통의 확보를 도모하는 것을 취지로 운영되고 있다. 또한 이 법 제12조는 국가는 개인에 관한 민관 데이터의 원활한 유통을 촉진하기 위해 사업자의 경쟁적 지위 및 기타 정당한 이익 보호를 배려하면서 다양한 주체가 개인에 관한 민관 데이터를 해당 개인의 참여하에 적정하게 활용할 수 있도록 하기 위한 기반 정비 및 기타 필요한 조치를 강구하여야 한다고 규정하여, 민관 데이터의 활용을 적극 강구하고 있다. 더불어 민간 분야를 규율하는 일본의 개인정보보호법은 '익명가공정보[66](제2조 제9호)'의 개념을 도입해 빅데이터 처리에 활용할 수 있게 하는 조처를 하고 있다.

한편 EU(유럽연합)는 2016년 5월 EU 회원국 간의 개인정보의 자유로운 유통과 처리 및 정보주체의 개인정보 관련 권리 강화를 위해 「일반 개인정보보호법(General Data Protection Regulation, GDPR)」을 제정하였고, 2018년 5월 25일부터 시행할 예정이다.[67] EU의 GDPR상의 정보주체 권리보장 방안과 현행 「개인정보보호법」상의 정보주체 권리보장 법제를 비교하면 [표1]과 같다.

이외에도 EU의 GDPR은 정보주체의 프라이버시 보호를 위해 일정한 요건에 해당할 경우 공공과 민간의 구분 없이 데이터보호영향평가(Data Protection Impact Assessment, DPIA)를 실시하도록 하고 있다.[68]

한편 프랑스는 EU의 GDPR의 시행과 더불어 「디지털공화국법(Loi pour une république numérique)」을 제정해 공익데이터의 개념을 도입함으로써, 민간 영역에서의 공익 목적 데이터에 대해서도 활용이 가능하도록 규정하고 있으며, 정보주체의 권리보장을 위해 개인정보의 사용을 결정하고 통제할 수 있는 권리를 보장한다. 또한 사망한 주체와 관련한 제3자가 사망자가 남긴 정보에 대한 삭제 등의 권한을 행사할 수 있으며, 잊힐 권리의 보장, 미성년자를 위한 데이터 삭제 권리, 개인정보처리자에게 데이터 주체에 의한 액세스 및 수정 권한 행사를 용이하게 할 의무, 데이터 주체에게 데이터 보존 기간을 알릴 의무가 부과됨을 규정하고 있다.

초연결 시대에는 정보자본주의의 영향으로 정보가 가치가 되고 자본이 되고 권력이 되는 사회가 구현되고 있다. 이렇다 보니 '정보' 중 하나인 개인정보의 처리·유통에 따른 개인의 프라이버시 침해 문제와 더불어 관련 기본권(재산권, 정치적 기본권 등)의 침해와 민주주의적 가치마저도 훼손되는 결과가 야기되고, 화폐의 구성 요건도 갖추지 못한 비트코인이 투기적 목적 및 전자화폐 수단으로 오남용되는 등 정보자본주의의 폐해 또는 역기능이 나타나고 있다. 정보통신기술의 발달은 인류의 행복 추구를 위해 필요하지만, 인간의 존엄과 가치가 훼손되어 주객이 전도되는 결과를 낳아서는 안 된다.

[표1] EU의 GDPR과 현행 개인정보보호법상의 정보주체 권리보장 비교[69]

EU의 GDPR	현행 개인정보보호법	비고
정보를 제공받을 권리 (right to be informed)	규정 없음	GDPR의 정보를 제공받을 권리는 추가적인 정보 취득 시 추가 정보 제공 의무가 있음
정보주체의 열람권 (right of access by the data subject)	개인정보의 열람권 (법 제35조)	GDPR의 열람권은 컨트롤러에게 잠재적 요청에 대한 대비라는 목적(유일한 목적)으로 개인정보를 보관할 수 없도록 하고 있으며, 컨트롤러는 열람 요구에 대해 처리 중인 개인데이터의 사본을 무상 제공할 의무가 있음
정정권(right of rectification)	개인정보의 정정 · 삭제 (법 제36조)	GDPR의 정정 · 삭제권이 현행 개인정보보호법의 정정 · 삭제권보다 폭넓게 보장됨. 특히 다음과 같은 사유에 해당할 때 삭제권을 허용하고 있음 – 표현 및 정보의 자유에 관한 권리 행사, 공적 업무 수행 등 법적 의무 이행, 공익을 위한 보건 목적, 공공기록 보관, 과학 및 역사적 연구 또는 통계 목적, 법적 청구권 행사나 방어 등에서 폭넓게 보장됨
삭제권(잊힐 권리, right of erasure; right to be forgotten)		
처리에 대한 제한권 (right to restriction of processing)	개인정보의 처리정지권 (법 제37조)	정보주체가 자신의 정보에 대해 개인정보처리자에게 해당 정보의 정확성에 대해 이의를 제기하거나, 처리가 불법적이지만 해당 개인정보에 삭제를 원하는 대신 이용 제한을 요청한 경우, 개인정보처리자가 처리 목적을 달성했음에도 그 청구권의 입증 · 방어 등을 위해 요구하는 경우 등에 있어서는 처리의 제한을 할 수 있도록 하는 권리로 우리나라의 처리정지권보다 폭넓은 권리
데이터 이동권 (right to data portability)	규정 없음	GDPR상의 데이터 이동권은 처리가 자동화된 수단에 의해 수행되는 것을 전제로 정보주체에게 선택권이 있어, 정보주체가 주도적으로 자신의 정보를 제3자에게 제공해줄 것을 요청할 수 있다는 점에서 차이가 있음
반대권(right to object)	규정 없음	GDPR상의 반대권은 정보주체가 자신의 "특수한 상황"에 근거하여 개인정보의 처리에 반대할 수 있는 권리로, 정보주체의 권리보장 영역이 현행법에 비해 넓음
프로파일링을 포함한 자동화된 의사결정 관련 권리(right to related to automated decision making and profiling)	규정 없음	GDPR상의 프로파일링을 포함한 자동화된 개인정보의 처리가 정보주체 자신에게 법적 효력 또는 이와 유사한 효력을 초래하여 자신에게 중대한 영향을 끼치게 되는 경우, 그러한 의사결정의 적용을 배제할 수 있는 권리

(8) 개인정보보호법의 제정

1) 개인정보보호법의 제정 배경

정보화사회의 고도화로 개인정보가 재산적 가치로 인정받게 되면서, 개인정보의 침해는 대형화 · 지능화 · 다양화하는 경향을 띠게 되었다. 그 결과 개인정보 유출, 오남용 등 개인정보 침해 사례가 지속적으로 발생함에 따라, 국민의 프라이버시 침해는 물론 명의 도용, 전화 사기 등 정신적 · 금전적 피해가 사회문제로 대두되었다.

개인정보보호를 위한 관련법률로는「공공기관의 개인정보보호에 관한 법률」및 민간 분야의 개별 법령(금융, 의료, 정보통신 등 분야별 개인정보보호 관련 조항) 등이 있었으나, 헌법기관 등의 개인정보보호 관련법의 부재와 민간 분야의 산업별 · 영역별 보호 수준이 서로 상이하고 개인정보보호를 위한 공통되고 일원화된 보호원칙이 부재함에 따라 개인정보보호의 사각지대가 발생하였다.

세계 각국과의 FTA 체결 등으로 타국과의 개인정보 교류도 증대가 예상될 뿐 아니라

[그림8] 개인정보보호법의 제정 경과

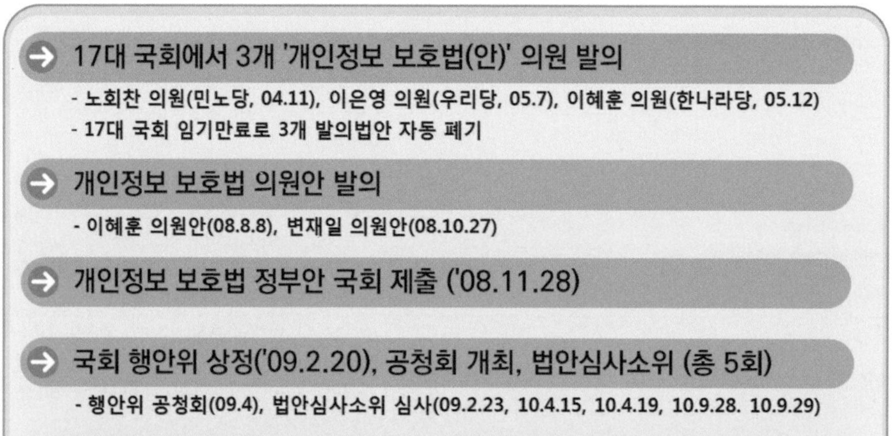

- **17대 국회에서 3개 '개인정보 보호법(안)' 의원 발의**
  - 노회찬 의원(민노당, 04.11), 이은영 의원(우리당, 05.7), 이혜훈 의원(한나라당, 05.12)
  - 17대 국회 임기만료로 3개 발의법안 자동 폐기

- **개인정보 보호법 의원안 발의**
  - 이혜훈 의원안(08.8.8), 변재일 의원안(08.10.27)

- **개인정보 보호법 정부안 국회 제출 ('08.11.28)**

- **국회 행안위 상정('09.2.20), 공청회 개최, 법안심사소위 (총 5회)**
  - 행안위 공청회(09.4), 법안심사소위 심사(09.2.23, 10.4.15, 10.4.19, 10.9.28. 10.9.29)

- **법사위 통과('11.3. 9) 및 본회의 의결('11.3.11)**

- **국무회의 의결('11.3.22), 공포('11.3.29), 시행('11.9.30)**

IT 강국으로서의 위상 확보를 위해서도, 공공 부문과 민간 부문을 망라하는 국제 수준에 부합하는 개인정보처리 원칙 등을 규정하고 개인정보 침해로 인한 국민의 피해 구제를 강화하여 개인정보에 대한 권리와 이익을 보장할 필요성이 강하게 제기되었다.

2) 개인정보보호법 제정 경과

「개인정보보호법」의 제정은 [그림8]에서 파악할 수 있듯이 2003년 전자정부 30대 과제 중 하나로 선정되어 처음 논의되었다. 그 후 지난 17대 국회에서 3개의 '개인정보보호법안'이 의원 발의되었고, 2006년에 전문가 · 시민단체 · 사업자 등이 참여하여 '통합 개인정보보호법안'을 마련하였으나 17대 국회 임기 만료로 자동 폐기되었다.

2008년 18대 정부 출범 후 행정안전부(현 행정안전부)는 개인정보보호 총괄 기능을 수행하게 되어 「개인정보보호법」 제정을 위한 임시 조직을 8개월간 가동하였다. 이 조직에서 11차에 걸친 논의와 2회에 걸친 공청회를 개최한 끝에 모든 공공기관과 사업자를 대상으로 하는 「개인정보보호법」 정부안을 마련하여 2008년 11월 28일 국회에 제출하였다.

정부안과 함께 2개의 의원발의안도 2009년 2월 국회행정안전위원회에 상정되어 논의되었고, 법 제정안이 국회에 상정되고 합의에 이르기까지 총 5차의 행정안전위원회 법안소위와 공청회 등을 거쳐 2011년 3월 11일 국회 본회의를 통과하였다. 그리고 같은 해 3월 29일 「개인정보보호법」이 공포된 후 2011년 9월 30일부터 시행되었다.[70]

2. 개인정보의 개념

(1) 개인정보의 개념

1) 살아 있는 개인에 관한 정보

개인정보의 주체는 자연인(自然人)이어야 하며, 법인(法人) 또는 단체 정보는 개인 정보에 해당하지 않는다. 따라서 법인 또는 단체의 이름, 소재지 주소, 대표 연락처(이메일 주소 또는 전화번호), 업무별 연락처, 영업 실적 등은 개인정보에 해당하지 않는다. 또한 개인사업자의 상호명, 사업장 주소, 전화번호, 사업자등록번호, 매출액, 납세액 등은 사업체의 운영과 관련한 정보로서 원칙적으로 개인정보에 해당하지 않는다. 다만, 영업 비밀은「부정경쟁방지 및 영업비밀보호에 관한 법률」에 의해 보호된다.

그러나 법인 또는 단체에 관한 정보이면서 동시에 개인에 관한 정보인 대표자를 포함한 임원진과 업무 담당자의 이름, 주민등록번호, 자택 주소 및 개인 연락처, 사진 등 그 자체로 개인을 식별할 수 있는 정보는 개별 상황 또는 맥락에 따라 법인 등의 정보에 그치지 않고 개인정보로 취급될 수 있다. 또한 사람이 아닌 사물에 관한 정보는 원칙적

개인정보
'개인정보'란 살아 있는 개인에 관한 정보로서 성명, 주민등록번호 및 영상 등을 통하여 개인을 알아볼 수 있는 정보(해당 정보만으로는 특정 개인을 알아볼 수 없더라도 다른 정보와 쉽게 결합하여 알아볼 수 있는 것을 포함)를 의미함(법 제2조제1호)

으로 개인정보에 해당하지 않으나, 해당 사물 등의 제조자 또는 소유자 등을 나타내는 정보는 개인정보에 해당한다. 예를 들어 특정 건물이나 아파트의 소유자가 자연인인 경우, 그 주소가 특정 소유자를 알아보는 데 이용된다면 개인정보에 해당한다.

한편, 이미 사망했거나 실종선고 등 관계 법령에 의해 사망한 것으로 간주되는 자에 관한 정보는 개인정보보호법의 보호 대상인 개인정보로 볼 수 없다. 다만 사망자의 정보가 사망자와 유족과의 관계를 나타내는 정보이거나 유족 등의 사생활을 침해하는 등의 경우에는 사망자의 정보인 동시에 관계되는 유족의 정보에 해당되기도 하므로, 개인정보보호법에 따른 보호 대상이 될 수 있다.

2) 특정 개인과의 관련성

개인정보는 해당 개인에 대한 사실, 판단, 평가 등 그 개인과 관련성을 지닌 정보여야 한다. 즉, 특정 개인과 관련된 모든 정보는 개인정보에 해당된다.

여기서 '개인에 관한 정보'는 반드시 특정 1인에 관한 정보여야 한다는 의미가 아니며, 직간접적으로 2인 이상에 관한 정보는 각자의 정보에 해당한다. SNS에 단체 사진

[그림9] 개인정보의 개념을 이루는 요소들

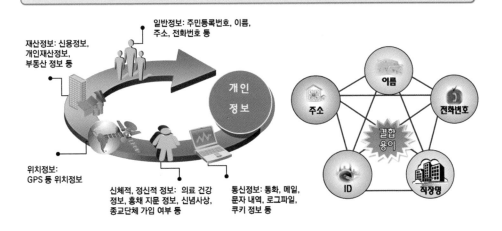

을 올린다면 사진의 영상정보는 사진에 있는 인물 모두의 개인정보에 해당하며, 의사가 특정 아동의 심리 치료를 위해 진료 기록을 작성하면서 아동의 부모 행태 등을 포함하였다면 그 진료기록은 아동과 부모 모두의 개인정보에 해당한다.[71] 다만 특정 개인을 식별할 수 없도록 익명 처리를 하거나 통계 처리를 한 경우(○○여고 졸업자 수, △△회사 대졸 사원 평균 연봉 등)라면 특정 개인과의 관련성이 없어 개인정보로 보기 어렵다.

개인정보는 '특정 개인을 식별하거나 식별 가능'해야 한다. 따라서 해당 정보가 이미 통계적으로 변환되어 특정 개인이라는 사실을 식별할 수 없다면 개인정보라고 할 수 없다. '식별(識別)'이란 특정 개인을 다른 사람과 구분하거나 구별할 수 있다는 의미로, 해당 정보만으로 개인을 식별할 수 있는 경우뿐만 아니라 '다른 정보와 쉽게 결합'해서 개인에 대한 식별이 가능한 경우에는 그 정보도 개인정보에 해당된다.

예를 들어 주민등록번호는 개인마다 고유한 것이므로 개인을 손쉽게 식별하는 데 활용할 수 있으나, 이름(성명)은 동명이인(同名異人)이 많기 때문에 그 정보 하나만으로는 특정 개인을 식별하기 어려워도 전화번호나 주소 등의 정보와 결합하는 경우에는 특정 개인을 식별할 수 있게 되므로 이 경우에는 개인정보로 볼 수 있다.

3) 정보의 임의성(개인에 관한 모든 정보)

「개인정보보호법」 제2조제1호는 개인정보의 개념을 정의하며, 정보의 종류·형태·성격·형식 등에 대해서는 특별한 제한을 두지 않는다. 따라서 개인을 알아볼 수 있는 정보에 해당하는 한, 모든 종류 및 형태의 정보가 개인정보가 될 수 있다.

예를 들어 특정 개인의 신장, 체중, 나이 등 객관적 사실에 관한 정보부터, 직장에서 직원에 대한 근무 평가나 금융기관에서 개인의 신용도 평가 등 그 사람에 대한 제3자의 의견·평가와 같은 주관적 정보도 개인정보에 해당한다. 다만 개인정보가 되기 위해서 그 정보가 반드시 사실이거나 증명될 필요는 없으며, 심지어 부정확한 정보 또는 허위의 정보라도 특정한 개인과 관련성을 지닌다면 개인정보가 될 수 있다.

해당 정보로 개인을 알아볼 수 있다면, 그 정보의 처리 형식이나 처리 매체에 대해서도 제한을 두지 않는다. 컴퓨터 등에 저장된 문서·파일 등 전자기(電磁氣)적 형태의 정보, 종이 문서에 기록된 수기(手記) 형태의 정보, 녹음된 음성정보, CCTV에 찍힌 영상정보, 기타 문자·부호·그림·숫자·사진·그래픽·이미지·음성·음향·영상·화상 등의 형태로 처리된 정보도 모두 포함될 수 있다.

「개인정보보호법」제2조제1호는 개인정보의 개념 정의에서 "쉽게 결합하여"라는 표현을 사용하고 있는데, 여기서 '쉽게'라는 표현은 '합리적으로'라는 의미로 해석하여야 한다. 즉 "쉽게 결합"이라는 표현은 각각의 정보가 물리적·과학적으로 결합할 수 있다는 가능성보다는 그 각각의 정보 결합의 수단·방법이 합리적으로 이루어질 수 있다는 의미로 보아야 한다.

4) 식별 가능성(쉽게 또는 합리적으로 결합 가능)

개인정보는 해당 정보만으로는 특정 개인을 알아볼 수 없더라도 다른 정보와 쉽게 결합하여 '알아볼 수(식별 가능성) 있는' 정보여야 한다.

여기서 개인을 '알아볼 수 있는' 정보란 사전에 친분 관계 등이 있는 사람이 특정 개인을 알아보는 것뿐만 아니라, 그 특정 개인을 전혀 모르던 사람이더라도 객관적으로 그 특정 개인을 다른 사람과 구분·구별할 수 있다면 모두 개인정보에 포함될 수 있다는 의미이다. 또한 개인정보의 '식별성'이란 정보의 결합 또는 조합을 통하여 특정 개인을 구분·구별하는 것을 의미한다고 할 수 있다. 따라서 특정한 개인을 '식별할 수 있는' 정보가 개인정보에 해당한다.

예를 들어 대한민국 국민 중에서 특정 개인을 구분할 수 있는 신원정보(성명, 주민등록번호, 본적 또는 등록기준지, 주소 등), 학교·직장·단체 등 소속된 곳에서 특정 개인을 구분할 수 있는 정보(성명, 학번, 사번, 학년, 직급 등), 기업의 고객 중에서 특정 개인을 구분할 수 있는 정보(성명, ID 등 고객관리정보, 결제정보, 재화·용역 공급을 위한 주소지 및 연락처) 등이 있다.

개인의 사적 생활과 연관되어 그 개인을 타인과 구분하거나 구별할 수 있는 정보라면 모두 개인정보에 해당할 수 있다. 다만, 다른 정보와 쉽게 결합하여 특정인을 '알아볼 수(식별 가능성) 있는' 정보가 개인정보에 해당한다는 점에서, '쉽게 결합하여'의 의미를 살펴볼 필요가 있는데, '쉽게 결합하여'의 의미는 결합 대상이 될 정보의 '입수 가능성'이 있어야 하고 '결합 가능성'이 높아야 함을 의미한다. '입수 가능성'은 두 종 이상의 정보를 결합하기 위하여 필요한 정보를 합법적으로 접근 · 입수할 수 있어야 함을 의미하며, 이는 해킹 등 불법적인 방법으로 취득한 정보까지 포함한다고 볼 수는 없다.[72]

또한 '결합 가능성'은 현재의 기술 수준을 고려하여 비용이나 노력이 비합리적으로 수반되지 않아야 함을 의미하며, 현재의 기술 수준에 비추어 결합이 사실상 불가능하거나 결합하는 데 비합리적인 수준의 비용이나 노력이 수반된다면 이는 결합이 용이하다고 볼 수 없다. 따라서 공유 · 공개될 가능성이 희박한 정보는 합법적 입수 가능성이 없다고 보아야 하며, 일반적으로 사업자가 구매하기 어려울 정도로 고가의 컴퓨터가 필요한 경우라면 '쉽게 결합'하기 어렵다고 보아야 한다.[73]

5) 개인정보의 개념에 대한 관련법의 규정

「정보통신망법」과 「신용정보 보호법」, 「위치정보보호법」은 개인정보를 각각 아래와 같이 정의하고 있다.

[표2] 개인정보의 개념에 대한 관련법의 규정

법률		정 의
정보통신망법 제2조		6. "개인정보"란 생존하는 개인에 관한 정보로서 성명 · 주민등록번호 등에 의하여 특정한 개인을 알아볼 수 있는 부호 · 문자 · 음성 · 음향 및 영상 등의 정보(해당 정보만으로는 특정 개인을 알아볼 수 없어도 다른 정보와 쉽게 결합하여 알아볼 수 있는 경우에는 그 정보를 포함한다)를 말한다.
신용정보법	법 제2조	1. "신용정보"란 금융거래 등 상거래에 있어서 거래 상대방의 신용도와 신용거래능력 등을 판단할 때 필요한 정보로서 대통령령으로 정하는 정보를 말한다. 2. "개인신용정보"란 신용정보 중 개인의 신용도와 신용거래능력 등을 판단할 때 필요한 정보로서 대통령령으로 정하는 정보를 말한다.
	시행령 제2조제2항	「신용정보법 시행령」 제2조(정의) ② 법에서 "대통령령으로 정하는 정보"란 제1항에 따른 신용정보 중 기업 및 법인에 관한 정보를 제외한 개인에 관한 신용정보를 말한다.
위치정보보호법	법 제2조	1. "위치정보"라 함은 이동성이 있는 물건 또는 개인이 특정한 시간에 존재하거나 존재하였던 장소에 관한 정보로서 「전기통신사업법」 제2조제2호 및 제3호에 따른 전기통신설비 및 전기통신회선설비를 이용하여 수집된 것을 말한다. 2. "개인위치정보"라 함은 특정 개인의 위치정보(위치정보만으로는 특정 개인의 위치를 알 수 없는 경우에도 다른 정보와 용이하게 결합하여 특정 개인의 위치를 알 수 있는 것을 포함한다)를 말한다.

6) 개인정보의 개념에 대한 해외 입법례

개인정보의 개념과 정의는 국가마다 약간의 차이는 있지만 EU, OECD, 미국, 영국 등 대부분의 국가에서 개인정보를 공통적으로 "개인에 관한 정보(Personal Data)", "식별 가능한 개인에 관한 정보"라고 정의하고 있다.

[표3] 개인정보의 개념에 대한 각국의 입법례

구분	법령	정의
OECD	개인정보보호지침	식별되거나 식별 가능한 개인에 관한 모든 정보를 지칭
EU	유럽 개인정보보호규정 (GDPR)	식별되거나 식별 가능한 자연인("데이터 주체")과 관련된 모든 정보(식별 가능한 사람은 특히 이름, 식별 번호, 위치 데이터, 온라인 식별자와 같은 식별자 또는 신체적, 생리학적, 유전적, 유전적 특성에 특정한 하나 이상의 요소를 참조하여 직접적으로 또는 간접적으로 식별될 수 있는 사람)
미국	The California Consumer Privacy Act of 2018	특정 소비자(consumer) 또는 가구(household)를 식별하고 묘사하거나, 관련 있거나 관련될 수 있거나 또는 직접 또는 간접적으로 합리적으로 연결될 수 있는 정보
캐나다	프라이버시법	신원을 확인할 수 있는 개인에 관한 정보
영국	개인정보보호법 (1998)	신원 확인이 가능한 생존하는 개인과 관련된 데이터 또는 정보 관리자가 보유하고 있거나 앞으로 그러할 가능성이 높은 기타 데이터나 정보로부터 신원 확인이 가능한 생존 개인과 관련된 데이터
프랑스	정보처리 축적 및 자유에 관한 법률	형식에 관계없이 직접 또는 간접으로 개인을 식별할 수 있게 하는 정보로서 자연인 또는 법인이 처리하는 정보
독일	연방데이터보호법	신원이 확실하거나 확인 가능한 정보 주체의 인적·물적 환경에 관한 일체의 정보
일본	개인정보보호법	생존하는 개인에 관한 정보로서 특정 개인을 식별할 수 있는 것(다른 정보와 용이하게 조합할 수 있으며, 그로 인하여 특정 개인을 식별할 수 있는 것을 포함)이거나 개인 식별 부호에 해당하는 것

사례별 개인정보 해당성 검토

• 실종선고

어떤 사람의 실종 상태가 오래 계속될 경우 그로 인해 재산이나 신분관계, 법률관계 등에서 불이익을 당하게 되는 사람이나 검사의 청구를 받은 법원이 그 사람을 사망한 것으로 판결하고 이를 알리는 것을 말한다. 전쟁이나 항공기 사고, 선박 침몰 등으로 인해 실종(특별실종)되었다면 1년, 일반적인 실종(보통실종)은 5년이 지난 경우 실종선고를 할 수 있다.

• 아이디 및 비밀번호 & 개인정보

아이디와 비밀번호 등 식별부호는 실제 공간과는 달리 익명성이 통용되어 행위자가 누구인지 명확하게 확인하기 어려운 가상공간에서 그 행위자의 인격을 표상한다고 할 것이므로(대법원 2005. 11. 25. 선고 2005도870 판결 참조) 개인에 관한 정보로서 당해 개인을 알아볼 수 있는 정보, 즉 정보통신망법 제2조 제1항 제6호에서 정한 개인정보에 해당한다(서울중앙지법 2007.1.26선고 2006나12182 참고).

• 이메일 주소 & 정보통신망법상 개인정보

이메일 주소는 당해 정보만으로는 특정 개인을 알아볼 수 없을지라도 다른 정보와 용이하게 결합할 경우 당해 개인을 알아볼 수 있는 정보라 할 것이므로 정보통신망법 제2조 제1항제6호에서 정한 개인정보에 해당한다(서울중앙지법 2007.2.8. 선고 2006가합33062, 53332 참조).

(2) 개인정보의 유형

개인정보는 일반적으로 이름, 주민등록번호 등과 같이 일반 정보만으로 이해될 수 있으나 신체정보, 가족정보, 교육 및 훈련정보, 병역정보, 부동산정보, 소득정보, 기타 수익정보, 신용정보, 고용정보, 법적 정보, 의료정보, 조직정보, 통신정보, 위치정보, 습관 및 취미 정보 등으로 범주화하여 다양한 형태의 정보를 포함할 수 있다.

정보통신기술의 발달로 인해 개인정보의 보호 대상은 넓어지고 있으며, RFID[74]에 의한 개인 위치정보, 생체인식 기술[75]에 의한 바이오정보, CCTV에 의해 수집되는 화상정보 등까지 확대될 수 있다. 사업자의 서비스에 이용자가 직접 회원 가입하거나 등록할 때 사업자에게 제공하는 정보, 이용자가 서비스를 이용하는 과정에서 생성되는 통화 내역, 로그 기록, 구매 내역 등도 개인정보가 될 수 있다.

[표4] 개인정보의 유형과 해당 항목

유형 구분	개인정보 항목
일반 정보	이름, 주민등록번호, 운전면허번호, 주소, 전화번호, 생년월일, 출생지, 본적지, 성별, 국적
가족 정보	가족구성원들의 이름, 출생지, 생년월일, 주민등록번호, 직업, 전화번호
교육 및 훈련정보	학교출석사항, 최종학력, 학교성적, 기술 자격증 및 전문 면허증, 이수한 훈련 프로그램, 동아리활동, 상벌사항
병역 정보	군번 및 계급, 제대유형, 주특기, 근무부대
부동산 정보	소유주택, 토지, 자동차, 기타소유차량, 상점 및 건물 등
소득 정보	현재 봉급액, 봉급경력, 보너스 및 수수료, 기타소득의 원천, 이자소득, 사업소득
기타 수익 정보	보험 (건강, 생명 등) 가입현황, 회사의 판공비, 투자프로그램, 퇴직프로그램, 휴가, 병가
신용 정보	대부잔액 및 지불상황, 저당, 신용카드, 지불연기 및 미납의 수, 임금압류 통보에 대한 기록
고용 정보	현재의 고용주, 회사주소, 상급자의 이름, 직무수행평가기록, 훈련기록, 출석기록, 상벌기록, 성격 테스트결과 직무태도
법적 정보	전과기록, 자동차 교통 위반기록, 파산 및 담보기록, 구속기록, 이혼기록, 납세기록
의료 정보	가족병력기록, 과거의 의료기록, 정신질환기록, 신체장애, 혈액형, IQ, 약물테스트 등 각종 신체테스트 정보
조직 정보	노조가입, 종교단체가입, 정당가입, 클럽회원
통신 정보	전자우편(E-mail), 전화통화내용, 로그파일(Log file), 쿠키(Cookies)
위치 정보	GPS나 휴대폰에 의한 개인의 위치정보
신체 정보	지문, 홍채, DNA, 신장, 가슴둘레 등
습관 및 취미정보	흡연, 음주량, 선호하는 스포츠 및 오락, 여가활동, 비디오 대여기록, 도박성향

개인정보 영향평가 등급분류표(예시)

등급	조합설명	위험성	자산가치	분류	개인정보 종류
1등급	그 자체로 개인의 식별이 가능하거나 매우 민감한 개인정보 또는 관련 법령에 따라 처리가 엄격하게 제한된 개인정보	• 정보주체의 경제적/사회적 손실을 야기하거나, 사생활을 현저하게 침해 • 범죄에 직접적으로 악용 가능 • 유출 시 민/형사상 법적 책임 부여 가능 및 대외 신인도 크게 저하	5	고유식별정보	주민등록번호, 여권번호, 운전면허번호, 외국인등록번호 ※ 개인정보 보호법 제24조 및 동법 시행령 제19조
				민감정보	사상·신념, 노동조합·정당의 가입·탈퇴, 정치적 견해, 병력(病歷), 신체적·정신적 장애, 성적(性的) 취향, 유전자 검사정보, 범죄경력정보 등 사생활을 현저하게 침해할 수 있는 정보 ※ 개인정보 보호법 제23조 및 동법 시행령 제18조
				인증정보	비밀번호, 바이오정보(지문, 홍채, 정맥 등) ※ 개인정보의 안전성 확보조치 기준 고시 제6조
				신용정보 / 금융정보	신용정보, 신용카드번호, 계좌번호 등 ※ 신용정보의 이용 및 보호에 관한 법률 제2조,제19조 및 동법 시행령 제2조, 제16조, 제21조, 별표2 등 ※ 정보통신망 이용촉진 및 정보보호 등에 관한 법률 시행령 제15조제4항제2호 및 관련 고시 (개인정보의 기술적·관리적 보호조치 기준) 제6조제2항
				의료정보	건강상태, 진료기록 등 ※ 의료법 제22조,제23조 및 동법 시행규칙 제14조 등
				위치정보	개인 위치정보 등 ※ 위치정보의 보호 및 이용 등에 관한 법률 제2조, 제16조 등
				기타 중요 정보	해당 사업의 특성에 따라 별도 정의
2등급	조합되면 명확히 개인의 식별이 가능한 개인정보	• 정보주체의 신분과 신상정보에 대한 확인 또는 추정 가능 • 광범위한 분야에서 불법적인 이용 가능 • 유출시 민/형사상 법적 책임 부여 가능 및 대외 신인도 저하	3	개인식별정보	이름, 주소, 전화번호, 핸드폰번호, 이메일주소, 생년월일, 성별 등
				개인관련정보	학력, 직업, 키, 몸무게, 혼인여부, 가족상황, 취미 등
				기타 개인정보	해당 사업의 특성에 따라 별도 정의
3등급	개인식별정보와 조합되면 부가적인 정보를 제공하는 간접 개인정보	• 정보주체의 활동 성향 등에 대한 추정 가능 • 제한적인 분야에서 불법적인 이용 가능 • 대외 신인도 다소 저하	1	자동생성정보	IP정보, MAC주소, 사이트 방문기록, 쿠키(cookie) 등
				가공 정보	통계성 정보, 가입자 성향 등
				제한적 본인 식별정보	회원번호, 사번, 내부용 개인식별정보 등
				기타 간접 개인정보	해당 사업의 특성에 따라 별도 정의

자료출처: 한국인터넷진흥원, 『영향평가수행안내서』, 33면

(3) 가명정보와 익명정보

1) 익명정보

익명정보(匿名情報)란 시간·비용·기술 등 개인정보처리자가 활용할 수 있는 모든 수단을 합리적으로 고려할 때 다른 정보를 사용하여도 더 이상 개인을 알아볼 수 없는 정보로 개념[76] 정의할 수 있다(개인정보보호법 개정안, 제58조의2 신설). 종전에는 법 해석으로 적용을 배제하였으나 개인정보보호법 개정안은 이를 명문화하였다.

EU의 GDPR은 전문 제26항에서 익명정보의 GDPR 적용 배제를 규정하고 있으며,[77] 데이터의 익명 처리 여부는 연결 가능성, 추론 가능성, 싱글 아웃(Single out) 여부를 모두 평가하여야 한다.[78]

일본의 경우 「개인정보보호법(個人情報保護法)」이 개정됨에 따라[79] '개인 식별 부호', '필요 배려 개인정보(要配慮個人情報)', '익명가공정보(匿名加工情報)'에 대한 내용이 신설되어 2017년 5월 30일부터 시행 중이다. 이 중 '익명가공정보' 제도는 특정 개인을 식별할 수 없도록 개인정보를 가공한 정보에 대하여 일정한 규칙에 따라 이용

[그림10] 익명정보와 가명정보

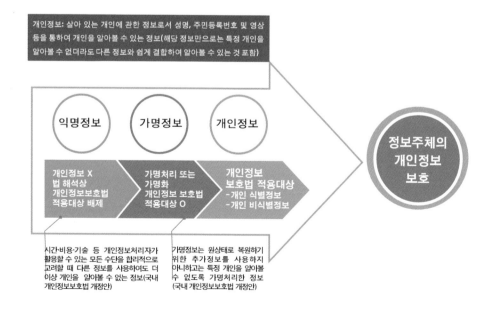

목적에 의한 규제를 없애고, 정보주체 본인의 동의 없이 제3자에게 제공하는 것이 가능하도록 허용하는 제도다.[80] 익명정보와 가명정보가 혼용된 형태로, 가공 시 기준, k-익명성, 익명가공정보를 취급할 경우 의무 준수 사항을 두어 익명가공정보를 처리하는 자의 행위를 제한하고 있다. 이로 인해 사업자 간의 데이터 거래와 데이터 연계를 포함한 개인데이터의 활용이 촉진되고 새로운 사업이나 새로운 서비스의 창출, 나아가 국민 생활의 편의성 향상으로 이어질 것으로 기대하고 있는데, 그 활용 사례를 살펴보면, 포인트 카드 구매 이력이나 교통계 IC 카드의 승강 이력 등을 여러 사업자 간에 활용하여 새로운 비즈니스 모델을 창출할 수 있으며, 의료 기관이 보유하고 있는 의료정보를 활용하여 신약 개발·임상 분야의 새로운 비즈니스 모델을 창출할 수 있고, 주행 중 내비게이션 등에서 수집된 주행 위치 기록을 활용해 보다 정밀한 교통 정체 예측 및 날씨 정보의 제공 등으로 국민 생활 전체의 질 향상에 기여할 수 있을 것으로 예상하고 있다.[81]

2) 가명정보

가명정보(Pseudonymize or Pseudonymization)는 추가적인 정보를 사용하지 않고서는 특정 개인정보가 특정 소비자를 식별하지 않도록 개인정보를 처리하는 것으로, 이 추가적인 정보에 의해 개인을 식별하거나 개인 식별 가능성이 생기지 않도록 일반적으로 해외의 주요국(EU의 GDPR, 미국 등)에서는 가명정보의 별도 보관 의무와 안전성 확보조치(기술적·관리적 조치) 의무를 부과하고 있다. 참고로 EU GDPR과 유사한 법제 시행(전문 제26항에서 GDPR)은 가명 처리된 정보는 추가적 정보를 이용하여 개인을 식별할 수 있는 정보이므로 식별 가능한 '개인정보'로 보아야 한다고 명시하고 분리 보관할 경우 인센티브를 부여함을 규정하고 있다.

미국 캘리포니아주는 2018년 6월 28일 소비자의 개인정보보호 권리와 사업자의 개인정보보호 관련 의무사항 등을 규정한 「캘리포니아주 소비자 프라이버시법(The California Consumer Privacy Act of 2018)」을 제정하여 2020년 1월 1일부터 시행 예정이며, 비식별정보(Deidentified information)에 대해서도 규정하고 있는데, 특정 소비자를 합리적으로 확인할 수 없거나 이를 관련시키거나 설명하거나 직접적 또는 간접적으로 연관되거나 연결될 수 없는 정보로 개념 정의하며, 해당 정보와 관련된 재식별을 금지하는 기술적 안전조치 이행 의무, 정보의 재식별에 대한 구체적 금지 의무, 비식별된 정보의 부주의한 공개 방지를 위한 업무 프로세스 이행 의무, 정보의 재식별 시도 금지 의무를 부과하고 있다.

3. 개인정보보호법의 원칙

(1) OECD 프라이버시 가이드라인 8원칙

OECD의 프라이버시 보호 가이드라인 8개 원칙은 오늘날 국제적인 표준이 되었으며 국내의 개인정보보호 체계를 이루는 핵심 구성 요소이다.

다음은 OECD 가이드라인의 8개 원칙과 우리나라 개인정보보호법의 비교표다.

[표5] OECD 가이드라인의 8개 원칙과 우리나라 개인정보보호법

OECD 가이드라인	개인정보보호법
수집 제한의 원칙	목적에 필요한 최소한 범위안에서 적법하고 정당하게 수집
정보 정확성의 원칙	처리 목적 범위 안에서 정확성 · 안전성 · 최신성 보장
목적 명확화 원칙	처리 목적의 명확화
이용 제한의 원칙	필요 목적 범위 안에서 적법하게 처리, 목적 외 활용 금지
안전성 확보의 원칙	정보주체의 권리침해 위험성 등을 고려, 안전성 확보 사생활 침해를 최소화하는 방법으로 처리(제6항) 익명 처리의 원칙(제7항)
(처리 방침) 공개의 원칙	개인정보처리사항 공개
정보주체 참여의 원칙	열람청구권 등 정보주체의 권리보장
책임의 원칙	개인정보처리자의 책임 준수 · 실천, 신뢰성 확보 노력

(2) 개인정보보호법의 원칙

「개인정보보호법」은 제3조에서 OECD 가이드라인의 8원칙에 근거하여 총 8개항의 개인정보보호원칙을 규정하고 있다. 개인정보보호원칙은 선언적 규범이어서 그 자체가 개인정보처리자를 직접적으로 구속하지는 않지만, 개인정보처리자에게는 행동의 지침을 제시해주고, 정책 담당자에게는 정책 수립 및 법 집행의 기준을 제시해주며, 사법부에 대해서는 법 해석의 이론적 기초를 제시함과 동시에 입법의 공백을 막아준다.

개인정보보호 원칙에 따라 개인정보처리자는 구체적이고 명확한 수집 목적을 가지고 개인정보를 수집하여야 하며, 특정된 목적 달성에 직접적으로 필요하지 않은 개인정보는 처리해서는 안 된다. 예를 들어 세탁서비스 제공자는 세탁 완료를 알리거나 세탁물을 배달하기 위한 목적으로 고객의 성명, 전화번호 등을 수집할 수 있으나, 고객의 소득, 자녀 수, 결혼 여부 등을 수집하는 것은 목적 달성을 위해 직접적으로 필요한 정보에 해당하지 않으므로 이를 수집, 이용해서는 안 된다.

개인정보처리자는 개인정보의 정확성과 최신성을 확보하기 위하여 개인정보 입력 시 입력 내용을 사전에 확인하는 절차, 개인정보에 대한 열람 및 정정 요구 등을 통해 정확한 정보를 입력할 수 있는 절차나 방법 등을 마련하여야 하며, 오류 정보를 발견한 경우 정정이나 삭제할 수 있는 절차도 마련하여야 한다. 또한 개인정보를 처리하는 과정에서 개인정보취급자 등이 고의 또는 과실로 개인정보를 변경 · 훼손하는 일이 없도록 주의 의무를 다하여야 한다.

개인정보처리자는 정보주체의 개인정보가 분실 · 도난 · 누출 · 위조 · 변조 또는 훼손되지 않도록 안전성 확보를 위한 보안조치를 강구하여야 하며, 정보주체가 제공한 개인정보가 어떠한 용도와 방식으로 이용되고 있으며 개인정보보호를 위하여 어떠한 조치를 취하고 있는지를 공개하여야 한다.

또한 정보주체가 제공한 개인정보에 대한 열람, 정정 및 삭제를 요구할 수 있는 절차를 마련하여야 한다.

「개인정보보호법」 제3조

① 개인정보처리자는 개인정보의 처리 목적을 명확하게 하여야 하고 그 목적에 필요한 범위에서 최소한의 개인정보만을 적법하고 정당하게 수집하여야 한다.

② 개인정보처리자는 개인정보의 처리 목적에 필요한 범위에서 적합하게 개인정보를 처리하여야 하며, 그 목적 외의 용도로 활용하여서는 아니 된다.

③ 개인정보처리자는 개인정보의 처리 목적에 필요한 범위에서 개인정보의 정확성, 완전성 및 최신성이 보장되도록 하여야 한다.

④ 개인정보처리자는 개인정보의 처리 방법 및 종류 등에 따라 정보주체의 권리가 침해받을 가능성과 그 위험 정도를 고려하여 개인정보를 안전하게 관리하여야 한다.

⑤ 개인정보처리자는 개인정보처리 방침 등 개인정보의 처리에 관한 사항을 공개하여야 하며, 열람청구권 등 정보주체의 권리를 보장하여야 한다.

⑥ 개인정보처리자는 정보주체의 사생활 침해를 최소화하는 방법으로 개인정보를 처리하여야 한다.

⑦ 개인정보처리자는 개인정보의 익명 처리가 가능한 경우에는 익명에 의하여 처리될 수 있도록 하여야 한다.

⑧ 개인정보처리자는 이 법 및 관계 법령에서 규정하고 있는 책임과 의무를 준수하고 실천함으로써 정보주체의 신뢰를 얻기 위하여 노력하여야 한다.

(3) EU GDPR 기본원칙

EU의 GDPR 제5조는 데이터 처리에 관한 7가지 원칙을 규정하고 있다. 이 원칙은 법의 준수와 적용에 핵심이 되는 사항으로, 이 원칙의 준수는 합법적이고 우수한 개인정보처리의 기본 요소 중 하나이다.

[표6] EU GDPR 기본원칙과 우리나라의 개인정보보호 원칙

GDPR 개인정보 처리 7원칙	개인정보보호원칙(제3조)
• 목적 제한의 원칙 (2원칙)	• 목적에 필요한 최소정보의 수집(제1항) • 사생활 침해를 최소화하는 방법으로 처리(제6항) • 익명 처리의 원칙(제7항)
• 개인정보처리의 최소화 원칙 (3원칙)	
• 정확성의 원칙(4원칙)	• 처리 목적 내에서 정확성 · 완전성 · 최신성 보장(제3항)
• 보유 기간 제한의 원칙(5원칙)	• 처리 목적의 명확화(제1항)
• 무결성과 기밀성의 원칙 (6원칙)	• 목적 범위 내에서 적법하게 처리, 목적 외 활용 금지(제2항)
• 책임성의 원칙(7원칙)	• 권리침해 가능성 등을 고려하여 안전하게 관리(제4항)
	• 개인정보처리방침 등 공개(제5항)
	• 열람청구권 등 정보주체의 권리보장(제5항)
	• 개인정보처리자의 책임 준수 · 신뢰 확보 노력(제8항)

GDPR 제5조에서 규정한 7가지 원칙은 다음과 같다.

GDPR 개인정보처리 7원칙[82]

• **적법성[83] · 공정성[84] · 투명성[85]의 원칙**
(the principle of lawfulness, fairness and transparency)

정보주체의 개인정보는 적법하고 공정하며 투명한 방식으로 처리하여야 하며, 투명성은 개인정보를 처리하는 일련의 행위에서 정보주체에게 이해하기 용이하고, 접근하기 쉬운 공개된 방식으로 처리 행위를 입증하는 것을 뜻함

• **목적 제한의 원칙(the principle of purpose limitation)**
구체적 · 명시적이며 적법한 목적을 위하여 개인정보를 수집하여야 하며, 해당 목적과 부합하지 않는 방식의 추가 처리는 허용되지 않음

- **개인정보처리의 최소화 원칙(the principle of data minimisation)**

  개인정보의 처리는 적절하며 관련성이 있고, 그 처리 목적을 위하여 필요한 범위로 한정되어야 함

- **정확성의 원칙(the principle of accuracy)**

  개인정보의 처리는 정확하여야 하며, 필요 시 처리되는 정보는 최신으로 유지되어야 하며, 처리 목적에 비추어 부정확한 정보의 즉각적인 삭제 또는 정정을 보장하기 위한 모든 합리적 조치를 취해야 함

- **보유 기간 제한의 원칙(the principle of storage limitation)**

  개인정보는 처리 목적상 필요한 경우에 한하여 정보주체를 식별할 수 있는 형태로 보유되어야 하며, 정보주체를 식별할 수 있는 개인정보는 처리 목적상 필요한 경우에 한하여 보유되어야 함

- **무결성과 기밀성의 원칙(the principle of integrity and confidentiality)**

  이 원칙은 보안과 관련된 것으로, 개인정보는 적절한 기술적 · 관리적 조치를 통하여 권한 없는 처리, 불법적 처리 및 우발적 손 · 망실, 파괴 또는 손상에 대비한 보호 등 적절한 보안을 보장하는 방식으로 처리되어야 함

- **책임성[86]의 원칙(the principle of accountability)**

  컨트롤러는 위의 원칙을 준수할 책임을 지며, 이를 입증할 수 있어야 함에 따라 GDPR 제30조제5항은 이 원칙을 준수함을 입증할 적절한 프로세스와 기록을 의무적으로 문서화하고 보유하도록 규정하고 있음

4. 개인정보보호법의 체계

(1) 개인정보보호법의 운용 체계

우리나라 「개인정보보호법」은 유럽연합 회원국의 입법례를 따라 공공 부문과 민간 부문을 구분하지 않고 하나의 법률에 의하여 동일한 개인정보보호 원칙을 적용하는 단

[그림11] 개인정보보호법 운용 체계

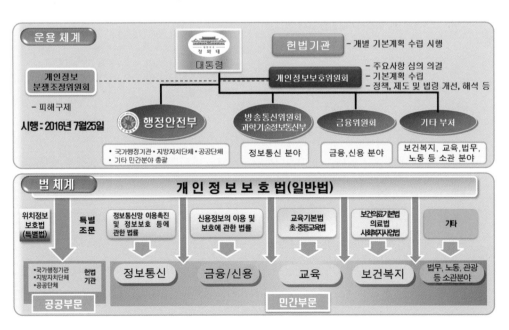

[표7] 개인정보보호 관련 주요 법규[87]

관련 법규	주요 내용
개인정보 보호법	• 개인정보 처리 과정상의 정보주체와 개인정보처리자의 권리·의무 등 규정 ※ 공공·민간 구분없이 모든 개인정보처리자에게 적용함
정보통신망 이용촉진 및 정보보호 등에 관한 법률	• 정보통신망을 통하여 수집·처리·보관·이용되는 개인정보의 보호에 관한 규정 ※ 정보통신서비스제공자 및 방송사업자에게 적용함
신용정보의 이용 및 보호에 관한 법률	개인 신용정보의 취급 단계별 보호조치 및 의무사항에 관한 규정 ※ 신용정보를 취급하는 금융회사(은행, 보험, 카드, 캐피탈 등)에게 적용함
위치정보의 보호 및 이용 등에 관한 법률	• 개인위치정보 수집, 이용·제공, 파기 및 정보주체의 권리 등 규정
표준 개인정보보호 지침	• 개인정보취급자 및 처리자가 준수하여야 하는 개인정보의 처리에 관한 기준, 개인정보 침해의 유형 및 예방조치 등에 관한 세부사항 규정
개인정보의 안전성 확보조치 기준 고시	• 개인정보처리자가 개인정보를 처리함에 있어서 개인정보가 분실·도난·유출·변조·훼손되지 아니하도록 안전성을 확보하기 위하여 취하여야 하는 세부적인 기준 규정
개인정보 영향평가에 관한 고시	• 영향평가 수행을 위한 평가기관의 지정 및 영향평가의 절차 등에 관한 세부기준 규정
개인정보 위험도 분석 기준	• 개인정보 처리시스템의 보호수준을 진단하여 암호화에 상응하는 조치필요 여부를 판단할 수 있는 기준을 규정

일법주의를 채택하고 있다.[88] 그리고 개인정보보호법의 체계적이고 일원화된 운용을 위해 현행법은 일반적으로 공공·민간 분야의 운용체계를 보호위원회(심의·의결)-행정안전부(총괄 집행)-부처(소관 집행)로 일원화하여 운용하되, 2016년 7월 25일부터 시행된 개인정보보호법의 개정으로 개인정보보호위원회의 총괄 조정 기능을 강화하여, 개인정보보호위원회가 개인정보 침해 요인 평가·기본계획 수립·자료 제출 진술 요구 권한과 분쟁조정위원회의 위원 임명(위촉) 권한을 부여하고 있다.

[표8] 공공기관에 대하여 달리 정한 규정[89]

의무가 강화된 조항	의무가 완화된 조항
■ 개인정보 목적 외 이용·제공의 법적근거, 목적 및 범위 등 공개의무 (제18조제4항) ■ 영상정보처리기기 설치·운영시 공청회·설명회 등 의견수렴 의무(제25조제3항) ■ 영상정보처리기기 설치·운영에 관한 업무위탁 절차·요건 강화(제25조제8항) ■ 개인정보파일 등록·공개 의무(제32조) ■ 개인정보 영향평가 실시의무(제33조) ■ 개인정보열람 요구권 행사 편의를 위한 별도의 단일창구 마련(제35조제1항)	■ 정보주체 동의 없는 개인정보 수집·이용 사유 확대 (제15조제1항제3호) ■ 개인정보 목적 외 이용·제공 사유의 확대 (제18조제2항단서) ■ 개인정보처리방침 제정·공개 의무 완화 (제30조제1항) ■ 개인정보 열람요구권 제한·거절 사유 확대 (제35조제4항제3호) ■ 개인정보처리 정지요구권 거절 사유 확대 (제37조제2항제3호) ■ 통계법에 따라 처리된 개인정보에 대한 법률 적용의 일부 제외(제58조제1항제1호)

예외적으로 헌법기관(국회, 법원, 헌법재판소, 선거관리위원회)에 기본계획 및 시행계획의 수립·시행 권한이 부여되어 있으며, 정보통신 분야에서의 개인정보보호 관련 집행은 방송통신위원회와 과학기술정보통신부에서, 금융·신용 분야의 집행은 금융감독위원회에서 담당하고 있다. 이에 따라 「개인정보보호법」은 일반법으로 국가행정기관, 지방자치단체, 공공단체, 기타 민간 분야의 총괄집행은 행정안전부가 관장하고 있고, 「정보통신망법」은 방송통신위원회와 과학기술정보통신부,[90] 「신용정보법」은 금융감독위원회가 관장하고 있다.

일반법인 「개인정보보호법」은 공공 부문과 민간 부문 모두에 단일한 내용을 준수하도록 규정하고 있으나, 공공기관에 대해서는 몇 가지 달리 정하는 바가 있다. 이는 공공기관의 특수성을 반영하여 법적용의 효율을 높이기 위한 것으로, 「개인정보보호법」의 적용을 받는 공공기관은 다음을 의미한다.

1) 개인정보보호위원회

개인정보위원회는 「개인정보보호법」이 정하는 개인정보보호에 관한 사항을 심의·의결하기 위하여 대통령 소속으로 설립된 독립적인 감독기구로, 「개인정보보호법」 제

[표9] 「개인정보보호법」 상의 공공기관 분류[91]

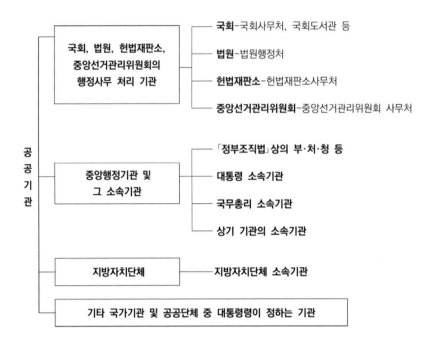

7조가 정하는 바에 따라 위원회의 전문성과 독립성을 반영해 그 권한에 속하는 업무
(전문성)를 독립하여(독립성) 심의 · 의결한다.

  주요 업무로는 기본 · 시행계획의 심의 · 의결과 개인정보보호와 관련된 정책, 제도
개선, 권고 등에 대한 심의 · 의결, 오 · 남용 감시, 이행 실태 조사, 공공기관 간의 의견
조정, 법령 해석 · 운용에 대한 심의 · 의결, 연차보고서의 작성 · 제출, 영향평가결과
에 대한 의견 제시, 개선 방안 연구 등을 독립적으로 수행하며, 컨트롤 타워 역할을 수행
한다. 이와 더불어 지난 2016년 7월 25일부터 개인정보 침해요인 평가 · 기본계획 수
립 · 자료제출 진술요구권한과 분쟁조정위원회의 위원 임명(위촉) 권한이 있다.

  개인정보보호위원회는 2016년 7월25일부터 개인정보의 보호와 정보주체의 권익
보장을 위하여 3년마다 개인정보보호 기본계획(이하 '기본계획'이라 한다)을 관계 중
앙행정기관의 장과 협의하여 수립한다. 기본계획에는 다음의 사항이 포함되어야 한다.

- 개인정보보호의 기본 목표와 추진 방향
- 개인정보보호와 관련된 제도 및 법령의 개선
- 개인정보 침해 방지를 위한 대책
- 개인정보보호 자율 규제의 활성화
- 개인정보보호 교육 · 홍보의 활성화
- 개인정보보호를 위한 전문 인력의 양성
- 그 밖에 개인정보보호를 위하여 필요한 사항

개인정보보호위원회는 매년 12월 31일까지 다음다음 해 시행계획의 작성 방법 등에 관한 지침을 마련하여 관계 중앙행정기관의 장에게 통보하여야 한다.

관계 중앙행정기관의 장은 위에 기재한 지침에 따라 기본계획 중 다음 해에 시행할 소관 분야의 시행 계획을 작성하여 매년 2월 말일까지 보호위원회에 제출하여야 한다. 개인보호위원회는 위에 기술한 내용에 따라 제출된 시행계획을 그해 4월 30일까지 심의 · 의결하여야 한다.

중앙행정기관의 장은 기본계획에 따라 매년 개인정보보호를 위한 시행계획을 작성하여 보호위원회에 제출하고, 보호위원회의 심의 · 의결을 거쳐 시행하여야 한다(「개인정보보호법」 제10조).

개인정보보호위원회는 기본계획을 효율적으로 수립하기 위하여 개인정보처리자, 관계 중앙행정기관의 장, 지방자치단체의 장 및 관계 기관 · 단체 등에 개인정보처리자의 법규 준수 현황과 개인정보 관리 실태 등에 관한 자료의 제출이나 의견의 진술 등을 요구할 수 있으며, 이때 자료 제출 등을 요구받은 자는 특별한 사정이 없으면 이에 따라야 한다(「개인정보보호법」 제11조).

한편, 개인정보보호위원회는 다음의 사항에 관한 자료의 제출이나 의견의 진술 등을 요구할 수 있다.

- 해당 개인정보처리자가 처리하는 개인정보 및 개인정보파일의 관리와 영상정보
  처리기기의 설치 · 운영에 관한 사항

- 「개인정보보호법」 제31조에 따른 개인정보보호책임자의 지정 여부에 관한 사항
- 개인정보의 안전성 확보를 위한 기술적 · 관리적 · 물리적 조치에 관한 사항
- 정보주체의 열람, 개인정보의 정정 · 삭제 · 처리정지의 요구 및 조치 현황에 관한 사항
- 그 밖에 법 및 이 영의 준수에 관한 사항 등 기본계획의 수립 · 추진을 위하여 필요한 사항

2) 행정안전부

행정안전부장관은 개인정보보호 정책 추진, 성과 평가 등을 위하여 필요한 경우 개인정보처리자, 관계 중앙행정기관의 장, 지방자치단체의 장 및 관계 기관 · 단체 등을 대상으로 개인정보관리 수준 및 실태 파악 등을 위한 조사를 실시할 수 있다.

중앙행정기관의 장은 시행계획을 효율적으로 수립 · 추진하기 위하여 소관 분야의 개인정보처리자에게 제1항에 따른 자료 제출 등을 요구할 수 있다.

행정안전부장관과 중앙행정기관의 장은 다음의 사항에 관한 자료의 제출이나 의견의 진술 등을 요구할 수 있다.

- 해당 개인정보처리자가 처리하는 개인정보 및 개인정보파일의 관리와 영상정보처리 기기의 설치 · 운영에 관한 사항
- 「개인정보보호법」 제31조에 따른 개인정보보호책임자의 지정 여부에 관한 사항
- 개인정보의 안전성 확보를 위한 기술적 · 관리적 · 물리적 조치에 관한 사항
- 정보주체의 열람, 개인정보의 정정 · 삭제 · 처리정지의 요구 및 조치 현황에 관한 사항
- 그 밖에 법 및 이 영의 준수에 관한 사항 등 기본계획의 수립 · 추진을 위하여 필요한 사항

행정안전부장관은 개인정보의 처리에 관한 기준, 개인정보 침해의 유형 및 예방조치 등에 관한 표준 개인정보보호지침(이하 '표준지침'이라 한다)을 정하여 개인정보처리

자에게 그 준수를 권장할 수 있다(「개인정보보호법」제12조제1항).

중앙행정기관의 장은 표준지침에 따라 소관 분야의 개인정보처리와 관련한 개인정보보호지침을 정하여 개인정보처리자에게 그 준수를 권장할 수 있다(「개인정보보호법」제12조제2항).

한편 국회, 법원, 헌법재판소 및 중앙선거관리위원회는 해당 기관(그 소속 기관을 포함한다)의 개인정보보호지침을 정하여 시행할 수 있다.

행정안전부장관은 개인정보처리자의 자율적인 개인정보보호활동을 촉진하고 지원하기 위하여 다음의 필요한 시책을 마련하여야 한다.

- 개인정보보호에 관한 교육 · 홍보
- 개인정보보호와 관련된 기관 · 단체의 육성 및 지원
- 개인정보보호 인증마크의 도입 · 시행 지원
- 개인정보처리자의 자율적인 규약의 제정 · 시행 지원
- 그 밖에 개인정보처리자의 자율적 개인정보보호활동을 지원하기 위하여 필요한 사항

행정안전부는 공공기관과 민간 분야의 개인정보를 총괄 집행하며, 주요 업무는 표준개인정보보호지침 제정, 개인정보처리 방침 작성 지침의 제정 · 권고, 개인정보 열람창구 구축 · 운영, 개인정보유출 신고제도 운영, 개인정보파일 등록 접수 및 현황 공개, 자율 규제 촉진 및 지원 시책, 개인정보영향평가 관리 · 운영, 법 위반행위 조사, 시정권고 및 명령, 과태료 부과 등이다.

3) 기타 부처

각 소관 분야의 개인정보처리와 관련한 개인정보보호지침을 정하여 그 준수를 권장하고, 개인정보 시행계획을 수립 · 시행한다. 그리고 소관 법률에 따라 소관 분야의 개인정보처리 실태 개선을 위한 권고 및 시정조치, 감독 기능 등을 수행하고 있다.

4) 헌법기관

국회, 법원, 헌법재판소, 중앙선거관리위원회 등의 헌법기관도 공공기관에 해당하므로, 이 법이 정한 절차에 따라 개인정보를 보호하여야 한다.

국회, 법원, 헌법재판소, 중앙선거관리위원회의 행정사무를 처리하는 기관이라 함은 각각 국회사무처, 국회도서관, 국회입법조사처, 국회예산정책처, 법원행정처, 헌법재판소사무처, 중앙선거관리위원회사무처 등을 말한다.

[표10] 개인정보보호위원회 · 행정자치부 · 중앙행정기관 간 기능 · 역할 비교[92]

개인정보 보호위원회 (심의·의결기능)	행정자치부 (집행·총괄기능)
■ 개인정보 침해요인 평가에 관한 사항 ■ 기본계획 및 시행계획 ■ 정책·제도·법령의 개선에 관한 사항 ■ 공공기관 간 의견조정 사항 사항 ■ 법령의 해석·운용에 관한 사항 ■ 개인정보 목적 외 이용·제공에 관한 사항 ■ 영향평가 결과에 관한 사항 ■ 법령·조례에 대한 의견제시에 관한 사항 ■ 개인정보처리정지, 침해행위중지 권고에 관한 사항 ■ 징계, 고발, 시정조치, 과태료부과 등의 결과 공표에 관한 사항 ■ 연차보고서 작성·제출에 관한 사항 ■ 대통령, 위원장, 위원 2명 이상이 회의에 부치는 사항 등	■ 표준 개인정보보호지침 제정 ■ 자율규제 촉진 및 지원 시책 ■ 개인정보보호 관련 국제 협력 ■ 고유식별정보 안전성 확보조치 준수 여부 정기 조사 ■ 개인정보 처리방침 작성지침의 제정·권고 ■ 개인정보파일 등록 접수 및 현황 공개 ■ 개인정보보호 인증 제도 운영 ■ 개인정보영향평가 관리·운영 ■ 개인정보유출신고제도 운영 ■ 개인정보열람창구 구축·운영 ■ 법위반행위 조사, 시정권고 및 명령, 과징금, 과태료 부과 등 ■ 개인정보보호 관련 법령·조례, 처리실태 등에 관한 의견제시 및 개선권고 ■ 개인정보 침해사실의 신고제도 운영

중앙행정기관 (소관분야 및 개별법에 따른 집행업무)
■ 기본계획 작성을 위한 부문별 계획 제출(→보호위) ■ 소관분야 시행계획 수립·제출(→보호위) ■ 소관분야 시행계획 추진실적 제출(→보호위) ■ 소관분야 법령 등의 개선추진 평가 ■ 소관분야 자율규제 촉진·지원 ■ 법 위반행위 조사, 시정권고명령, 과태료 부과(개별법이 있는 경우) ■ 법령·조례의 이 법 목적에 부합 노력 등

한편 기존의 「공공기관 개인정보보호법」에서는 공공기관의 정의에서 헌법기관이 제외되어 있었으나 국회, 법원, 헌법재판소, 중앙선거관리위원회 등이 취급하는 개인 정보의 양과 빈도가 낮지 않아 2011년도부터 시행된 「개인정보보호법」에서는 공공기관의 범위에 헌법기관도 추가되어 그 적용 대상이 확대되었다.

헌법기관은 개인정보보호를 위한 기본계획을 수립·시행할 수 있으며, 개인정보보호지침을 독자적으로 수립·제정하고 시행 가능하다.

국회, 법원, 헌법재판소, 중앙선거관리위원회(그 소속 기관 포함)에 대한 「개인정보보호법」 제33조에 따른 영향평가에 관한 사항은 국회규칙, 대법원규칙, 헌법재판소규칙 및 중앙선거관리위원회규칙으로 정하는 바에 따른다. 이들 헌법기관도 공공기관에 포함되기 때문에 개인정보파일을 구축·운용 또는 변경하려고 하는 경우에는 영향평가를 실시하여야 하나 권력분립 원칙에 따라 이들 기관의 영향평가에 관한 사항은 해당 기관의 규칙으로 정하도록 하였다.

5) 개인정보 분쟁조정위원회와 개인정보 침해신고센터

개인정보 분쟁조정위원회는 개인정보보호위원회 산하에 있으며, 개인정보 침해와 관련된 분쟁을 당사자 사이에 합리적이고 신속하게 해결하기 위한 기구로 심의를 통해 손해배상을 결정하며, 개인정보 피해 예방활동, 법제도 개선 건의, 시정권고 등을 통해 국민의 권리 보호 및 건전한 개인정보 이용환경 구축 등의 업무를 담당한다.

개인정보 침해신고센터(www.cyberprivacy.or.kr)는 개인정보침해와 관련된 신고 접수와 상담을 수행하고, 신고된 개인정보처리자의 법률 위반 여부를 조사하여 후속 조치를 지원하고 있다.

6) 개인정보 업무 전문기관과 민간 자율 개인정보보호체계 등

한국인터넷진흥원(KISA)은 개인정보보호위원회의 유관기관으로서 개인정보 관련 업무를 수행하고 있으며, 민간 자율 개인정보보호체계인 개인정보보호협회와 한국개인정보보호협의회도 민간 자율협회로서 개인정보보호의 인식 제고 등 개인정보 관련 사업을 진행하고 있다.

현행「개인정보보호법」에 '자율규제 단체' 운영에 대한 명시적인 법적 근거 및 그에 따른 규제 규정은 없으며, [그림11]에서 파악할 수 있는 바와 같이 해당 법령에 근거해 「개인정보보호 자율규제단체 지정 등에 관한 규정(이하 '고시')」을 시행 중이다.

자율규제(Self-regulation)는 자율규제를 담당하는 핵심 조직(지정된 자율규제 단체·협회)이 제3자와 같은 외부의 독립기관으로서 소속 조직을 감시하고 지정된 단체·협회가 제시하는 표준을 강제적으로 시행하도록 하는 타율적 제도(소속 조직의 입장에서는 결과론적으로 타율적 규제라는 인식을 불러올 수 있다)라기보다는, 소속

[그림11] 개인정보보호법에 따른 자율 규제 근거법 규정

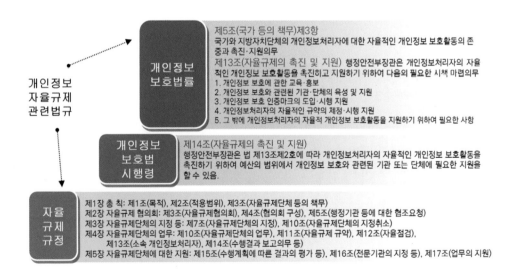

조직이 자율적으로 법적 · 윤리적 또는 안전 표준을 준수하는지 모니터링하는 프로세스라 할 수 있다.

모든 조직의 천편일률적인 획일화된 자율규제는 해당 조직의 이익 등과 이해가 상충하는 결과를 야기할 수 있음에 유의할 필요가 있다. 자율규제 제도는 자율규제를 실시할 경우 ① 해당 조직이 성공적으로 자율규제함으로써 보유한 기업표준에 대한 통제권을 기업 스스로가 유지할 수 있으며, ② 기업 내 치부가 외부로 드러나지 않음으로써 명성을 유지하여(무언가를 숨기는 것으로 가정할 필요 없음), ③소비자의 신뢰를 구축할 수 있다는 장점이 있는 반면, ① 내재적인 이해 상충으로 인해 자율규제적인 시도가 실패할 수도 있으며, ② 대중이 이러한 실패를 알게 되면 자율규제에 대한 회의론의 대두와 더불어 집행부처의 비판으로 이어져(예: 암호화폐 거래소 자율규제 심사 논란) 보다 강한 관리감독에 직면할 수 있으며, ③ 모든 비즈니스가 자발적으로 모범 사례 표준을 충족시키지 않아 개인정보 침해사고가 발생할 수 있다는 단점이 있다.

자율규제는 ① 단체 · 협회별로 직접 자체 구성원을 감시, 처벌하고 ② 자원봉사자단체나 협회가 법적, 윤리적 또는 안전 표준 준수 여부를 모니터링하도록 소속 구성원에 요청하거나 자원봉사자(소비자, 시민)에게 요청하는 프로세스로 진행된다.

현재 [표11]과 같은 메커니즘을 통한 자율규제가 시행 중이다. 우리나라는 「개인정보보호법」에 근거해 행정안전부 주도의 자율규제가 운용 중이며, 정보통신사업자를 대상으로 「정보통신망법」에 근거해 방송통신위원회 주도의 자율규제가 운용 중이다. 특히 정보통신서비스 제공자 등의 자율적인 개인정보보호 활동을 촉진 · 지원하기 위한 "시책 마련 등에 필요한 사항"에 대하여 구체화하고, 정보통신서비스 제공자 단체 등이 자율적인 개인정보보호 활동에 적극적으로 참여할 수 있도록 자료 제출 의무를 부여하고, 정부의 행정적 · 재정적 지원을 받을 수 있는 근거를 명확하게 규정하며, 개인정보보호 자율규제 정책의 실효성 제고를 위해 정보통신서비스 제공자 단체 등의 개인정보보호 활동계획의 이행결과에 대한 평가 등에 관한 세부사항을 고시로 위임할 수 있는 근거를 마련하기 위해 「정보통신망법」과 같은 법 시행령을 개정하여 2019년 6월 25일부터 시행 중이다.

[표11] 자율규제 메커니즘 적용 사례

자율규제 메커니즘	내용	사례
교육 및 인식 구축	모든 자율규제 메커니즘과 운영체제에 대한 문제점 인식과 문제 해결에 대한 인식과 이해를 높일 필요가 있을 때 사용하는 메커니즘	캐나다의 Media Awareness Network
미디어 인식 네트워크	산업계, 정부 및 기타 인터넷 이해관계자들이 연결되어 효과적으로 참여하기 위한 필요한 기술, 지식 및 도구와 교육프로그램 제공	미국의 GNI(The Global Network Initiative)
인식 제고 이니셔티브	이해관계자들을 인터넷에 연결하여 잠재적인 영향을 인식하고 예방 캠페인을 통해 문제 해결	캐나다의 Missing Program
인터넷 포털 운영	인터넷 포털 운영을 통해 원칙과 행동 강령을 제시하고, 이 제시된 원칙을 효과적으로 구현할 수 있도록 회원들 스스로가 강화된 자체 규제를 실현하는 데 필요한 정보와 도구를 제공	미국의 GNI
자율 등급 시스템	사이트의 콘텐츠가 속하는 범주에 따라 웹사이트에 레이블을 지정하여 자율규제	논란이 되고 있는 인터넷 콘텐츠를 다루는 수단으로 점점 더 주목받고 있음
필터링, 평가, 정부 규제	자체 필터링과 평가 그리고 정부의 입법 등을 통한 규제	자율규제와 국가의 규제의 경계 영역
핫라인 보고 메커니즘	인터넷 사용자나 공급자가 불법이라고 생각하는 인터넷 콘텐츠를 접할 때 핫라인(전자 메일, 전화, 팩스 또는 기타 수단)으로 연락하는 시스템으로, 사용자 권한 부여 및 법 집행을 용이하게 하는 방법으로 주목을 받고 있음	영국, 네덜란드, 독일, 프랑스, 오스트리아, 아일랜드, 노르웨이, 미국을 비롯한 여러 국가에서 핫라인 운영
자발적인 행동 강령	'윤리 강령'이라고 하는 자발적인 행동 규범은 업계 또는 기업이 특정 상황이나 문제를 해결할 수 있는 '기본규칙'과 방법을 명시하는 중요한 자체 규제 도구로, 한 그룹의 회사 또는 업계가 준수할 것에 동의하는 표준 및 행동을 설정함으로써 소비자 신뢰를 강화할 수 있음	미국의 GNI
정보 공유 및 조정	업계 협회 및 핫라인 조직을 포함하여 인터넷 자율규제에 종사하는 다른 조직과 파트너십을 통한 정보 공유 및 조정	미국의 GNI

자율준수 프로그램(Compliance Program)

• 자율준수 프로그램은 적용 가능한 법률 및 규정에 따라 작동되어야 하며, 조직 내 정직과 성실의 문화 만들기가 정착되어야 한다. 그렇게 하기 위해서는 윤리적, 직업적 기준 충족이 될 수 있는 내부 규범이 만들어져야 하며, 사기 · 남용 및 기타 컴플라이언스 문제 방지책이 마련되어야 한다. 이를 위해 문제 발생 시 초기 단계에서 감지할 수 있는 장치가 마련되어야 하며, 신속한 시정 조치가 이뤄질 수 있도록 하여야 하고, 윤리적 및 규정 준수 행동 문화가 구축될 수 있어야 한다. 무엇보다 직원들이 이 자율규정을 준수할 수 있는 신뢰 구축이 필요하다.

• 자율준수 프로그램의 3원칙
  ① 예방 서면 정책 · 행동 강령, 준법 감시인 및 감독, 교육프로그램 운영
  ② 감지(탐지) 보고 핫라인, 모니터링 · 감사 및 내부 보고, 비위협 · 비비방
  ③ 시정 조치 조사 · 교정, 징계 정책

(2) 개인정보보호법의 체계

1) 개인정보보호법

개인정보보호에 관한 일반법(률)인 현행 개인정보보호법은 총 9개의 장과 80개의 조문과 부칙으로 구성되어 있다.

제1장(총칙)은 입법 목적, 정의, 개인정보보호원칙, 정보주체의 권리, 국가 등의 책무, 다른 법률과의 관계 등이 규정되어 있다. 제2장(정책수립 등)은 개인정보보호위원회, 개인정보보호 기본계획 및 시행계획 수립, 개인정보보호지침, 자율규제의 촉진 및 지원 등에 관한 사항이 규정되어 있다.

제3장(개인정보의 처리)은 개인정보의 수집, 이용, 제공 등 처리 기준, 민감정보 및 고유식별정보 제한, 주민등록번호 처리의 제한, 영상정보 처리기기 제한 등에 관한 사

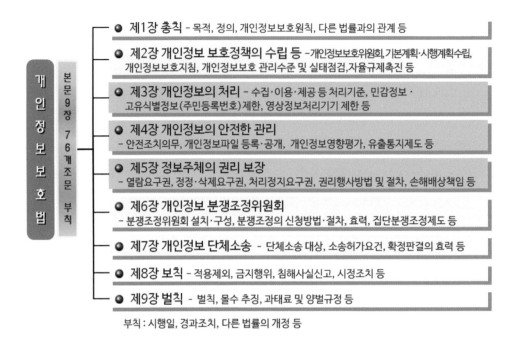

[그림12] 개인정보보호법의 체계

개인정보보호법

본문 9장 76개 조문 부칙

- 제1장 총칙 - 목적, 정의, 개인정보보호원칙, 다른 법률과의 관계 등
- 제2장 개인정보 보호정책의 수립 등 - 개인정보보호위원회, 기본계획·시행계획수립, 개인정보보호지침, 개인정보보호 관리수준 및 실태점검, 자율규제촉진 등
- 제3장 개인정보의 처리 - 수집·이용·제공 등 처리기준, 민감정보· 고유식별정보(주민등록번호)제한, 영상정보처리기기 제한 등
- 제4장 개인정보의 안전한 관리 - 안전조치의무, 개인정보파일 등록·공개, 개인정보영향평가, 유출통지제도 등
- 제5장 정보주체의 권리 보장 - 열람요구권, 정정·삭제요구권, 처리정지요구권, 권리행사방법 및 절차, 손해배상책임 등
- 제6장 개인정보 분쟁조정위원회 - 분쟁조정위원회 설치·구성, 분쟁조정의 신청방법·절차, 효력, 집단분쟁조정제도 등
- 제7장 개인정보 단체소송 - 단체소송 대상, 소송허가요건, 확정판결의 효력 등
- 제8장 보칙 - 적용제외, 금지행위, 침해사실신고, 시정조치 등
- 제9장 벌칙 - 벌칙, 몰수 추징, 과태료 및 양벌규정 등

부칙 : 시행일, 경과조치, 다른 법률의 개정 등

항이 규정되어 있다. 제4장(개인정보의 안전한 관리)은 안전조치 의무, 개인정보보호 책임자, 개인정보파일 등록·공개, 개인정보 영향평가, 개인정보 유출 통지, 과징금의 부과 등이 규정되어 있다.

제5장(정보주체 권리 보장)은 개인정보의 열람, 정정 및 삭제, 처리정지, 권리행사 방법 및 절차, 손해배상책임 등이 규정되어 있다. 제6장(분쟁조정위원회)은 조정위원회 설치 및 구성, 조정의 신청 방법 및 절차, 집단분쟁 조정제도 등에 관한 사항이 규정되어 있다. 제7장(단체소송)은 단체소송의 대상, 소송 허가 신청 및 요건, 확정판결의 효력 등에 관한 사항이 규정되어 있다. 제8장(보칙)은 적용 제외, 금지행위, 비밀 유지, 침해 사실 신고, 자료 제출 요구 및 검사, 시정조치, 고발 및 징계권고, 권한의 위임·위탁 등에 관한 사항이 규정되어 있다. 제9장(벌칙)은 벌칙, 양벌 규정, 과태료, 과징금의 특례(제76조 신설: 과징금을 부과한 행위에 대하여는 과태료를 부과할 수 없도록 한 제75조에 관한 특례 규정)에 관한 사항이 규정되어 있다.

2) 시행령

① 개인정보보호법 시행령(대통령령)

개인정보보호 기본계획 및 시행계획의 수립 절차(영 제11조 및 제12조), 민감정보 및 고유식별정보의 범위(영 제18조 및 제19조), 고유식별정보 등 개인정보에 대한 안전성 확보조치(영 제21조 및 제30조), 개인정보보호책임자의 자격 요건(영 제32조), 개인정보파일의 등록 및 개인정보 영향평가 관련 사항(영 제34조 및 제36조), 개인정보의 열람 등 정보주체의 권리 보장(영 제41조부터 제44조까지 및 제48조) 등에 관하여 법률에서 위임된 사항과 법률의 시행에 필요한 사항을 구체적으로 정한다.

② 개인정보보호위원회 규정(대통령령)

이 시행령은 법 제7조에 따라 개인정보보호위원회 및 사무국의 조직·정원 등에 관한 사항을 규정함을 목적으로 제정되었으며, 총 10개의 조문과 부칙으로 구성되어 있다. 이 시행령에서는 목적(제1조), 보호위원회의 직부(제2조), 위원회의 구성 등(제3조), 위원회의 사무국에 관한 사항(제4조), 기획총괄과·심의처리과·조사과 등 하부조직에 관한사항(제5조), 기획총괄과의 구성과 업무분장사항(제6조), 심의처리과의 구성과 업무분장 사항(제7조), 조사과의 구성과 업무분장 사항(제8조), 소관 사무의 일시 조정(제9조), 위원회에 두는 공무원의 정원(제10조) 등에 관한 사항을 구체적으로 정하고 있다.

③ 개인정보 단체소송규칙(대법원규칙)

시행령에 준하는 대법원규칙인 「개인정보 단체소송규칙」은 「개인정보보호법」 제51조에 따라 제기된 금지·중지 청구에 관한 '개인정보 단체소송'의 절차에 관하여 필요한 사항을 정하는 것을 목적으로 제정되었으며, 총 14개의 조문과 부칙으로 구성되어 있다.

「개인정보 단체소송규칙」은 목적(제1조), 단체소송 시 「민사소송규칙」의 적용에 관한 사항(제2조), 소의 제기 및 소송허가 신청의 방법(제3조), 소장의 기재사항(제4조),

소송허가 신청서의 기재사항(제5조) 등 소송허가 신청 시의 절차에 관한 사항(제6조 ~제9조)과 소송 허가 여부에 대한 결정(제10조)에 관한 사항이나 소송대리인의 사임 등(제11조)을 규정하고 있으며, 공동소송 참가(제12조), 청구의 변경(제13조), 변론의 병합(제14조) 등에 관한 세부사항을 규정하고 있다.

3) 개인정보보호법 시행규칙

개인정보보호법 및 시행령에서 위임한 사항과 그 시행에 필요한 사항을 총 3개의 조문과 부칙, 11개의 관련 서식(개인정보파일 신청서 등 관련 서식)에서 정하고 있다. 특히 공공기관에 의한 개인정보의 목적 외 이용 또는 제3자 제공의 공고, 개인정보보호업무 관련 장부 및 문서 서식, 서면 동의 시 중요한 내용의 표시 방법 등이 규정되어 있다.

4) 관련 행정규칙 등

개인정보보호법의 원활한 시행을 위해「개인정보 영향평가에 관한 고시」,「개인정보보호 자율규제단체 지정 등에 관한 규정」,「개인정보의 안전성 확보조치 기준」,「개인정보보호인증제 운영에 관한 규정」,「표준 개인정보보호 지침」및 각종 관련 가이드라인 등이 제정되어 운용되고 있다.

5. 해외 입법례

(1) OECD

1) OECD 개인정보보호 법제

'프라이버시 보호 및 개인정보의 국가 간 유통에 관한 가이드라인'은 프라이버시 보호뿐만 아니라 정보의 자유로운 흐름도 막지 않을 것을 목적으로 적용 대상을 공공, 사적 부분을 초월한 특정 개인과 관련된 모든 정보로 규정하고 있다.

그 주요 내용은 다음과 같다. 제1부는 총칙으로 용어에 관한 정의와 적용범위에 대한 내용을 담고 있으며, 제2부는 국내에서의 개인정보보호에 관한 기본원칙(개인정보보호에 관한 OECD의 8원칙)에 관해 설명하고 있고, 제3부는 국제적인 개인정보 활용에 관한 기본원칙을 제시하고 있으며, 제4부는 제2부와 제3부에서 선언한 기본원칙의 국내 이행을 위한 국내 입법의 적용 방법을 설명하고, 제5부는 국제 협력에 관한 내용을 설명하고 있다.

2) OECD 프라이버시 가이드라인 제8원칙(지침)

경제협력개발기구(OECD)는 1980년 '프라이버시 보호 및 개인정보의 국제적 유통에 관한 지침'으로서 8개의 원칙을 정하였다.

OECD의 프라이버시 보호 8개 원칙은 오늘날 국제적인 표준이 되고 있으며, 국내의 개인정보보호 체계를 이루는 핵심 구성요소이다.

(2) EU의 GDPR

GDPR은 EU 회원국에 적용되는 「General Data Protection Regulation(일반 개인정보보호법)」의 약어로 EU 내 개인정보의 처리와 이전에 관한 사항[93] 등을 규정한 EU 규칙이다. 회원국 법률과 동등한 효력이 있으며, 2018년 7월 27일부터 시행 중이다.[94]

GDPR의 제정 목적은 자연인에 관한 기본권과 자유(특히 개인정보보호에 대한 권리) 보호(제1조제2항)와 EU 내에서의 개인정보의 자유로운 이동(제1조제3항) 보장이며, 법의 제정 목적에서 국내법과의 차이점은 GDPR의 법 준수 시 EU 내의 개인정보의 자유로운 이동을 보장함을 명시적으로 규정하고 있다는 것이다.

GDPR은 종래의 Directive(지침)가 아니라 Regulation이라는 법 형식으로 규율되어 법적 구속력을 가지며, 모든 EU 회원국에게 직접적으로 적용된다(제99조). GDPR은 전문 총 173개항, 본문 총 11장 99개 조항으로 이루어져 있으며, 기존 Directive가

[그림13] EU의 개인정보보호법 체계

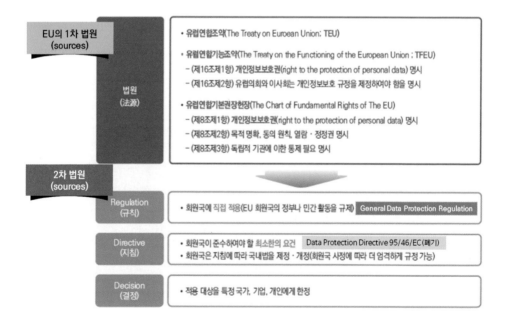

[그림14] EU의 GDPR 구성체계

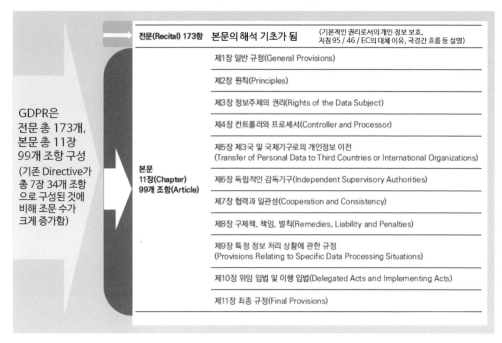

[그림14] EU의 GDPR 구성체계

총 7장 34개 조항으로 구성된 것에 비해 조문 수가 크게 증가하였다.

GDPR은 개인정보 삭제권, 처리 제한권, 개인정보 이동권, 반대권 등의 신규 권리추가 및 기존 권리 명확화를 통하여 기존 Directive보다 정보주체의 권리를 확대·강화하였으며, DPO의 지정, Data protection by design and by default 등의 내용을 통하여 기업의 책임성을 강화하였다.

(3) 국제 개인정보보호 감독기구 총회

국제 개인정보보호 감독기구 총회ICDPPC(International Conference of Data Protection and Privacy Commissioners)는 영국, 프랑스, 독일, 캐나다 등 54개국 87개 기관이 참여하는 개인정보보호 관련 국제적 쟁점에 대한 공동 해결책을 모색하는 국제회의체로, 관련 정보 교류 및 국제 협력을 위하여 매년 회의를 개최하고 있다.

ICDPPC는 2001년도에 발족하였으며, 초창기에는 EU 개인정보보호기구 간의 정보 교류를 위한 회의(Conference)로 출발하였으나, 2001년 2월부터 참여 범위를 EU 외로 확대하면서 국제기구(협의체) 성격으로 변화하였다.

우리나라 개인정보보호위원회는 2012년에 ICDPPC에 정회원으로 가입하였다. 우리나라가 정회원으로 가입한 2012년 우루과이 총회에서는 빅데이터 프로파일링에 대한 8개의 원칙을 수립하였으며(「Uruguay Declaration on Profiling(Big Data)」), 2013년에는 빅데이터 활용 시 개인 프로파일링 보호 조치를 위한 결의문(「Profiling Resolution」)을 발표하였다. 2013년도 회의에서는 개인정보 침해사고 발생 시 국가 간 협력 절차를 안내하기 위한 표준 프레임(Enforcement Framwork)을 개발하였다.

APEC의 CBPRS(Cross Border Privacy Rules System)

아시아태평양경제협력체(APEC)는 개인정보의 국외 이전에 따른 개인정보 침해 발생 가능성으로부터의 보호를 위하여 '개인정보 국외 이전 인증기준(CBPR) 시스템'을 도입해 운영하고 있으며, 이 시스템의 회원국 참여를 권고하고 있다.

CBPRs는 회원국 간 안전한 개인정보 이전을 지원하기 위한 개인정보보호 글로벌 인증(certification) 프로그램으로서, APEC의 ECSG(APEC 회원국 간 전자 상거래 활성화를 위해 온라인 거래와 정보네트워크에서의 프라이버시 및 보안에 대한 중요성을 논의하는 고위 관료 특별 그룹)과 DPS(회원국 간 개인정보 보호 관련 협력을 위해 구성된 ECSG 내 서브 그룹)에서 운영 중이다.

CBPRs는 ① 자가진단(self-assessment) → ② 준수(compliance) → ③ 인정/승인(recognition/acceptance) → ④ 분쟁 처리와 집행(dispute resolution and enforcement)의 4단계 요소로 구성되어 있으며, 각 회원국의 개인정보에 관한 법률과 CBPRs가 상충할 경우 각국의 국내법이 우선 적용된다.

우리나라 행정안전부는 2012년 CBPRs의 국가 간 운영 협의기구인 국경 간 프라이버시 실행 협의체(CPEA, Cross-border Privacy Enforcement Arrangement)에 가입, APEC 회원국 간의 개인정보 국외 이전 시 발생할 수 있는 피해 구제, 수사 공조 등 각종 사안에 대해 정부 간 협의할 수 있는 채널을 확보하였다.(www.cbprs.org)

(4) 유럽평의회 조약 제108호

유럽평의회(CoE)[95]는 지능정보기술의 발전이 인간 생활의 편의 측면에서 많은 이점을 가져다주지만 공익에 반하는 성격이 강하며, 잘못된 손에 넘어갈 경우 데이터에 대한 대량 액세스가 프라이버시 권리의 본질을 저해할 수 있고 정치 문화에 부정적인 영향을 미칠 수 있으며, 민주주의ㆍ창의성ㆍ혁신에 냉혹한 영향을 미칠 수 있고 나아가 특정 문제에 대한 자신의 견해를 표현하지 못하게 하고 불신풍조를 조장하는 등 그 위험이 특히 배가될 수 있음을 주지하고 있다.[96]

이 조약은 국가가 국내 입법으로 전환할 수 있는 여러 가지 원칙을 확립하여, 특히 데이터가 법에 의해 설정된 절차를 통해 처리되고, 특정 목적을 위해 필요한 것보다 더 많은 데이터가 저장되지 않으며, 데이터가 저장되는 목적과 관련하여 과도하게 저장되지 않도록 규율한다.[97]

2015년 유럽 데이터 보호 감독관은 빅데이터[98]와 사물인터넷이 윤리에 미치는 영향을 평가하기 위한 몇 가지 이니셔티브를 시작했으며, 특히 디지털 윤리에 대한 공개적이고 정보에 입각한 토론을 자극하여 EU가 실현할 수 있도록 하는 '윤리 자문 그룹'을 설립했다. 이는 사회와 경제를 위한 기술의 이점과 동시에 개인의 권리와 자유, 특히 프라이버시 및 데이터 보호에 대한 권리를 강화하는 것을 내용으로 한다.

유럽의회가 발간한 핸드북에서는 EU의 GDPR과 비교해 유럽평의회의 '조약 108호(Convention 108)'에 근거한 지능정보기술의 범위를 빅데이터, SNS 및 EU의 디지털

Convention108

유럽평의회가 1981년에 제정한 개인정보보호에 관한 국제 협약으로, 1985년부터 시행되었다. 47개의 회원국 중 터키를 제외한 국가들은 모두 해당 조약을 시행 중이며, 이 조약은 회원국에 법적 구속력을 가진다.[99]

Convention 108은 2001년 부속의정서[100]를 포함하기도 하는데, 현재 비유럽 국가들도 다수 가입해 있고 EU GDPR 발효에 맞춰 지능정보화사회에 대응하기 위해 '현대화된 협약(modernised Convention 108 in 2018)'으로 개정되었다.[101] 이 조약은 공적 영역과 사적 영역의 정보처리와 같은 모든 정보처리에 적용되며, 법적 구속력이 있다.[102]

옵서버 지위를 부여한다는 점에서, 우리나라도 데이터의 자유로운 이동을 위해 이 조약에 가입할 필요성이 있다.

단일 시장에 관한 선택된 영역으로 한정해 다루고 있다.

ICT의 파괴적인 혁신으로 인해 사회적 관계, 비즈니스, 민간 및 공공 서비스가 디지털로 상호 연결되어 점점 더 많은 양의 데이터를 생성하고, 그중 많은 부분이 개인데이터인 새로운 삶의 방식을 형성하고 있다. 정부, 기업, 시민은 점점 더 데이터 주도 경제에서 활동하고 있으며, 데이터 자체가 가치 있는 자산이 되었다.

AI라는 용어는 기계가 일반적으로 자연인과 관련이 있는 학습 및 문제 해결과 같은 '인지적' 기능을 모방할 때 적용되는 것으로 이해되며, 알고리즘은 계산, 데이터 처리, 평가 및 자동화된 추론 및 의사 결정을 위한 단계별 절차로 이해된다. 빅데이터 분석, AI 및 자동화된 의사 결정과 마찬가지로, 알고리즘 역시 대량의 데이터의 편집 및 처리가 필요한 영역으로 이해되고 있다.

빅데이터와 AI와 관련하여, 컨트롤러와 프로세서의 식별과 그 책임과 관련하여 다음과 같은 쟁점이 도출된다.(해당 핸드북에서 빅데이터의 개념은 데이터와 분석 양자를 모두 의미한다.[103])

① 많은 양의 데이터가 수집되고 처리될 때 데이터 소유자는 누구인가?

② 인공지능 기계와 소프트웨어로 데이터를 처리하면, 누가 컨트롤러인가?

③ 각자가 취할 행동을 할 경우 처리단계별 정확한 책임은 무엇인가?

데이터 처리의 정당성과 데이터 품질[104]

1. 비례의 원칙: 데이터 처리는 공공 부문 또는 민간부문의 모든 이해관계와 권리와 자유가 침해될 수 있는 모든 이해관계자 간의 공정한 법익의 균형을 위해 추구되고 반영되는 합법적인 목적과 비례하여 이루어져야 한다.
2. 정당하고 적법한 처리 절차 보장: 각 당사국은 데이터 처리가 데이터 주체의 자유롭고 구체적이며 정보에 입각한 모호하지 않은 동의 또는 법에 의해 규정된 다른 합법적인 기초에 기초하여 수행될 수 있도록 규정하여야 한다.
3. 데이터 처리의 합법성: 처리 중인 개인데이터는 합법적으로 처리되어야 한다.
4. 데이터 처리의 공정성, 투명성 보장: 처리 중인 개인데이터는 공정하고 투명하게 관리되고 처리되어야 하며, 명시적이고 합법적인 목적을 위해 수집되고 그러한 목적과 양립할 수 없는 방식으로 처리되지 않아야 하며(공익, 과학 또는 역사 연구 목적 또는 통계 목적을 추가하는 경우 적절한 보호장치를 하여야 함), 처리 목적에 적합하고 과도하지 않아야 하며, 정확 · 완전 · 최신의 상태를 유지해야 하며, 필요한 최소한의 범위 내에서 처리되어야 한다.

④ 빅데이터를 사용할 수 있는 적법한 또는 정당한 이유는 무엇인가?

AI와 알고리즘이 제품으로 간주되는 경우, 일반 데이터 보호 규정에 따라 규제되는 개인 책임과 그렇지 않은 제품 책임 사이의 문제가 발생한다. 예를 들자면, 자동화된 의사 결정을 포함하여 로봇 공학 및 AI에 대한 개인 책임과 제품 책임 사이의 흠결을 보완하기 위한 나름의 책임에 대한 규칙의 필요성이 제기된다.[105] 빅데이터 분석으로 처리된 개인데이터는 EU와 유럽평의회 법제에 따라 달라진다. 데이터 보호 규칙과 권리로부터의 특권은 선택된 권리와 권리의 집행이 불가능하거나 데이터 컨트롤러의 불균형한 노력을 필요로 하는 특정 상황에 국한된다. 특정 경우를 제외하고는 완전한 자동 의사결정은 일반적으로 금지된다. 개인의 인식과 통제는 권리 집행에 의해 보장된다.

(5) AI와 빅데이터에 관한 가이드라인

유럽평의회 조약 108에 따른 개인정보 자동처리에 관한 개인보호협약 자문위원회[106]는 2019년 1월 28일 데이터 보호의 날을 맞아, 인공지능 및 데이터 보호에 관한 지침(New Guidelines on Artificial Intelligence and Data Protection)을 발표했다. 이 지침은 AI 애플리케이션이 데이터 보호 권리를 훼손하지 않도록 정책 입안자, 인공지능 개발자, 제조업체 및 서비스 제공업체를 지원하는 것을 목표로 한다. 이 지침은 AI 개발로 인해 야기되는 새로운 과제를 해결하기 위해 제정되었으며, 협약위원회는 AI 애플리케이션을 개발하거나 채택할 때, 특히 의사결정 프로세스에 사용할 때 인권 보호가 필수적인 사전 요건이 되어야 하며, 조약 108의 원칙에 기초해야 한다고 강조한다.

또한 AI 분야의 혁신은 개인데이터 처리의 잠재적 위험을 피하고 완화하는 데 주의를 기울여야 하며, 데이터 처리 및 그 효과에 대한 관계기관의 의미 있는 통제를 허용해야 한다.

개인데이터 처리[107]는 해당 공동체의 수용 가능한 윤리적 가치와 충돌해서는 안 되며 인권 보호를 비롯한 사회적 이익, 가치관 및 규범을 침해해서는 안 된다.[108] 빅데이터의 처리와 관련해, 컨트롤러는 데이터 사용에 보호될 특정 윤리적 가치를 식별하기 위해 임시 윤리위원회를 설립하거나 기존 윤리위원회에 맡길 수 있으며, 윤리위원회는 객관적인 직무 수행이 가능하도록 독립된 기관이어야 한다.

데이터 처리의 복잡성이 증가하고 빅데이터의 변형적 사용이 이루어짐을 감안할 때, 당사자는 이 분야의 데이터 보호를 규제하는 데 사전 예방적 접근법을 채택해야 한다. 즉, 컨트롤러는 개인데이터 처리와 관련하여 개인의 보호를 보장하기 위해 빅데이터 사용의 위험과 개인 및 사회에 미치는 영향에 관한 예방 정책(PbD)을 채택해야 하며, 빅데이터의 사용은 개인의 프라이버시와 데이터 보호뿐만 아니라 이러한 권리의 집단적 차원에도 영향을 미칠 수 있기 때문에 예방 정책과 위험 평가는 동등한 대우와 비차별에 대한 권리를 포함하여 빅데이터 사용의 법적, 사회적, 윤리적 영향을 고려해야 한다. 유럽평의회 조약 108의 데이터 처리의 정당성과 데이터 품질의 원칙에 따라, 데이터 처리가 권리에 미치는 영향을 방지하거나 최소화해야 할 의무에 의거하여 위험평가가 필요하다. 컨트롤러는 영향평가를 정기적으로 취해야 하며, 위험 방지를 위해 감독당국과 협의하여야 하고, 필요한 조치를 취해야 한다(기 영향평가가 완료된 경우에도 일정한 요건을 정해 재평가를 실시해야 한다). 개인정보는 적법하고 정당한 절차 내에서 그리고 그 목적 범위 내에서 처리되어야 하며, 정보주체의 접근이 보장될 수 있도록 처리의 투명성이 보장되어야 한다.

그 외에 익명 처리 원칙, 데이터 보호를 위한 설계적 접근(By-design approach), 적법한 동의 절차 준수, 빅데이터 기반 의사결정에서 인간 개입의 역할[109] 등이 규정되어 있다. 독일의 경우 데이터 소유권 연구에 관한 연구를 진행 중이다.

(6) 미국의 법제

1) 미국의 법제 개요

미국 예산관리처(OMB)는 예산을 편성 및 운용하는 과정에서 공공 부문의 개인정보보호 역할을 담당하고 있다. 공공 부문에서의 개인정보보호에 관해서는 연방수정헌법

제4조, 연방 프라이버시보호법(1974), 정보공개법(1974), 전자정부법(2002) 등이 규정한다.

미국의 민간 부문은 FTC, FCC, 상무부에서 관장하며, 공정신용평가법(1970), 전자통신프라이버시법(1986), 아동온라인프라이버시보호법(1998), 비디오프라이버시보호법(1988) 등이 있다.

2) 제정 배경

미국에서의 개인정보보호는 1890년 타인의 간섭을 받지 않고 홀로 있을 권리를 뜻하는 프라이버시권(right to privacy)에서 출발하였다.

현대는 정보 및 통신기술의 발달로 인해 개인이 사회에서 살아가는 과정에서 사회로부터 간섭받지 않는 비밀의 영역이 필요하게 되었다. 특히 전자통신 메시지에 담긴 프라이버시 보호, 비디오 대여점에서의 개인 프라이버시 보호가 문제가 되었다.

3) 특징

미국의 개인정보보호는 공공 부문과 민간 부문으로 나누어 공공 부문에만 법을 적용하고 민간 부문에는 원칙적으로 윤리적인 통제만 가능하게 되어 있다.

미국의 개인정보보호제도는 1966년 정보공개법(Freedom of Information Act) 제정에 따라 연방정부가 보유하고 있는 정보를 원칙적으로 공개하게 되어 있다.

프라이버시법에 의해 정부에 대한 규제를 가하고, 민간 부문에는 정보의 자유로운 유통을 보장하며, 개별 분야에서의 개인정보보호를 목적으로 한 영역별 보호 법제를 가지고 있다는 점이 특색이다.

4) 개인정보보호 법제

미국의 개인정보보호 법제로는 연방정부기관이 보유하고 있는 개인정보에 관한 보호 법규인 1974년 프라이버시법(Federal Privacy Act 1974)과 각 주 단위로 규정된 프라이버시권 관련법률들이 있다.

미국에서는 1974년 프라이버시법이 제정된 아래 1978년 금융프라이버시권법,

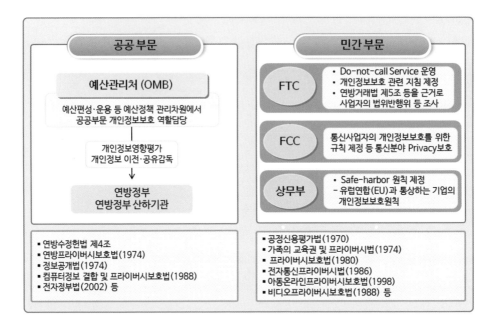

[그림15] 미국의 개인정보보호법의 구조

공공부문

예산관리처 (OMB)

예산편성·운용 등 예산정책 관리차원에서
공공부문 개인정보보호 역할담당

↓

개인정보영향평가
개인정보 이전·공유감독

↓

연방정부
연방정부 산하기관

- 연방수정헌법 제4조
- 연방프라이버시보호법(1974)
- 정보공개법(1974)
- 컴퓨터정보 결합 및 프라이버시보호법(1988)
- 전자정부법(2002) 등

민간부문

FTC
- Do-not-call Service 운영
- 개인정보보호 관련 지침 제정
- 연방거래법 제5조 등을 근거로 사업자의 법위반행위 등 조사

FCC
통신사업자의 개인정보보호를 위한 규칙 제정 등 통신분야 Privacy보호

상무부
- Safe-harbor 원칙 제정
  - 유럽연합(EU)과 통상하는 기업의 개인정보보호원칙

- 공정신용평가법(1970)
- 가족의 교육권 및 프라이버시법(1974)
- 프라이버시보호법(1980)
- 전자통신프라이버시법(1986)
- 아동온라인프라이버시보호법(1998)
- 비디오프라이버시보호법(1988) 등

1986년 전기통신보호법, 1988년 컴퓨터 자료의 상호 비교 및 프라이버시 보호법, 1994년 전기통신 프라이버시법, 1996년 통신법 및 의료기록 비밀보호법이 각각 제정되었다.

5) 최근 미국의 법제 동향

미국에서는 시장중심적인 정책(Market-dominated Policy)을 취하여 당사자들이 자율적으로 개인정보를 보호하도록 하고, 일정한 기준을 위반하였을 때 법률이 개입하는 입장을 취한다.

이러한 개별법의 장점은 특히 보호가 필요한 개인정보의 취급 영역에 한정하여 법적 규제를 행하는 것이지만, 개별 영역별로 법률을 제정하기 때문에 관련업계나 이익단체의 영향을 받을 우려가 있다는 것이 단점이다.

9·11 테러 사건 이후에는 상황이 크게 바뀌었다. 미국 정부는 미국과 미국인에 대한 테러 가능성이 있는 사람이나 단체, 그와 관련이 있는 모든 정보에 대하여 국가안보

[그림16] 미국의 개인정보보호 법제

프라이버시법(Federal Privacy Act 1974)
- 연방정부기관이 보유하고 있는 개인정보에 관한보호 법규이며 각 주단위로 규정된 프라이버시 관련 법률 존재

개인정보보호 관련 법률 및 제도
- 금융프라이버시권법(1978), 전기통신보호법(1986), 컴퓨터자료의상호비교및프라이버시보호법(1988), 전기통신 프라이버시법(1994), 통신법및의료기록비밀보호법(1996), 프라이버시와개인정보제공및이용의원칙(1995.6)

개인정보영향평가 제도를 명문화(의무화)
- 전자정부법(2002)에서 정부기관이 전자정부 사업을 추진 시 반드시 개인정보 및 프라이버시에 미치는 영향을 분석·평가하여 그 대책 마련하는 것을 명문화

미국 개인정보보호법제의 특징
- 영역별방식에 따라 많은 개인정보 개별 법률이 존재
- 국가의 일률적 규제보다는 시장 자율규제(self-regulation) 방식 운영
- 개별법의 장점 : 특히 보호가 필요한 개인정보의 취급영역에 한하여 법적 규제
- 개별법의 단점 : 관련 업계나 이익단체의 영향을 받을 우려가 존재

차원에서 수집 및 감시(surveillance)를 강화하고 나섰다. 미국은 애국법(USA Patriot Act) 등을 근거로 하여 국적·인종·성별·연령 등에 관계없이 거의 무제한적으로 관련 정보를 수집하고 있다. 특히 비이민자와 유학생에 대하여는 SEVIS(Student and Exchange Visitor Information System)를 2003년 2월부터 가동하고 있다.

이와 아울러 미국은 프라이버시 보호를 강화하기 위한 방편으로 2002년 전자정부법에서 정부기관이 전자정부 사업을 추진하기 전에 반드시 당해 전자정부 사업이 개인정보 및 프라이버시에 미치는 영향을 분석 및 평가하여 그 대책을 마련할 것을 의무화하는 프라이버시 영향평가 제도를 명문화하였다.

이처럼 미국도 개인 프라이버시의 규제에 대한 중요성과 필요성을 인지하고 그에 맞게 빠르게 변화하고 있는 추세이다.

FTC(Federal Trade Commission)는 모바일 단말에 의한 스마트 인터넷 액세스 환경에서 어린이 보호를 위한 'Protecting Kids Privacy Online: Reviewing the COPPA Rule'이란 주제로 COPPA 개정 여부 파악을 위해 공개 라운드 미팅을 가졌다.

COPPA(어린이의 온라인 개인정보보호법)는 2000년 발효되었으며, 이에 의거하여 13세 이하 어린이의 개인정보를 수집·사용·파기하는 웹사이트 사업자는 부모의 동의를 얻도록 요구된다. 이 법과 관련하여 미국에서는 정보기술의 혁신에 따라 소비자의 프라이버시 보호와 더불어 정보기술의 효율적 이용 증진을 위해 라운드테이블 토의를 여러 차례 수행했다.

FTC 주도로 APEC 회원국들과 국경통과 시 관계 기관 간 다양한 범위의 프라이버시 관련 조사 및 법 집행을 강화하기 위해 APEC 회원국(호주, 홍콩, 캐나다, 뉴질랜드, 대만)과 협력·협약한다.

세이프 하버(Safe Harbor) 원칙에 따른 미국과 유럽 간의 협정과 관련해서는, 2015년에 유럽 연합(EU) 사법재판소가 내린 세이프 하버 협정 무효 판결로 인해 그 효력이 없어짐에 따라 EU 개인정보호호 위원회의 적정성 평가를 거쳐 EU와 미국 간의 새로운 협정인 '개인정보보호 실드'가 체결되어 시행 중이다.

6) 개인정보보호 법제의 주요 내용
미국에는 분야별로 약간의 차이가 있는 개인정보보호법이 존재한다.

첫째로 금융기관에 대한 내용이 있다. 금융기관이 보유하는 개인정보에는 개인의 금융거래나 상거래와 관련된 정보뿐만 아니라 고객정보를 위시하여 각종 개인정보가 포함되어 있다. 따라서 그 정보가 누실되거나 제3자에게 함부로 공개되는 경우에는 개인의 경제활동에 대한 상세한 상황이 밝혀지게 되므로 금융기관이 보유하고 있는 정보의 취급을 위해서는 세심한 주의가 필요하다. 이와 같은 이유로 미국에서는 금융기관의 고객정보가 법적 보호의 대상이 되는 개인정보로서 프라이버시 권리에 기초하여 보장되고 있다.

금융프라이버시법은 정부기관의 금융기록 접근을 원칙적으로 금지하고 예외적으로 고객의 동의, 행정기관의 소환영장, 수색영장, 사법기관의 소환영장, 공식적인 서면 청구에 의하지 않으면 정보는 공개되지 않는다.

또한 금융기관의 개인정보 취급에 관해 금융기관의 보호정책을 명시할 의무를 부과하고, 소비자가 스스로 개인정보의 이용에 관한 선택을 할 때 지침이 될 수 있는 정보를 제공하도록 규정했다. 아울러 소비자가 관련 회사 이외의 제3자와 정보 공유를 선택할 수 있게 하기도 했다.

미국에서는 의료 분야의 개인정보보호를 목적으로 하는 법률이 따로 없지만, 의료 분야의 개인정보에는 정보주체가 되는 환자에 관한 일반적인 개인식별정보에 더하여 진료기록이나 유전자에 관한 정보 등 매우 중요한 정보가 많이 포함되어 있는 경우가 흔하다. 미국에서 의료 분야의 개인정보를 엄격하게 보호하는 것은, 의료에 관한 여러 가지 기록에의 접근 및 보호 문제가 중요할 뿐만 아니라 유전자에 관한 정보 보호 등의 문제가 21세기 개인정보보호의 핵심적인 과제가 될 것으로 예상하기 때문이다.

미국에서는 개인의 시청 경향에 관한 정보 케이블통신정책법(Cable Communication Policy Act of 1984), 보도기관의 개인정보보호를 위한 1980년의 프라이버시보호법 등이 존재한다.

또한 금융업체들은 고객의 정보를 마케팅 목적으로 전송할 경우 반드시 선택을 배제할 수 있는 opt-out 옵션을 제공해야 한다. Do-Not-Call 리스트는 근본적으로 opt-out으로 운영되고, 만약 데이터 제공자가 opt-out의 옵션을 선택한 경우 7일 이내에 요청을 실행에 옮겨야 한다.

미국에서 정의하는 민감한 정보로는 종교, 인종, 정치, 성적 관심사, 건강, 노동조합 활동 경력 등이 있는데, 이에 해당하는 정보의 수집 또는 활용을 원할 경우 정보제공자의 동의가 필수적이다.

또한 연방거래위원회(FTC)는 데이터를 안전하게 처리 및 유통하지 않는 웹사이트, 데이터베이스 등의 매체에 대해서는 소비자보호법으로 규율하고 있다. FTC는 이미 오프라인과 온라인의 데이터 활용에 대해 위반한 회사에 규제를 행하였고, 만약 웹사이트와 같은 매체에서 프라이버시 보호 방침이 없을 경우 불공정한 상거래로 처리한다.

미국의 PIA는 개인에 관한 새롭거나 수정된 전자정보 수집을 보장하기 위한 체크리스트 또는 도구로 개인정보 위험에 대해 평가하며, 미국 '개인정보보호법'에 따른 라이프 사이클별 개인정보 관리 시 요구 사항(수집, 유지 보수, 사용, 안전장치 및 기록 관리)으로 설계되어 이에 대한 적절한 개인정보보호 대책이 마련되어 있는지 확인하는 것을 주 내용으로 한다.

7) 美국세청 PIA

미 국세청(IRS, Information Revenue Service)은 1862년 설립된 미 재무성 산하세무 담당기관으로, 1995년 미 국세청 산하 PA(The Office of the Privacy Advocate)에서 국세청 및 납세자 프라이버시 보호를 위하여 PIA 모델을 개발하였다. 2000년 CIO Council은 IRS에서 개발한 PIA 모델을 프라이버시 보호와 관련하여 가장 훌륭한 'Best Practice'로 채택하였으며 범정부적 사용을 권고하였다. 이에 따르면 정보의 사용은 통제되어야 하며, 필요하고 적법한 목적으로만 사용되어야 하고, 개인들로부터 수집된 정보는 주된 사용 목적이 개인들에게 통보되고, 정보시스템에 저장되어 있는 개인정보는 정확하고 적절하고 최신의 상태로 유지되어야 한다. 국세청 시스템이 아닌 외부로부터 수집된 정보의 경우 프라이버시 보호를 위해 정보의 최신성, 완전성, 정확성이 증명되어야 하며, 시스템상의 정보에 접근하는 사용자는 정의되고 문서화되어야 한다.

시스템 자동화로 프로세스, 데이터, 통제의 통합이 발생할 경우, 적절한 수준의 관리적 통제가 유지되는지 평가해야 한다.

(7) 독일의 법제

1) 독일의 법제 개요

독일의 개인정보보호법은 EU의 회원국이자 연방제 국가라는 특징으로 인해 2018년 5월 25일부터 시행된 EU의 GDPR을 근간으로 현재 연방과 주 차원에서 각각 개인정보보호법이 개정되어 시행 중이다. 특히 새롭게 전면 개정된 「연방개인정보보호법(Neue Bundesdatenschutzgesetz, BDSG, 이하 '연방데이터보호법'이라 함)」의 경우 GDPR의 시행에 맞춰 EU 회원국 각자가 자국 내 상황에 맞게 규정을 수정해 반영할 수 있는 '개별위임조항(Opening Clauses)'을 구체화하였다. 각 주별 개인정보보호법도 GDPR과 BDSG-neu의 법제에 맞춰 개정되고 있다.

한편, 인터넷 개인정보보호의 특정 영역에 대해서는 'ePrivacy Directive'가 2019년

까지 EU의 규정(Regulation)으로 변형되어 GDPR과 유사하게 회원국에게 직접적인 영향(구속력)을 끼칠 것으로 예상되기에, 이에 대한 법제 변화도 예상된다.

독일의 개인정보보호법제는 [그림17]에서 보듯이 「유럽연합조약(Treaties of the European Union, TEU)」, 「유럽연합기능조약(Treaty on the Functioning of the European Union, TFEU)」 제16조제1항, 제2항 및 「유럽연합기본권헌장(Charter of Fundamental Rights of the European Union)」 제8조제1항~제3항을 법원(法源)으로 하여 2016년 5월 제정되어 2년의 유예기간을 거친 후 2018년 5월 25일부터 시행되고 있는 EU의 GDPR(독일어로는 Die Datenschutz-Grundverordnung, DSGVO)을 근간으로, '개별위임조항'에 대한 특칙이 규정된 「연방개인정보보호법, 연방데이터보호법(BDSG)」이 시행되고 있으며, 각 주별로 개인정보보호법제를 갖고 있다. 더불어 인터넷 분야, 공공 분야, 고용 분야, 의료 분야의 특칙이 존재하며, 국가의 기밀정보와 관련된 특칙과 사이버 보안을 위한 특칙이 존재한다.

독일의 개인정보보호법제는 공공과 민간을 모두 규율하는 일반법 차원의 「연방개

[그림17] 독일 개인정보보호법 구조도

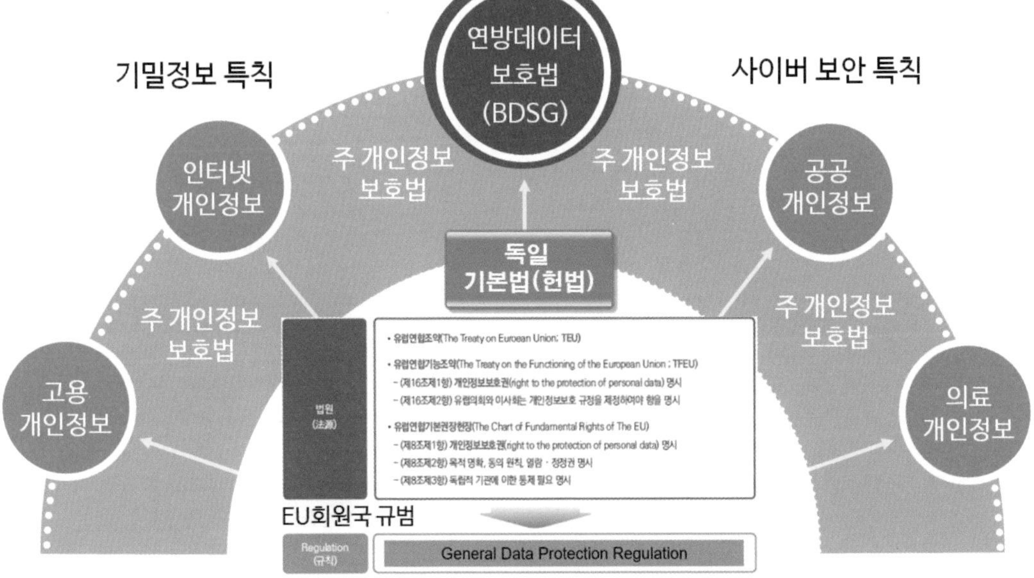

인정보보호법」이 있으나, 연방제 국가라는 특징으로 인해 연방 차원에서는 「연방개인정보보호법(BDSG)」이 규율된다. 그러나 베를린 등과 같이 각 주[110]에 자체 데이터 보호법이 있어 각각의 법 간에 충돌이 발생할 경우 이를 어떻게 해결할 것인가가 문제가 된다. 독일의 헌법에 해당하는 「기본법(Grundgesetz für die Bundesrepublik Deutschland)」 제31조에 따라 "연방법은 주(州)법에 우선한다"[111]라는 연방법 우선 조항으로 인해 연방법인 「연방개인정보보호법」과 주법인 개별 주의 개인정보보호법 조항이 충돌할 경우, 연방법인 「연방개인정보보호법」이 우선 적용된다. 이외에 연방 및 주 데이터 보호법의 규정보다 우선하는 부문별 특별법(도로 교통법, 경찰법 등)이 존재한다.[112] 더불어 헌법수호를 위한 국가기밀 등의 보호를 위해 「연방정보보호국법(Gesetz über das Bundesamt für Sicherheit in der Informationstechnik, BSIG, BSI-Gesetz)」에 특칙(제5조~제6조)을 규정하고 있으며, 2017년 개정된 'IT보안법'[113]은 정보 기술 시스템의 보안을 강화하고 독일의 주요기반시설(KRITIS) 보호에 기여하기 위한 것으로 여러 관련법률을 개정하였으며, 이 중 개인정보보호와 충돌하는 조항이 존재할 경우 신법인 연방법 「연방개인정보보호법」이 우선 적용되는 것으로 해석한다.[114]

이외에도 「연방정보국법(Bundesnachrichtendienst, BNDG, BND-Gesetz)」은 연방 정보원에 대한 법률로 2018년 5월 25일 개정 시행되고 있으며, 제3장은 데이터의 처리에 관한 규정에서 개인정보처리에 관한 예외 조항을 규정하고 있다. 한편 언론, 라디오, 텔레비전, 교회 및 종교 단체는 데이터 보호 준수를 보장하는 자체 규칙을 가지고 있는데, 이는 독일 「기본법」에서 규정한 표현의 자유와 종교의 자유를 보장하기 위한 것이다.

ePrivacy Directive(E-privacy Directive 2009/136/EC)

디지털 시대의 개인정보보호를 위한 중요한 법적 수단이며, 특히 통신의 기밀 유지 및 추적/모니터링과 관련된 규칙으로, 사물인터넷 또는 공개적으로 액세스할 수 있는 네트워크(공용 Wi-Fi 등)에서의 개인 통신의 기밀성 등의 보장을 위해 기계의 기밀성 같은 문제와 함께 급속도로 진화하는 기술 환경에서의 프라이버시 보호를 위해 준수해야 할 사항을 규율하고 있다.
이 지침은 네트워크와 서비스의 보안, 통신의 기밀성, 저장된 데이터에 대한 액세스, 트래픽 및 위치 데이터의 처리, 발신자 식별, 공공 가입자 디렉토리, 원치 않는 상업적 통신(스팸)에 대한 개인정보보호 및 개인정보보호를 다룬다.

[그림18] 독일의 개인정보보호법 발전

연방개인정보보호법(BDSG 2018) 발전과정

- 1977.1.27 연방정보보호법과 주의 정보보호법 제정
- 정보자기결정권을 헌법상 기본권으로 인정한 연방헌법법원의 인구조사판결
- 1990.12.20 제정, 1991.6.1 시행된 새로운 연방정보보호법 적용
- EG-정보보호지침에 따라 2001.5.22 개정, 시행된 연방개인정보보호법 적용
- EU의 GDPR의 시행에 따른 전면 개정

개정 연방개인정보보호법의 특징

- 지나치게 규정이 많고 이해하기 어려우며, 최신 정보처리 관행과 위험을 충분히 반영하는데 어려움 존재
- 결국 공공부문에 비하여 민간부문을 소홀하게 규제
- 원칙적으로 개인정보의 처리는 모두 금지
- 다만, 예외적으로 정보주체가 동의한 경우, 정보 처리를 허락하는 단체협약 또는 경영협정이 존재하는 경우, 정보 처리를 정당화하는 법률 규정이 있을 경우에는 개인정보 처리 가능

국가의 개인정보보호 목적은 개인정보의 공개 및 사용에 대한 시민의 '개인정보자기결정권'을 침해당하지 않도록 보호하여, 시민 개개인의 사생활을 보호하고자 함이다. 독일은 우리나라와 같이 이러한 개인정보자기결정권(Recht auf informationelle Selbstbestimmung,[115] '정보의 자기결정권')을 헌법에 명문으로 규정하고 있지는 않지만, 독일 「기본법」 제1조제1항과 제2조제1항을 통해 도출되는 개념으로 이해하고 이를 보호하는 법제를 두고 있다. 즉, 독일 연방헌법재판소가 1983년 '인구조사 프로그램 판결'[116]에서 기본권으로 확인한 것으로 '정보통신사회에 대응하고, 시민이 자신의 개인정보 사용에 대해 스스로 결정할 권리를 보장하여 자유롭게 인성을 계발할 수 있도록, 인간 존엄성과 인격권(기본법 제1조)을 구체화하는 근거로 '정보의 자기결정권(Recht auf informationelle Selbstbestimmung)'을 인정하였다.[117] 따라서 '정보의 자기 결정권'은 독일의 개인정보보호법 제정의 이론적 · 개념적 기초가 된다. 이후 독일 사회 전반에서 정보통신사회에 대응하고 시민의 사생활 보호를 통한 인간의 존엄성과 인격권을 보장하기 위한 근거로 '정보의 자기결정권'을 폭넓게 보장하는 법제를 운용하고 있다.

연방헌법법원의 인구조사 판결 이후에 제정되거나 개정된 법률들 중 가장 중요한 법률이 바로 「연방개인정보보호법」이다. 2018년 7월 25일부터 EU의 GDPR이 시행됨에 따라, 회원국인 독일도 「연방개인정보보호법」을 다음과 같은 내용으로 전면 개정하여 2018년 7월 25일부터 시행 중이다.

2) 연방데이터보호법의 제정 목적 및 연혁

「연방데이터보호법」은 개인데이터를 처리함으로써 개인의 개인적인 권리가 손상되지 않도록 각 개인을 보호하는 것을 목적으로 1971년 독일연방 헤센주가 세계 최초로 제정, 발효하였다. 1977년에 「연방데이터보호법(BDSG 1977)」에 따라 데이터 보호 책임자 도입 및 개인데이터 보호의 우선순위 결정에 중점을 두었으며, 주 데이터 보호법은 1981년 모든 연방 주에서 채택되었다. 이후 1990년에 새롭게 개편(BGB1.I 1990 S.2954)되었고 1994년과 1997년, 2001년에 각각 개정된 바 있으며, 2009년의 개정을 거쳐 GDPR의 시행으로 2017년 6차 개정[121]을 통해, 2018년 5월 25일부터 전면 개정된 「연방데이터보호법, 2018(BDSG-neu)」이 시행 중이다.

정보의 자기결정권(Recht auf informationelle Selbstbestimmung)과 제한

1983년 서독 전역에서 「인구조사법(Volkszählungsgesetzes)」에 근거한 인구조사를 앞두고, 보안장치가 설치되지 않은 시점에서 컴퓨터에 의한 정보처리기술에 의해 개인에 관한 정보(성명, 주소, 학력, 직업 등)가 송두리째 국가나 타인의 통제하에 들어갈지 모른다는 우려가 서독 국민들 사이에 팽배하였다. 이러한 우려에 몇몇 시민들이 해당 법 제1조 내지 제8조 등이 독일 기본법이 보장하고 있는 자신들의 일반적 인격권 등을 침해한다는 이유로 독일연방헌법재판소에 헌법소원을 제기하였다. 이에 대해 독일연방헌법재판소는 '정보의 자기결정권'이 기본법에 근거해 도출되는 기본권이며, '정보의 자기결정권'을 보장하기 위해서는 데이터 수집을 조직하고 조직화하기 위해 추가적인 절차상의 예방 조치를 취할 필요가 있으며 입법자는 기관의 보완적 규칙과 인구조사 절차에 따라 책임을 져야 함을 판시하였다.[118]
다만 '정보의 자기결정권'은 개인데이터의 공개와 사용을 결정할 수 있는 기본권으로 의사소통에 따른 사회 공동체 내에서 활용되는 성격을 지니며, 이러한 데이터는 개인적 정보라 할지라도 관련자에게만 귀속될 수 없는 사회적 구속성을 지니므로 헌법재판소의 판례에서 독일 기본법에 따라 내재적 한계가 있기에, "타인의 권리가 침해당하지 않고 헌법 또는 도덕법이 침해당하지 않는 한" 보장되는 것으로 이해하고 있다.[119] 그러므로 독일 시민의 기본권인 '정보의 자기결정권'의 행사는 사회와의 관계성을 고려해 공공의 이익을 위해 제한될 수 있다.[120]

독일 연방개인정보보호법(Bundesdatenschutzgesetz)의 내용

- 권한이 없는 자에 대한 처리가 수행되는 처리 설비에 대한 액세스 거부(액세스 제어)
- 데이터 캐리어의 무단 읽기, 복사, 변경 또는 삭제 방지(볼륨 컨트롤)
- 개인정보의 무단 입력 및 저장된 개인정보의 무단 지식, 수정 및 삭제 방지(저장 장치 관리)
- 무단 데이터 전송 설비(사용자 제어)를 통한 자동 처리 시스템 사용 방지
- 자동 처리 시스템을 사용할 권리가 있는 사람이 자신의 액세스 권한(액세스 제어)에 포함된 개인데이터에만 액세스할 수 있도록 보장
- 개인데이터가 데이터 전송 시설(전송 제어)을 통해 전송되거나 이용 가능하게 된 장소를 확인하고 결정할 수 있는지 확인
- 자동 처리 시스템(입력 제어)에서 언제 어떤 개인데이터가 입력되거나 변경되었는지, 그리고 누구에 의해 누구에 의해 확인되었는지를 확인하고 확인할 수 있음을 보장
- 개인정보의 전송 및 데이터 매체의 전송(전송 제어)에서 데이터의 기밀성과 무결성이 보호되는지 확인
- 장애가 발생한 경우 사용된 시스템을 복원할 수 있는지 확인(복구 가능성)
- 시스템의 모든 기능을 사용할 수 있고 오작동이 보고되었는지 확인(신뢰성)
- 저장된 개인정보는 시스템 오작동으로 인해 손상될 수 없음을 보증(데이터 무결성)
- 주문에서 처리된 개인데이터는 고객의 지시에 따라 처리될 수 있음을 보장(주문 관리)
- 개인데이터가 파손 또는 손실로부터 보호되는지 확인(가용성 제어)
- 다른 목적으로 수집된 개인데이터가 개별적으로 처리될 수 있음을 보장(분리성)

3) 다른 법과의 관계

① GDPR과의 관계

GDPR은 EU 회원국이 준수해야 할 법규범이기에, GDPR이 직접 적용되는 한 BDSG-neu의 규정은 적용되지 않는다(BDSG-neu 제1조제5항). 다만 GDPR에는 약 70(69)개의 '개별위임조항'이 있는데, 이 조항들은 각 회원국의 특색에 맞도록 조정할 수 있는 부분적인 선택 사항을 담고 있으며, 그중 일부는 국가 수준에서 규제해야 하는 특정 데이터 보호 문제로 이어지는 의무 규정을 포함한다. 예를 들어 고용관계의 특수성 반영이나 DPO의 지정, 목적 제한 원칙의 예외, 민감한 데이터 처리에 대한 독일 내 법적 근거, 개인정보 영향평가 의무의 예외조항 등이 그것이다. 이처럼 GDPR에 규정된 '개별위임조항' 부분은 개정 「연방데이터보호법(BDSG-neu)」이 우선 적용된다.

② 특별법과의 관계

BDSG-neu는 「통신법(Telekommunikationsgesetz, TKG,)」, 자금 세탁 방지법(AMLA) 또는 에너지 산업법(EnWG), 「연방정보보호국법」 특칙(제5조~제6조)이 우선적용된다. 이외에도 현재 EU 입법 절차 중인 'e-프라이버시 규정'의 시행에 맞춰 많은 특별 규정이 현재 독일 입법자에 의해 개정되고 있다.

4) 적용 대상

BDSG-neu는 GDPR(DSGVO)에 대한 구체화 및 보완 정책의 일환으로 개정되어 GDPR의 시행에 맞춰 2018년 5월 25일부터 시행되었다. 「연방데이터보호법(BDSG)」은 공공 분야와 민간 분야 모두에 적용된다.

5) 보호 범위

BDSG-neu의 제1조제1항에 따라 법의 보호를 받는 개인데이터(특정 개인을 설명하는 데 직접 또는 간접적으로 관련될 수 있는 모든 데이터)의 범위는 다음과 같다.

[표12] 독일 「연방데이터보호법(BDSG)」 적용 대상

적용 부문	적용 대상
공공 부문	공공기관, 사법기관, 공공법에 따라 조직된 기관, 기관 및 재단, 공공 법률 업무를 수행하는 연방 및 주정부의 공공기관 및 단체
민간 부문	사법에 따른 자연인 및 법인, 회사 및 기타 단체

[표13] BDSG-neu의 보호 범위

보호 범위
전체 또는 부분 자동 처리(컴퓨터 지원 처리 등) 및 파일 시스템에 저장됐거나 저장되는 개인데이터
비자동 처리(수동 처리, 종이 파일 등)되는 개인데이터

6) 연방데이터보호법의 구성체계

「연방데이터보호법(BDSG)」은 개인데이터를 처리함으로써 개인의 개인적인 권리가 손상되지 않도록 각 개인을 보호하는 것을 목적으로 1971년 독일연방 헤센주가 세계최초로 개인정보보호법을 제정 발효하고, 1978년 독일연방 차원의 개인정보보호법으로 제정되었다. 주법은 각 주의 공적 부문만을 대상으로 하는 반면,[122] 연방법은 공적 부문뿐 아니라 사적 부문 전역에 걸쳐 유효성을 갖는다. 개정된 「연방데이터보호법」은 총 4부, 19장, 2절, 85개의 조문으로 구성되어 있으며, EU의 회원국으로서 GDPR의 준수를 위해 법을 전면 개정하여 약 70개의 '개별위임조항' 중 일부를 구체화하여 규정하고 있다. GDPR이 회원국 모두에 강제 적용되는 법적 효력을 갖고 있기에 GDPR이 독일 내에 우선 적용되나, 회원국의 특색에 맞는 영역은 회원국의 자유재량에 의해 규율하도록 위임한 조항이 있다 보니, 개별 위임되어 회원국의 재량이 허용되는 영역에서는 GDPR보다 「연방데이터보호법」의 해당 조항이 우선 적용된다(고용 관계에서의 데이터 보호 및 데이터 보호 책임자를 지정할 의무가 있는 경우의 특별규정 등).

다음은 「연방데이터보호법」의 법적 구성체계이다.[123]

[표14] 독일 「연방데이터보호법(BDSG)」 구성체계

부	장	조
제1부 공통 규정	제1장 적용 영역과 정의	제1조 적용 영역 제2조 개념 규정
	제2장 개인정보처리의 법적 근거	제3조 공공기관에 있어 개인정보의 처리 제4조 공개된 장소에서의 비디오 감시(CCTV)
	제3장 공공기관의 개인정보호책임자	제5조 임명 제6조 지위 제7조 업무
	제4장 개인정보보호와 정보의 자유를 위한 연방개인정보보호위원회	제8조 설치 제9조 관할 제10조 독립성 제11조 임명 및 임기 제12조 근무관계 제13조 권리와 의무 제14조 업무 제15조 활동보고서 제16조 권한
	제5장 유럽정보위원회 대표, 중앙 상담기관, 유럽연합의 업무처리 시 연방 및 주 감독기관과의 협력행위	제17조 유럽정보위원회의 대표, 중앙 상담기관 제18조 연방과 주의 감독관청 간의 협력 절차 제19조 관할
	제6장 법적 구제	제20조 법원을 통한 구제 제21조 유럽연합 집행위원회의 위법한 결정에 대한 감독관청의 법원에의 소 제기
제2부 유럽연합 규칙 2016/679(GDPR) 제2조의 목적에 따른 처리에 대한 이행규정	제1장 개인정보처리의 법적 근거	제1절 민감정보의 처리 및 목적 외 처리(제22조~25조) 제22조 민감정보의 처리 제23조 공공기관에 의한 다른 목적으로의 처리 제24조 민간기관에 의한 다른 목적으로의 처리 제25조 공공기관에 의한 정보 전송
		제2절 특별한 처리 상황(제26조~31조) 제26조 고용관계 목적의 데이터 처리 제27조 학문, 역사 연구 및 통계 목적의 정보처리 제28조 공공성이 있는 기록목적 정보처리 제29조 비밀 준수의 경우 정보주체의 권리 및 감독관청의 권한 제30조 소비자 신용 제31조 신용평가와 신용정보에서의 상업 교류의 보호

부	장	조
	제2장 정보주체의 권리	제32조 정보주체로부터의 개인정보수집 시 고지의무 제33조 정보주체 이외로부터의 개인정보수집 시 고지의무 제34조 정보주체의 열람권 제35조 삭제권 제36조 반대권 제37조 개별사안별 프로파일링을 포함한 자동화된 의사결정
	제3장 개인정보처리자 및 수탁처리자의 의무	제38조 민간기관에 있어 개인정보보호책임자 제39조 인증
	제4장 민간 부문에 의한 정보처리 시 감독관청	제40조 주의 감독기관
	제5장 제재	제41조 과징금 및 형벌 절차의 규정의 적용 제42조 형벌 조항 제43조 과징금 조항
	제6장 법적 구제	제44조 컨트롤러 및 프로세서에 대한 소송
제3부 EU 2016/680지침 (형사사법지침)의 제1조제1항에서 언급 된 목적용 처리 조항	제1장 적용 영역, 개념 규정 및 개인정보처리 시 일반 원칙 (제45조~47조)	제45조 적용 영역 제46조 개념 규정 제47조 개인정보처리의 일반 원칙
	제2장 개인정보처리의 법적 근거 (제48조~54조)	제48조 민감정보의 처리 제49조 목적 외 처리 제50조 기록, 학문 및 통계 목적을 위한 처리 제51조 동의 제52조 개인정보처리자의 지시에 따른 처리 제53조 데이터 기밀성 제54조 자동화된 개별 결정
	제3장 정보주체의 권리 (제55조~61조)	제55조 정보처리를 위한 일반적인 정보 제56조 정보주체로의 고지권 제57조 열람권 제58조 교정권 및 삭제권과 처리의 제한 제59조 정보주체의 권리행사 시 절차 제60조 연방 개인정보보호위원회로의 이의 제기 제61조 연방 개인정보보호위원회의 결정 또는 비활동에 대한 법적 보호

부	장	조
	제4장 컨트롤러 및 프로세서의 의무(제62조~77조)	제62조 수탁 처리 제63조 공동 컨트롤러 제64조 정보처리의 안전에 대한 요건 제65조 개인정보 침해 시 연방개인정보보호 위원회 신고 제66조 개인정보의보호의 침해 시 정보주체에 대한 고지 의무 제67조 개인정보영향평가의 구현 제68조 연방 개인정보보호 위원회와의 공동 작업 제69조 연방 개인정보보호 위원회의 의견 청취 제70조 처리 활동의 기록(표시) 제71조 기술 및 개인정보 친화적인 조건 설정을 통한 정보보호 제72조 권리주체의 다양한 민간정보의 구별 제73조 사실과 개인에 대한 평가의 구별 제74조 전송 절차 제75조 개인정보의 교정, 삭제 및 처리의 제한 제76조 단계별 기록 제77조 위반 시 비밀 신고
	제5장 제3국 및 국제기구로의 정보 전송(제78조~81조)	제78조 일반적인 조건들 제79조 적절한 보장 시 (정보) 전송 제80조 적절한 보장이 없는 경우 (정보) 전송 제81조 제3국의 수신인에게 그 밖의 정보 전송
	제6장 감독관청과의 협력 (제82조~84조)	제82조 상호 행정 지원 제83조 손해배상 제84조 형벌 조항
제4부 EU 2016/680지침 (형사사법지침)이 적용되지 않는 영역 의 데이터 처리에 관한 특별 조항		제85조 규칙 2016/679의 비적용 영역 및 형사사법지침 2016/680 적용 영역에서의 처리의 특별규정

7) 개정 주요 내용

EU의 GDPR의 시행에 맞춰 독일 자국 내 GDPR의 실효성 확보를 위해 '개별위임조항'을 구체화하고, 기존의 법제를 GDPR에 맞추기 위해 다음과 같은 내용을 중심으로 하는 전면 개정을 시행하였다.

① GDPR의 일반 원칙 적용

개인정보는 법적 근거가 있는 경우 또는 해당 개인에 대해 합법적으로 유효한 명시적 동의를 받은 경우에만 처리가 허용된다. 즉, 데이터 보호에는 무엇보다도 허가가 있는 금지 원칙이 적용됨에 따라 수집, 처리 및 데이터 처리가 명시적으로 법에 의해 허용되거나 당사자가 명시적으로 수집, 처리 및 이용에 동의하지 않는 한 개인정보는 그 처리가 금지된다. 또한 데이터 자동 처리 절차는 데이터 보호 책임자가 확인하거나 감독 당국에 표시하며, 가능한 개인에 관한 데이터를 사용하지 않아야 하며, 사용 시에도 가명이나 익명[124]으로 사용해야 한다. 이외 지극히 개인적인 상황에 대한 자연인의 데이터 처리나 익명의 데이터는 BDSG-neu의 적용을 받지 않으며, 주식회사(Aktiengesellschaft, AG)나 유한회사(Gesellschaft mit beschränkter Haftung, GmbH)와 같은 법인의 데이터 처리는 BDSG-neu에 의해 규제되지 않는다.[125] 또한 민감정보(인종 및 민족의 기원, 철학적 또는 종교적 신념, 정치적 견해, 성 생활, 건강 및 노동조합 등)는 특별한 보호를 받는데, 민감정보는 사전 점검 대상이라는 점에서 데이터 보호 담당자(DPO)는 이 데이터를 수집, 처리 및 저장하기 전 적법성을 준수했는가를 검토해야 한다.[126]

② 고용 관계에서의 개인정보처리(BDSG-neu§26)

회사는 직원들로 구성된 집단이라는 점에서, 회사의 일상생활 전반에는 직원들의 개인정보가 처리되는 특징이 있다. 따라서 BDSG-neu는 작업장에서의 다음과 같은 중요한 데이터 보호 규칙을 규정했다.

기업은 BDSG-neu 제26조('고용관계 목적의 데이터 처리')에 따른 직원의 개인정보에 대한 규정을 준수해야 한다. 즉, 고용관계의 수립 또는 이행에 대한 결정을 위해 필요할 경우 직원의 개인데이터가 처리될 수 있으며, 이 경우 고용주가 직원 데이터와 관련된 데이터 처리 활동에 대한 동의를 얻을 필요가 없다. 또한 단체 협약이나 고용 계약 또는 계약 이행과 관련해, 추가 동의 없이 직원이 데이터를 처리할 수도 있다. 다만, 고용 관계에서의 동의가 효과적일 수 있는지 또는 필요한 자발성이 결여되어 있는지 여부에 대해 논란이 있었는데,[127] 이 법의 시행으로 자발적 동의여야 함이 명문으로 규정되었다.

다만 근로자의 개인데이터 처리가 동의에 기초한 경우, 동의가 자발적이었는가에 대한 '자발성의 성격'은 특히 고용관계에 대한 고용인의 의존성 및 동의가 부여된 상황을 고려해야 한다. 고용인이 합법적 또는 경제적 이익을 얻거나 고용주와 고용인[128]이 동 등한 이해관계를 추구하는 경우에는 자발성이 특히 존재하는 것으로 볼 수 있으며, 특 별한 상황으로 인해 다른 양식이 존재하지 않는 한 서면으로 동의해야 한다. 이 경우 고 용자는 고용인에게 데이터 처리의 목적과 BDSG-neu 제7조제3항에 따른 철회권을 고지해야 한다.[129] 한편 고용법 제9조제1항에 따른 개인데이터의 특정 범주(건강 데이 터, 노조 가입, 민족, 종교 등)는 고용관계에 대한 법적 의무를 이행할 수 있는 경우 처리 가 가능하다.

③ 데이터 보호 책임자의 지정 의무(BDSG〜neu§38)

GDPR에 따른 DPO(Data Protection Officer)의 지정 의무와 관련하여, BDSG-neu 제38조는 컨트롤러 및 프로세서는 개인데이터의 자동 처리에 보통 10명 이상이 종사하는 경우 반드시 회사의 데이터 보호 책임자를 지정해야 할 의무를 규정하고 있다.

④ 형벌 및 벌금 규정(BDSG—neu§42)

GDPR의 적용과 관련해 유럽연합은 형사상의 제재를 가할 권한이 없기 때문에 회원 국은 데이터 보호 영역에서 형사상의 제재를 가할 권리를 보유한다. 이에 따라 EU 회 원국인 독일 입법부는 BDSG 제42조(형사 조항 44개를 단순화함)에 근거해 BDSG-neu 제42조를 개정했다. 따라서 BDSG-neu에 근거해 형벌로 처벌이 가능하다. 예를 들어 많은 사람이 일반적으로 접근할 수 없는 개인데이터를 상업적으로 전송하거나 이 용할 수 있게 하는 것은 최대 3년의 징역으로 처벌할 수 있다. 이 행위는 고소가 있는 경 우에만 소추되며 관련 당사자, 책임자, 연방 데이터 보호감독관 및 감독당국은 형사 고 소권을 갖는다.

⑤ 데이터 주체 권한의 제한(BDSG—neu§32〜37)

BDSG-neu 제32조 내지 제37조는 개인정보주체의 권리(정보주체로부터의 개인정보수집 시 고지의무, 정보주체 이외로부터의 개인정보수집 시 고지의무, 정보주체의 열람권, 삭제권, 반대권, 개별 사안별 프로파일링을 포함한 자동화된 의사결정을 받지 않을 권리)가 제한될 수 있는 근거를 규정하고 있다.

예를 들어, BDSG-neu 제34조 제1항에 의거한 정보주체의 열람권은 법정 또는 법정 보존 기간 또는 데이터 백업 또는 데이터 보호 통제 목적으로만 저장되고 정보 제공에 불균형한 노력이 필요한 경우에는 배제된다. 그러나 이러한 경우 다른 목적을 위해 데이터를 처리하는 것이 기술 및 조직적 조치에 의해 배제된다는 것을 컨트롤러가 입증해야 한다. 또한, 정보 거절 이유는 문서화되어야 한다.

⑥ 새로운 데이터 보안 조치[130]

새로운 보안 조치를 위한 일반적 사항(BDSG 제9조 부속서 준용)은 다음과 같다.

- 권한이 없는 자에 대한 처리가 수행되는 처리 설비에 대한 액세스 거부(액세스 제어)
- 데이터 캐리어의 무단 읽기, 복사, 변경 또는 삭제 방지(볼륨 컨트롤)
- 개인정보의 무단 입력 및 저장된 개인정보의 무단 지식, 수정 및 삭제 방지(저장 장치 관리)
- 무단 데이터 전송 설비(사용자 제어)를 통한 자동 처리 시스템 사용 방지
- 자동 처리 시스템을 사용할 권리가 있는 사람이 자신의 액세스 권한에 포함된 개인데이터에만 액세스할 수 있도록 보장(액세스 제어)
- 개인데이터가 데이터 전송 시설을 통해 전송되거나 이용 가능하게 된 장소를 확인하고 결정할 수 있는지 확인(전송 제어)
- 자동 처리 시스템에서 언제 어떤 개인데이터가 입력되거나 변경되었는지, 그리고 누구에 의해 확인되었는지를 확인할 수 있는가의 보장(입력 제어)
- 개인데이터의 전송 및 데이터 매체의 전송에서 데이터의 기밀성과 무결성이 보호되는지 확인(전송 제어)
- 장애가 발생한 경우 사용된 시스템을 복원할 수 있는지 확인(복구 가능성)

- 시스템의 모든 기능을 사용할 수 있고 오작동이 보고되었는지 확인(신뢰성)
- 저장된 개인정보는 시스템 오작동으로 인해 손상될 수 없음을 보증(데이터 무결성)
- 주문에서 처리된 개인데이터는 고객의 지시에 따라 처리될 수 있음을 보장(주문관리)
- 개인데이터가 파손 또는 손실로부터 보호되는지 확인(가용성 제어)
- 다른 목적으로 수집된 개인데이터가 개별적으로 처리될 수 있음을 보장(분리성)

연방데이터보호법의 개정사항은 다음과 같다.

- 액세스 제어는 더 이상 별도로 명명되지 않으며 액세스 제어로 간주됨
- 전송 제어는 운송, 전송, 디스크 및 사용자 제어에 포함됨
- 메모리 제어는 기존 BDSG에서 액세스 제어의 일부이며, 향후 별도로 지정됨

연방데이터보호법에서 신설한 사항은 다음과 같다.

- 장애가 발생한 경우 사용된 시스템을 복원할 수 있는지 확인(복구 가능성)
- 시스템의 모든 기능을 사용할 수 있고 오작동이 보고되었는지 확인(신뢰성)
- 저장된 개인정보는 시스템 오작동으로 인해 손상될 수 없음을 보증(데이터 무결성)

⑦ 개인정보보호 법제의 발전 과정

독일의 개인정보보호 법제는 1977년 1월 연방정보보호법과 각 주의 정보보호법 제정을 통해 시작한데 이어, 정보자기결정권을 헌법상 기본권으로 인정한 연방헌법법원의 인구조사 판결로 두 번째 발전 단계를 이루었다.

세 번째 단계로 1990년 12월 제정되어 1991년 6월 1일부터 시행된 새로운 연방정보보호법을 적용하였으며, 네 번째 단계로 EG-정보보호지침에 따라 2001년 5월 22일

개정하여 시행된 연방정보보호법을 적용하고 있다.

다섯 번째 단계로, 2018년 7월 25일부터 EU의 GDPR이 시행됨에 따라 전면 개정하여 2018년 7월 25일부터 시행 중이다.

⑧ 텔레서비스의 개인정보보호에 관한 법률

텔레뱅킹, 데이터 교환, 교통정보 · 기상정보 · 환경정보 · 증권거래정보와 같은 정보제공 서비스, 인터넷이나 기타 정보망을 이용한 서비스 등과 같은 텔레서비스를 이용하는 개인에 관한 데이터의 보호에 적용되는 텔레서비스의 데이터 보호에 관한 법률도 정보통신서비스법의 일부로 제정되었다.

동법은 개인에 관한 정보를 가공하는 경우에 기본 원칙을 명시하고 있는 바, 자신 또는 타인의 텔레서비스를 이용하게 하거나 이용의 접속을 중계하는 자연인, 법인 또는 인적 집단인 서비스 제공자는 다른 법률에 의해 허용되거나 텔레서비스의 수요자인 자연인, 법인 또는 인적 집단인 이용자가 동의한 경우에 한하여 개인에 관한 데이터를 수집 · 가공 · 이용할 수 있도록 하고 있다.

개인에 관한 정보를 조사하기 전에 이용자에게 정보의 수집 · 가공 · 이용 종류 · 범위 · 장소 및 목적을 고지하고, 이용자가 동의를 하기 전에 언제든지 동의를 철회할 수 있다는 이용자의 권리를 이용자에게 고지할 것을 의무로 부과하고 있다.

또한 이용자가 자신의 동의를 전자적 방식으로 선언할 수 있는 요건을 명시하고 있으며, 서비스 제공자는 이용자가 텔레서비스 요금을 가명 또는 익명으로 하게 할 수 있다.

정산 목적 이외에 검색 · 처리과정 또는 기타 이용에 의해서 수집된 개인정보의 즉각적 파기, 개인정보의 분리 처리, 이용 내역의 가명사용 의무를 진다.

(8) 프랑스의 법제

GDPR의 시행으로 프랑스도 GDPR의 적용을 받고 있으며, 이에 근거하여 정보처리자유위원회(CNIL)는 정보처리자 신고 접수 및 정보등록부 관리, 법규 준수 여부 조사

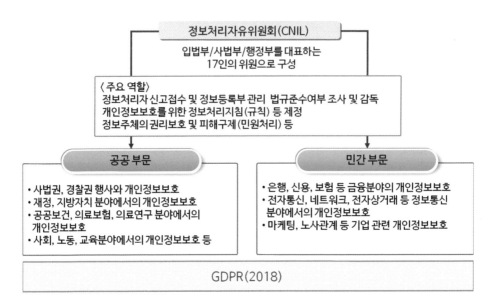

[그림19] 프랑스 개인정보보호 법제 구조도

정보처리자유위원회(CNIL)

입법부/사법부/행정부를 대표하는
17인의 위원으로 구성

〈주요 역할〉
정보처리자 신고접수 및 정보등록부 관리 법규준수여부 조사 및 감독
개인정보보호를 위한 정보처리지침(규칙) 등 제정
정보주체의 권리보호 및 피해구제(민원처리) 등

공공 부문

• 사법권, 경찰권 행사와 개인정보보호
• 재정, 지방자치 분야에서의 개인정보보호
• 공공보건, 의료보험, 의료연구 분야에서의
  개인정보보호
• 사회, 노동, 교육분야에서의 개인정보보호 등

민간 부문

• 은행, 신용, 보험 등 금융분야의 개인정보보호
• 전자통신, 네트워크, 전자상거래 등 정보통신
  분야에서의 개인정보보호
• 마케팅, 노사관계 등 기업 관련 개인정보보호

GDPR(2018)

및 감독, 개인정보보호를 위한 정보처리지침(규칙) 등 제정, 정보주체의 권리보호 및 피해 구제(민원 처리) 등을 추진하되, 공공 부문과 민간 부문을 총괄하고 있다. 공공 부문은 사법권, 경찰권 행사와 개인정보보호, 재정, 지방자치 분야에서의 개인정보보호, 공공보건, 의료보험, 의료연구 분야에서의 개인정보보호, 사회, 노동, 교육 분야에서의 개인정보보호를 주 내용으로 하며, 민간 부문은 은행, 신용, 보험 등 금융 분야의 개인정보보호, 전자통신, 네트워크, 전자상거래 등 정보통신 분야에서의 개인정보보호, 마케팅, 노사관계 등 기업 관련 개인정보보호를 주 내용으로 한다.

(9) 일본의 법제

1) 일본의 법제 개요

일본은 2003년 5월에 민간 영역을 규제 대상에 포함시킨 개인정보보호법이 제정되어 시행되고 있으며, 2015년 개정 개인정보보호법의 전면 시행(2017년 5월 30일)과

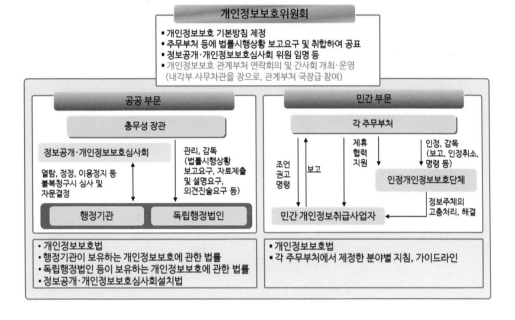

[그림20] 일본 개인정보보호 법제 구조도

더불어 개인정보보호위원회의 신설(구 특정개인정보보호위원회)로 각 주무대신이 행사하던 감독 권한을 개인정보보호위원회가 행사하고 있다.

　개인정보보호법은 주로 개인정보를 취급하는 민간 사업자가 준수해야 할 의무 등을 정하는 법이다(개인정보보호법 제4장~제7장). 다만, "기본 이념"(일본 개인정보보호법 제1장제3조), "국가 및 지방 공공 단체의 책무"(개인정보보호법 제2장), "개인정보보호시책"(개인정보보호 제3장)은 국가의 행정기관, 독립 행정법인 등 지방공공단체에도 적용된다.

　행정기관의 개인정보 취급에 대해서는 「행정 기관이 보유하는 개인정보보호법」(2003년 5월 30일 법률 제58호)에, 독립 행정법인 등의 개인정보의 취급에 대해서는 「독립 행정법인 등의 보유에 관한 법률」(2003년 5월 30일 법률 제59호)에 규정되어 있다.

　지방자치단체와 동사무소 교육위원회 공립학교, 공립병원 등에서의 개인정보의 취급에 대해서는 각 지방자치단체가 책정하는 개인정보보호 조례가 적용된다.

2) 일본 개인정보보호 법제 연혁

일본은 정보통신산업의 발달로 정부와 민간을 통한 개인정보의 수집 및 이용이 확대됨에 따라 개인정보를 적정하게 취급하여 개인정보의 유용성을 높이고 개인의 권리를 보호하기 위한 관련법제를 정비해왔다.

일본의 개인정보보호 법제는 크게 공공 부문과 민간 부문으로 나눌 수 있다.

공공 부문에서는 1988년에 제정된 「행정기관이 보유하는 전자계산기 처리에 관한 개인정보보호에 관한 법률」이 행정기관이 보유하는 전자계산기 처리에 관한 개인정보의 취급에 대하여 개인정보파일의 보유 · 공시, 처리 정보의 이용 및 제공의 제한, 개시 · 정정 등 기본적인 사항을 정하였다.

민간 부문을 대상으로 한 개인정보보호에 관한 일반적인 법률은 없었고, 정부 지침 · 고시와 민간의 자율규제에 의존하고 있었다. 다만 1988년에 통상산업성이 일본 정보처리개발협회의 가이드라인을 '민간 부문에서 개인정보보호를 위한 가이드라인'으로 제시하였다.

통상산업성은 1995년의 EU 가이드라인을 참고하여 1997년 동 가이드라인을 개정한 '민간 부문에서의 전자계산기 처리에 관련된 개인정보보호에 관한 가이드라인'을 공시하였다. 이후 EU의 개인정보보호 강화 요구에 대응하기 위해 개인정보보호 법제의 정비를 추진하여 2003년 5월에 개인정보보호 관련 5개 법률을 제 · 개정하였다. 2003년 「개인정보보호에 관한 법률」을 제정하고 관련법률들을 정비하였는데, 이 법은 공공 부문과 민간 부문에 공통적으로 적용되는 개인정보보호에 관한 기본법이다. 이에 따라 공공 부문이 보유한 개인정보를 보호하기 위한 일반법으로 「행정기관이 보유하는 개인정보의 보호에 관한 법률」이 전면 개정되었다.

일본의 「개인정보보호에 관한 법률」은 정의의 명확화, 개인정보의 적정한 활용 · 유통의 확보, 세계화에 대한 대응 등을 목적으로 2015년 9월에 전면 개정하여 2017년 5월 30일부터 전면 시행되고 있다.

3) 일본 「개인정보보호에 관한 법률」의 개정 주요 내용

2017년 5월 30일부터 전면 시행되고 있는 일본의 개인정보보호법은 '개인정보의 정의의 명확화', '필요 배려 개인정보의 명확화', '익명가공정보의 취급에 관한 규칙의 제정', '개인정보의 제3자 제공에 관한 기록 작성 등의 의무화', '외국의 제3자에게 제공하는 경우의 제한', '개인정보보호위원회의 신설' 등이다.

제1장(제1조, 제3조)은 총칙으로 본 법률의 목적 및 용어 정의 등으로 구성되어 있으며, 특히 제3조에서 "개인정보는 개인의 인격 존중의 이념 아래 신중하게 취급되어야 하므로, 그 적정한 취급을 도모하여야 한다"고 하여 개인정보처리의 기본이념을 밝히고 있다. 제2장(제4조, 제6조)은 국가 및 지방공공단체의 책무 등을, 제3장은 개인정보의 보호에 관한 시책 등을 규정하고 있다. 제3장(제7조, 제14조)은 개인정보보호에 관한 기본방침, 국가의 시책, 지방자치단체의 시책, 국가 및 지방자치단체의 협력 등에 관한 사항을 규정하고 있다.

제4장(제15조~제58조)의 '개인정보 취급 사업자의 의무 등' 부분은 민간 부문에 적용되는 일반 규정으로, 개인정보 DB 등을 사업용으로 이용하고 있는 자(국가기관, 지방자치단체, 독립 행정법인 등 제외)가 개인정보를 취급할 때 지켜야 하는 의무 및 개인정보 취급 과정에서 보장되어야 하는 정보주체의 권리 등에 대하여 규정하고 있다. 특히 빅데이터의 운용을 위해 제4장을 개정하여 익명가공정보에 대한 관리 조항을 신설하였으며, 익명가공정보 취급 사업자의 익명가공정보의 처리와 제3자 제공 등에 관한 법적 근거와 제한에 관한 사항을 규율하고 있다. 제5장(제59조~제74조)은 개인정보보호위원회에 관한 사항을 신설하여 규정하고 있다. 제6장(제75조~제81조) 잡칙에서는 적용 제외 및 지방자치단체가 처리하는 업무, 권한 또는 사무의 위임 등에 대하여 규정하고 있다. 제7장(제82조~제88조)은 시정명령을 위반한 경우와 보고의무 위반 등의 경우에 벌칙을 부과하는 규정들이다.

★실생활에서 알아보는 개인정보보호(FAQ)

Q1. 개인정보보호법과 관련해 일반적으로 개인정보자기결정권을 보장한다는 설명을 많이 하는데, 어린이집 CCTV 설치의 경우 보육교사의 사생활의 비밀과 자유 등 개인정보자기결정권을 침해하는 것은 아닌지 궁금합니다.

개인정보결정권은 자신에 관한 정보가 언제, 누구에게, 어느 범위까지 알려지고 이용되도록 할 것인지를 정보주체가 스스로 결정할 수 있는 권리입니다. 즉 정보주체가 개인정보의 공개와 이용에 관하여 스스로 결정할 권리를 말하며, 정보통신기술이 고도화된 초연결사회에서 개인정보자기결정권의 보장 방안이 강조되고 있습니다.

그러나 헌법재판소는 영유아보육법상 어린이집 CCTV 설치 및 CCTV 영상정보 열람 허용 관련 위헌 확인 사건(2017.12.28. 2015헌마994)에서 어린이집 CCTV 설치 및 CCTV 영상정보의 열람을 허용한 영유아보육법 제15조의4제1항제1호는 영유아 보육을 위탁받아 행하는 어린이집에서의 아동 학대 근절과 보육 환경의 안전성 확보라는 중대한 공익을 보호할 필요가 있어 어린이집 보육교사 등의 개인정보자기결정권 및 어린이집 원장의 직업 수행의 자유를 침해하지 아니한다고 판시한 바 있습니다.

따라서 개인정보자기결정권도 헌법 제37조제2항에 따라 국가안전보장 · 질서유지 · 공공복리의 목적으로 법률로 그 본질적 내용을 침해하지 않는 범위 내에서 제한이 가능합니다.

Q2. 의료기관에서 다루는 환자 개인정보의 개념과 범위가 불명확합니다. 주소나 연락처 등 일반적인 개인정보, 주민등록번호와 같은 고유식별정보, 의료서비스를 통해 얻어지는 의료정보, 신체적 특징과 관련된 생체정보나 유전정보, 종교와 같은 민감정보, 그 밖에 개인의 식습관 등 건강 상태와 관련된 건강정보 등 많은 개념이 있는데 각각의 개념 정의와 그에 따른 처리 방법은 무엇인가요?

'개인정보'란 살아 있는 개인에 관한 정보로서 성명, 주민등록번호 및 영상 등을 통하여 개인을 알아볼 수 있는 정보와, 해당 정보만으로는 특정 개인을 알아볼 수 없더라도 다른 정보와 쉽게 결합하여 알아볼 수 있는 것까지 포함합니다.

일반적으로 환자의 개인정보란 진료과정에서 처리되는 성명, 주민등록번호, 연락처, 환자등록번호, 진료카드번호, 건강보험증번호, 유전자정보, 아이디, 비밀번호, 환자의 건강 상태, 신체적 특징, 병력(가족력 포함), 체력, 유전정보 등 진료과정에서 생성되는 진료정보 및 환자와 관계된 모든 개인정보를 말합니다. 특히 환자의 개인정보는 진료 목적의 범위 내에서는 법률 규정에 따라 처리되므로 환자의 동의 없이 수집하여 이용할 수 있습니다. 단, 주민등록번호의 경우 법률, 대통령령, 헌법기관이 발하는 규칙에서 허용한 경우나 정보주체 또는 제3자의 생명ㆍ신체, 재산의 이익을 위해 명백히 불가피한 경우 등이 아니면 그 처리가 제한되니 유의해야 합니다.

환자의 개인정보는 민감정보 또는 고유식별정보가 대부분이므로 이를 안전하게 관리하는 것이 중요합니다. 특히 고유식별정보, 바이오정보는 암호화하여야 하며, 암호화 방법은 '개인정보의 안전성 확보'를 참고하면 됩니다. 진료실 내에서는 의료인, 환자 및 그 보호자 이외의 사람이 환자의 개인정보를 볼 수 없도록 조치를 하여야 합니다.

Q3. 이벤트 명단 데이터베이스에 포함된 이름, 휴대폰번호, 본인이 지원하는 해당 이벤트 내용은 개인정보인가요?

개인정보보호법 제2조(정의)는 살아 있는 개인에 관한 정보로서 그 자체로서 혹은 다른 정보와 쉽게 결합하여 개인을 알아볼 수 있는 정보를 개인정보라 규정하고 있습니다. 따라서 이름, 휴대폰번호는 그 자체로 특정 개인의 식별이 가능하므로 개인정보에 해당합니다.

Q4. 「개인정보보호법」과 「정보통신망법」 중 어느 법률이 우선 적용되나요?

개인정보보호에 관하여 「정보통신망법」에 그 규정이 있는 경우에는 「정보통신망법」의 해당 조항이 우선 적용되지만, 「정보통신망법」에 그 규정이 없는 경우에는 「개인정보보호법」이 적용됩니다.

Q5. 추진 정책 등을 알리기 위하여 정책 홍보물을 발송하려고 합니다. 다만 우편물에 수신인의 이름을 기재하지 않고 주소만 기입한 후 받는 사람을 '세대주'로 하여 발송하고자 합니다. 수신인을 '세대주'로 하여 지자체 주민에게 우편물을 발송하는 것이 개인정보보호법 위반인가요?

'개인정보'란 생존하는 개인에 관한 정보로서 성명ㆍ주민등록번호 등에 의하여 특정한 개인을 알아볼 수 있는 부호·문자·음성·음향 및 영상 등의 정보를 말합니다. 또한 여기에는 해당 정보만으로는 특정 개인을 알아볼 수 없더라도 다른 정보와 쉽게 결합하여 알아볼 수 있는 경우가 포함됩니다.

주소만으로는 개인을 알아보기가 어렵고, 세대주와 같이 불특정인을 수신자로 하여 주소를 이용하는 경우에는 특정 개인을 알아볼 수 없을 것입니다.

Q6. 여행 목적으로 우리나라를 방문하는 EU 시민의 성명과 연락처를 취급하고 있습니다. EU의 GDPR을 준수해야 하나요?

EU의 GDPR은 EU 내 설립된 기관의 개인정보처리 활동 외에 EU 밖에서 EU 내에 있는 정보주체에게 재화나 용역을 제공하는 경우, 또는 EU 내에 있는 정보주체가 수행하는 활동을 모니터링하는 기관인 경우 적용됩니다.

이에 해당하지 않는다면, 우리나라 영토에 들어온 외국인에게는 우리나라 개인정보보호법을 적용해 법에 따른 적법한 개인정보보호 활동을 하면 됩니다.

II

개인정보보호
관리체계

1. Privacy by Design
(개인정보보호 적용설계)

프라이버시 보호를 위한 개인정보보호 적용설계는 1970년대에 광범위한 네트워크 환경에서 발생할 수 있는 데이터 처리의 폐해를 방지하기 위해 캐나다 온타리오주의 제3대 '정보 및 프라이버시' 감독관을 지낸 앤 카부키안(Ann Cavoukian) 박사가 처

[그림1] PbD 7대 주요 원칙

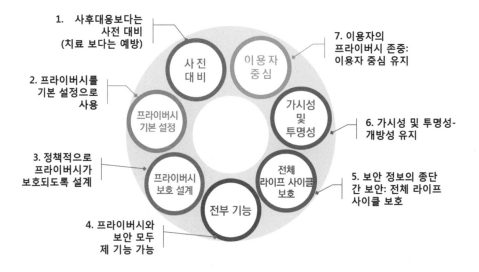

음 제창한 것으로, 1990년대에 데이터 보호지침(Directive 95/46/EC)을 통해 EU 회원국에 통합 적용되었다. 이 지침의 리사이틀 46항에 따르면, 데이터 안전을 보호하기 위한 처리시스템을 계획할 때 기술 및 조직적 조치(TOM)가 이미 취해져야 함을 규정하고 있다. 이를 '개인정보보호 적용설계(Privacy by Design, PbD)'라 부르며, 이것은 초연결사회 ICT기술의 고도화에 따라 프라이버시를 보호하기 위한 주요 방법론으로서 다수의 국가에서 정책에 반영하고 있다.

[그림1]에서 파악할 수 있듯이, PbD가 지속가능하고 제대로 구현되기 위해서는 ① IT 시스템 ② 책임 있는 비즈니스 관행 ③ 네트워크 인프라의 세 분야에서 7가지 주요 원칙이 준수되어야 하며, 이를 자세히 설명하면 다음과 같다.

• PbD의 구현을 위한 7대 주요 원칙[1]

– 제1원칙 Proactive not reactive: preventative not remedial

사후 대응보다는 사전 대비(반응적 조치보다는 능동적 조치): '치료'보다는 '예방'

– 제2원칙 Privacy as the default setting

프라이버시를 기본 설정으로 사용: 주어진 IT 시스템이나 비즈니스 관행에서 개인정보가 자동으로 보호되도록 함

– 제3원칙 Privacy embedded into design

정책적으로 프라이버시가 보호되도록 설계: 프라이버시 조치는 IT 시스템 및 비즈니스 관행의 설계 및 아키텍처에 포함됨

– 제4원칙 Full functionality: positive-sum, not zero-sum

전부 기능: Zero Sum이 아닌 Positive Sum(서로가 win-win할 수 있는) 관계 추구. 프라이버시는 프라이버시 대 보안과 같은 잘못된 이분법적 허위 사실을 피함으로써, 의도적으로 두 가지를 모두 기능할 수 있음(모두가 제 기능 가능)

– 제5원칙 End-to-end security: full life cycle protection

보안 정보의 종단 간 보안: 전체 라이프 사이클 보호

– 제6원칙 Visibility and transparency: keep it open

가시성 및 투명성, 개방성 유지

– 제7원칙 Respect for user privacy: keep it user-centric

이용자의 프라이버시 존중: 이용자 중심 유지

PbD를 구체화하기 위해 다음과 같이 프라이버시 적용설계의 8가지 핵심전략(Eight privacy design strategies)을 두고 있다.[2]

개인정보보호 적용설계(Privacy by Design) 8가지 핵심 전략

항목	내용
최소화 (MINIMIZE)	개인 정보 처리를 최대한 제한해야 함(데이터 최소화)
숨기기 (HIDE)	개인데이터가 공개되거나 알려지지 않도록 해야 하며, 개인데이터나 데이터 간의 상호관계를 자세히 파악할 수 없도록 해야 함
분리 (SEPARATE)	상관관계(결합가능성, 추론가능성)를 방지하기 위해 개인데이터를 최대한 분산 또는 격리해야 함
총계화 · 추상화 (Aggregate, Abstract)	개인데이터를 집계한 경우 세부정보는 최소한으로 하여 처리해야 함
정보제공 (INFORM)	정보주체에게 개인정보 처리에 대해 알려야 함(가시성 · 투명성)
통제 (CONTROL)	데이터 주체에게 개인데이터 처리에 대한 통제권을 제공해야 함 (개인정보자기통제권 보장)
집행 (ENFORCE)	법적 요구 사항과 호환되는 개인 정보 보호 정책이 제정되어 시행되어야 함
입증 (DEMONSTRATE)	정보처리자는 시행 중인 개인정보보호 정책과 적용 가능한 법적 요구사항을 준수하고 있음을 입증할 수 있어야 함

EU의 GDPR도 지금은 폐지된 Directive 95/46/EC 리사이틀 46항에 따라 데이터 보호 원칙을 구현하고 개인의 권리를 보호할 수 있는 적절한 기술 및 조직 조치를 취할 것을 요구하고 있는데, 이것이 "data protection by design, data protection by default"다. EU의 GDPR 제25조는 'data protection by design(설계별 데이터 보호), data protection by default(기본적 데이터 보호)'는 컨트롤러가 데이터 보호 원칙을

효과적으로 구현하고 규정의 요구사항을 충족시키고 데이터 주체의 권리를 보호하기 위해 필요한 보호 장치를 통합하기 위한 조치를 취하는 것으로, 이러한 조치는 처리 시와 처리 수단을 결정할 때 모두 시행되어야 한다는 점에서 내부 정책과 조치에 반영할 필요가 있음을 규정하고 있다.[3]

우리나라도 「개인정보보호법」 제3조를 통해 다음과 같은 11가지 원칙이 구현될 수 있도록 정책을 펼치고 있다.

1. (처리 목적의 명확화 원칙) 개인정보처리자는 수집 당시에 개인정보의 처리 목적을 명확하게 특정하여야 한다.

2. (최소 수집의 원칙) 개인정보처리자는 처리 목적에 필요한 범위에서 최소한의 개인정보만을 수집하여야 한다.

3. (적법한 수집 원칙) 개인정보처리자는 개인정보를 적법하고 정당하게 수집하여야 한다.

4. (목적 외 이용금지 원칙) 개인정보처리자는 처리 목적에 직접적으로 필요한 범위 내에서 적합하게 개인정보를 처리하여야 하며 그 목적 외의 용도로 활용하지 않아야 한다.

5. (정확성의 원칙) 개인정보처리자는 개인정보의 처리 목적에 필요한 범위에서 개인정보의 정확성, 완전성 및 최신성이 보장되도록 하여야 한다.

6. (안전성의 원칙) 개인정보처리자는 개인정보의 처리 방법 및 종류 등에 따라 정보주체의 권리가 침해받을 가능성과 그 위험 정도를 고려하여 그에 상응하는 적절한 관리적 · 기술적 및 물리적 보호조치를 통하여 개인정보를 안전하게 관리하여야 한다.

7. (공개의 원칙) 개인정보처리자는 개인정보 처리방침 및 개인정보의 처리에 관한 사항을 공개하여야 한다.

8. (정보주체 권리 존중의 원칙) 개인정보처리자는 열람청구권, 정정 · 삭제요구권, 처리정지요구권 등 정보주체의 권리를 보장하여야 한다.

9. (사생활 침해 최소화의 원칙) 개인정보처리자는 정보주체의 사생활 침해를 최소

화하는 방법으로 개인정보를 처리하여야 한다.

10. (익명처리의 원칙) 개인정보처리자는 개인정보를 적법하게 수집한 경우에도 익명으로 업무 목적을 달성할 수 있으면 개인정보를 익명에 의하여 처리될 수 있도록 하여야 한다.

11. (책임의 원칙) 개인정보처리자는 「개인정보 보호법」 등 개인정보보호 관련 법령(이하 "개인정보보호법 등"이라 한다)에서 규정하고 있는 책임과 의무를 준수하고 실천함으로써 정보주체의 신뢰를 얻기 위하여 노력하여야 한다.

더불어 제33조(개인정보영향평가) 등을 통해 이러한 조치를 실행할 때 컨트롤러는 기술의 상태, 구현 비용, 개인데이터 처리의 성격, 범위 및 목적, 데이터 주체의 권리와 자유에 대한 위험과 심각성을 고려할 필요가 있다. 데이터의 최소한의 처리(data minimisation), 처리에 필요한 보호조치(safeguards), 가명화 등이 이에 해당한다. 한편 EU의 GDPR은 개인정보를 가명 처리하는 경우 해당 컨트롤러와 프로세서가 'data protection by design, data protection by default' 의무를 충족하도록 규정하고 있다(제4조제5항).

우리나라도 「개인정보보호법」 제3조와 제33조(개인정보영향평가) 등을 통해 개인정보보호를 위한 사전 적용설계가 구현될 수 있도록 하고 있으며, 공공기관의 경우 「개인정보보호법」 제11조에 근거해 '개인정보 수준진단 제도'를 운영하여 개인정보보호를 위한 관리적 · 기술적 · 물리적 보호조치가 이루어질 수 있도록 하고 있다.

[표1] 2019년 공공기관 개인정보보호 관리수준 진단 항목[4]

분야	진단지표	가중치				진단항목
	총계	100				
관리체계 구축 및 운영 (30)	1. 개인정보보호 기반마련	5		5		1.1. 개인정보보호를 위한 전담조직과 인력을 구성·운영하고 있는가?
						1.2. 개인정보보호 활동을 수행하는데 필요한 예산을 반영하고 있는가?
	2. 개인정보 영향평가 수행	7		–		2.1. 개인정보 영향평가 대상 여부를 파악하고 있는가?
						2.2. 개인정보 영향평가 계획을 수립·이행하였는가?
	3. 개인정보보호 교육 추진	8		10		3.1. 교육대상별(개인정보보호책임자, 개인정보보호담당자, 개인정보취급자/일반 직원) 연간 개인정보보호 교육 계획이 수립되어 있는가?
						3.2. 교육대상별 (개인정보보호책임자, 개인정보보호담당자, 개인정보취급자/일반 직원, 중간보직자) 개인정보보호 교육이 이행되고 있는가?
	4. 개인정보보호 책임자의 역할 수행	10		15		4.1. 개인정보보호책임자가 관리·감독 등 역할을 이행하고 있는가?
						4.2. 개인정보보호 수준 향상을 위한 개인정보보호책임자 주도 실적이 있는가?
보호대책 수립 및 운영 (30)	5. 개인정보 처리방침 및 정보주체의 권리보장	7	12	9	17	5.1 개인정보 처리방침의 변경 내용을 지속적으로 공개 및 이력 관리하고 있는가?
						5.2 정보주체의 권리행사 방법 및 절차를 마련하여 이행하고 있는가?
	6. 개인정보의 수집·이용·제공·파기	5	9	7	13	6.1. 개인정보는 적법하게 수집·이용·제공하고 있는가?
						6.2. 개인정보의 목적 외 이용·제공에 대비하기 위한 목적 외 이용·제공 절차를 준수하였는가?
						6.3. 보유 기간이 경과하거나 개인정보의 처리 목적 달성 등으로 불필요한 개인정보를 파기하였는가?
	7. 개인정보 처리업무 위탁에 따른 개인정보보호	13	–	14	–	7.1. 개인정보 처리업무 위탁 현황을 파악하고 법 의무사항을 문서화하고 있는가?
						7.2. 개인정보 처리업무를 위탁한 후 수탁자 대상 교육 및 감독을 이행하고 있는가?
	8. 영상정보처리기기 설치 및 운영	5	9			8.1. 영상정보처리기기 운영·관리 방침을 수립·공개하며, 법 의무사항이 모두 반영되어 있는가?
						8.2. 개인영상정보에 대한 이용·제공·열람·파기 내역을 대장에 기록하고 관리하는가?
침해대책 수립 및 이행 (40)	9. 개인정보 유·노출 방지 조치	10	15	15	25	9.1. 홈페이지 및 개인정보처리시스템의 개인정보 유·노출 방지를 위한 체계를 구축·운영하고 있는가?
						9.2. 업무용 컴퓨터, 모바일 기기 등에 대한 개인정보 유·노출 방지를 위한 체계를 구축·운영하고 있는가?
	10. 개인정보 침해 대응 및 재해·재난 대응 절차 수립	5	10	10	15	10.1. 개인정보 침해사고 발생에 대응하기 위한 절차서를 수립하여 전파하고 있는가?
						10.2. 재해·재난 발생에 대응하기 위한 절차서를 수립하여 전파하고 있는가?
	11. 개인정보처리 시스템의 안전한 이용 및 관리	15	–	15	–	11.1. 개인정보처리시스템의 접근권한 관리 정책을 수립·이행하고 있는가?
						11.2. 개인정보처리시스템의 접속기록에 대한 점검 및 후속 조치를 이행하고 있는가?
	12. 고유식별정보의 처리 제한	10	15	–	–	12.1. 고유식별정보의 처리 현황을 파악하고 있는가?
						12.2. 고유식별정보 암호화를 이행하였는가?

2. 개인정보보호 조직

(1) 개인정보보호책임자의 지정

1) 지정 목적

공공기관 등의 개인정보보호를 위한 개인정보보호책임자도 개인정보 법규 준수, 유출 및 오남용 방지 등 개인정보처리자의 개인정보보호 활동을 촉진하기 위한 자주적

[그림2] 개인정보보호조직 구성도 예시

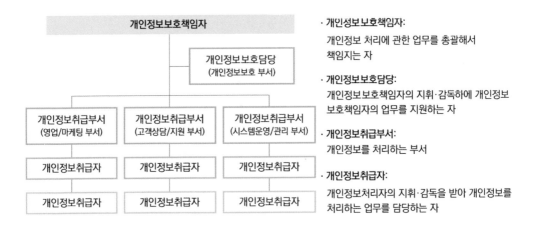

· 개인정보보호책임자:
개인정보 처리에 관한 업무를 총괄해서 책임지는 자

· 개인정보보호담당:
개인정보보호책임자의 지휘·감독하에 개인정보보호책임자의 업무를 지원하는 자

· 개인정보취급부서:
개인정보를 처리하는 부서

· 개인정보취급자:
개인정보처리자의 지휘·감독을 받아 개인정보를 처리하는 업무를 담당하는 자

출처: 행정자치부/한국인터넷진흥원, 『개인정보의 안전성 확보조치 기준 해설서』, 2017, 40면

규제 장치의 하나라고 할 수 있다. 이처럼 개인정보처리자로 하여금 개인정보보호책임자를 지정하는 목적은, 조직 내에서 개인정보처리에 관한 업무를 총괄하여 책임질 임원 내지 부서장급의 책임자를 지정·운영함으로써 개인정보처리자의 내부 관리체계를 더욱 공고히 할 수 있기 때문이다.

2) 개인정보보호책임자의 지정

개인정보처리자는 개인정보의 처리에 관한 업무를 총괄해서 책임질 개인정보보호책임자를 지정하여야 한다(「개인정보보호법」 제31조).

개인정보보호책임자는 개인정보처리에 관한 전반적인 사항을 결정하고 이로 인한 제반 결과에 대하여 책임을 지는 자이므로, 개인정보 수집·이용·제공 등에 대하여 실질적인 권한을 가지고 있어야 하며 조직 내에서 어느 정도 독자적인 의사결정을 할 수 있는 지위에 있는 자이어야 한다.

개인정보보호책임자로 지정될 수 있는 자는 상당한 개인정보 관련 업무 경력과 개인정보 관련 전문지식을 모두 보유한 자로 개인정보처리업무를 자신의 책임하에 관리할 수 있는 직위를 가진 자여야 한다.

개인정보처리자는 업무를 목적으로 개인정보파일을 운용하기 위하여 스스로 또는 다른 사람을 통하여 개인정보를 처리하는 공공기관, 법인, 단체 및 개인을 의미하며, 개인정보파일을 운영하는 공공기관, 법인 등은 반드시 개인정보의 보호를 위하여 개인정보보호책임자를 지정하여야 한다.

개인정보보호책임자의 지정 및 업무활동 등이 반영된 지침 또는 직무 기술서, 임명장 등 관련 문서 및 홈페이지 공지 등을 통해 개인정보보호책임자의 활동 내역(개인정보보호 계획의 수립 및 시행 등)을 확인할 수 있는 경우에는 개인정보보호책임자를 지정한 것으로 본다.

개인정보처리자가 「개인정보보호법」 제31조제1항에 따라 개인정보보호책임자를 지정하려는 경우에는 [표2]의 구분에 따른다.

[표2] 공공기관의 개인정보보호책임자 지정

구분	헌법기관	행정 각부	소속 기관	소관 공공기관
개인정보 보호책임자	고위공무원단에 속하는 공무원 또는 그에 상당하는 공무원	3급 이상 공무원 또는 그에 상당하는 공무원 (기획조정실장)	4급 이상 공무원 또는 그에 상당하는 공무원	개인정보처리 관련 업무 담당 부서의 장

시·도 및 시·도 교육청의 경우 3급 이상 공무원 또는 그에 상당하는 공무원 중에서 지정한다. 시·군 및 자치구는 4급 공무원 또는 그에 상당하는 공무원 중에서 지정한다. 「개인정보보호법」 제2조제5호에 따른 각급 학교는 해당 학교의 행정사무를 총괄하는 사람 중에서 지정한다. 기타 공공기관은 개인정보처리 관련 업무를 담당하는 부서의 장을 개인정보보호책임자로 지정한다. 다만, 개인정보처리 관련 업무를 담당하는 부서의 장이 2명 이상인 경우에는 해당 공공기관의 장이 지명하는 부서의 장이 된다 (영 제32조제2항제1호).

공공기관 외의 개인정보처리자는 사업주 또는 대표자를 개인정보보호책임자로 지정하거나 임원(임원이 없는 경우에는 개인정보처리 관련 업무를 담당하는 부서의 장)을 개인정보보호책임자로 지정한다(「개인정보보호법 시행령」 제32조제2항제2호).

다만, 친목 단체는 「개인정보보호법」 제58조제3항에 따라 개인정보보호책임자를 지정하지 아니할 수 있다. 이 경우 친목 단체의 대표자가 개인정보보호책임자의 직무를 수행할 수 있다. 한편 개인정보처리자가 동창회, 동호회 등 친목 도모를 위한 단체를 운영하기 위하여 개인정보를 처리하는 경우에는 제15조(개인정보의 수집·이용), 제30조(개인정보처리 방침의 수립 및 공개) 및 제31조(개인정보보호책임자의 지정)를 적용하지 아니한다(「개인정보보호법」 제58조제3항).

「정보통신망법」은 개정을 통해 정보보호 최고책임자의 지정 및 겸직 금지조항을 신설하여, 중기업 이상의 정보통신서비스 제공자, 자본금 1억 원 이하의 부가통신사업자를 제외한 모든 전기통신사업자, 정보보호 관리체계(ISMS) 인증 의무를 갖는 모든 정보통신서비스 제공자 등은 정보보호 최고책임자를 지정하고 과기정통부장관(중앙전파관리소장에게 위임)에게 신고하도록 하고 있다.[5] 또한 자산총액 5조 원 이상인 정보통신서비스 제공자 및 ISMS 인증 의무를 갖는 정보통신서비스 제공자 중 자산총액

5000억 원 이상인 기업의 정보보호 최고책임자는 상근하는 자로서 다른 회사의 임직원으로 재직이 금지(CISO 겸직 제한 의무 대상자)되며, 자격요건에도 제한이 있어 4년 이상의 정보보호 분야 경력자 또는 2년 이상의 정보보호 분야 경력자로서 정보기술 분야 경력과 합해 5년 이상인 자만이 정보보호 최고책임자가 될 수 있다.

3) 개인정보보호책임자의 업무 부여(시행령 제32조)

개인정보보호책임자는 개인정보의 처리에 관한 업무를 총괄해서 책임지는 자로서 다음 각 호의 업무를 수행한다.

- 개인정보보호 계획의 수립 및 시행
- 개인정보처리 실태 및 관행의 정기적인 조사 및 개선
- 개인정보처리와 관련한 불만의 처리 및 피해 구제
- 개인정보 유출 및 오남용 방지를 위한 내부 통제시스템의 구축
- 개인정보보호 교육계획의 수립 및 시행
- 개인정보파일의 보호 및 관리감독
- 개인정보처리 방침의 수립·변경 및 시행
- 개인정보보호 관련 자료의 관리
- 처리 목적이 달성되거나 보유 기간이 지난 개인정보의 파기 등

개인정보보호책임자의 위와 같은 업무는 총괄책임자로서 지는 업무이므로, 개인정보보호책임자는 분야별로 개인정보보호관리자, 개인정보보호담당자 등을 두어 업무를 하게 할 수 있다.

개인정보처리자가 개인정보보호책임자를 지정하거나 변경하는 경우, 개인정보보호책임자의 지정 및 변경 사실, 성명과 부서의 명칭, 전화번호 등 연락처를 공개하여야 한다(표준보호지침 제22조제1항).

개인정보처리자는 개인정보보호책임자를 공개하는 경우 개인정보보호와 관련한 고충 처리 및 상담을 실제로 처리할 수 있는 연락처를 공개하여야 한다(표준보호지침 제

22조제2항). 다만 이 경우 개인정보보호책임자와 개인정보보호 업무를 처리하는 담당자의 성명, 부서의 명칭, 전화번호 등 연락처를 함께 공개할 수 있다.

4) 개인정보보호책임자의 권한과 의무

개인정보보호책임자는 자신의 업무를 수행하기 위하여 필요한 경우에는 개인정보의 처리 현황, 처리 체계 등에 대하여 수시로 조사하거나 관계 당사자로부터 보고를 받을 수 있다. 개인정보보호책임자는 전사적인 책임을 지는 자이므로 업무 수행에 필요한 경우 개인정보의 처리 현황, 처리 체계 등에 대하여 수시로 조사하거나 관계 당사자로부터 보고를 받을 수 있다(「개인정보보호법」 제31조제3항).

개인정보보호책임자는 개인정보보호와 관련하여 「개인정보보호법」 및 다른 관계 법령의 위반 사실을 알게 된 경우에는 즉시 개선 조치를 하여야 하며, 필요하면 소속 기관 또는 단체의 장에게 개선 조치를 보고하여야 한다(「개인정보보호법」 제31조제4항). 여기서 소속 기관 또는 단체의 장이라 함은 그 개인정보보호책임자가 속해 있는 해당 기관이나 단체의 장을 말한다.

5) 개인정보보호책임자의 신분 보장

개인정보처리자는 개인정보보호책임자가 업무를 수행하는 데 정당한 이유 없이 불이익을 주거나 받게 하여서는 아니 된다.

6) 교육과정의 개설 · 운영 등의 지원

행정안전부장관은 개인정보보호책임자가 법 제31조제2항의 업무를 원활히 수행할 수 있도록 개인정보보호책임자에 대한 교육과정을 개설 · 운영하는 등 지원을 할 수 있다(「개인정보보호법 시행령」 제32조제3항, 표준지침 제23조).

7) 다른 법률과의 관계

「정보통신망법」의 적용 대상자가 '개인정보 관리책임자'를 지정하였을 경우 법에 따른 개인정보보호책임자를 별도로 지정하지 않아도 된다(표준지침 제22조제4항). 이 경우 개인정보 관리책임자는 개인정보보호책임자의 업무를 모두 수행해야 한다. 「신용정보법」에 따른 신용정보 보호책임자를 지정하였을 경우 별도의 개인정보보호책임자를 지정하지 않고 신용정보 보호책임자가 개인정보보호책임자를 대체할 수 있다. 그러나 「신용정보법」에 규정된 신용정보 보호책임자의 업무와 법에 규정된 개인정보보호 책임자의 업무가 상이하므로, 신용정보 보호책임자는 이 법에 규정된 업무를 추가해서 수행하여야 한다.

[표3] 개인정보보호책임자의 지정 등에 대한 관련법의 규정

	법률	정의
정보통신망법	제27조 (개인정보 관리책임자의 지정)	① 정보통신서비스 제공자 등은 이용자의 개인정보를 보호하고 개인정보와 관련한 이용자의 고충을 처리하기 위하여 개인정보 관리책임자를 지정하여야 한다. 다만 종업원 수, 이용자 수 등이 대통령령으로 정하는 기준에 해당하는 정보통신서비스 제공자등의 경우에는 지정하지 아니할 수 있다.
	제13조제2 (개인정보 관리책임자의 자격 요건 등)	② 법 제27조제1항 단서에서 "대통령령으로 정하는 기준에 해당하는 정보통신서비스 제공자 등"이란 상시 종업원 수가 5명 미만인 정보통신서비스 제공자 등을 말한다. 다만, 인터넷으로 정보통신서비스를 제공하는 것을 주된 업으로 하는 정보통신서비스 제공자 등의 경우에는 상시 종업원 수가 5명 미만으로서 전년도 말 기준으로 직전 3개월간의 일일 평균 이용자가 1천 명 이하인 자를 말한다.
신용정보법	제20조 (신용정보 관리책임의명확화및 업무처리기록의 보존)	③ 신용정보회사, 신용정보집중기관 및 대통령령으로 정하는 신용정보제공·이용자는 신용정보를 보호하고 신용정보와 관련된 신용정보주체의 고충을 처리하는 등 대통령령으로 정하는 업무를 하는 신용정보관리·보호인을 1명 이상 지정하여야 한다. ④ 제3항에 따른 신용정보관리·보호인의 자격 요건과 그 밖에 지정에 필요한 사항은 대통령령으로 정한다.

8) GDPR의 DPO와 국내법의 CPO

GDPR에서 규정하는 DPO(Data Protection Officer)와 국내법상의 CPO(Chief Privacy Officer)는 그 역할과 성격이 서로 비교된다. 우선 GDPR상의 DPO는 컨트롤러·프로세서의 개인정보처리 활동 전반에 관해 자문 역할을 하는 전문가로, 조직의 관리체계 구축·임직원 교육·감독기구와의 의사소통 등의 역할을 수행한다.

기업은 DPO로 조직 내부의 직원을 임명할 수 있으며, 외부 서비스 계약에 의한 DPO 임명도 고려할 수 있다. DPO는 기업으로부터 업무상 지시를 받지 않으며, 최고 경영진에게 직접 보고할 수 있는 권한이 보장되어야 한다. 다음의 경우에 컨트롤러·프로세

서는 DPO를 필수로 지정하여야 한다.

- 기업의 핵심 활동이 대규모 민감정보 처리를 포함하는 경우
- 기업의 핵심 활동이 개인에 대한 대규모의 정기적이고 체계적인 모니터링을 포함하는 경우
- 정부 부처 및 관련 기관의 경우(법원 제외)

EU의 GDPR은 DPO의 자질과 역량에 초점을 둔 반면, 우리나라 개인정보보호법의 CPO는 책임을 질 수 있는 일정 지위를 갖춘 자여야 한다.

[표4] DPO vs CPO

구분	EU GDPR의 DPO	우리나라 개인정보보호법의 CPO
자격 요건	GDPR 및 법률 등에 대한 전문 지식과 개인정보처리 작업 이해, 정보기술 및 보안 이해, 기업(조직)에 대한 지식과 감독당국 및 이해관계자와의 소통의 기술이 필요	3급 또는 4급 등 일정한 지위의 공무원 또는 사업주, 대표자, 임원 등으로 책임을 질수 있는 일정 지위를 갖춘 자
지정 범위	내부 직원 또는 외부인도 될 수 있음	내부 직원이어야 하며, 외부인은 불가능함
업무 범위	• 컨트롤러나 프로세서, 데이터 처리를 수행하는 해당 직원에게 GDPR과 EU 또는 회원국의 개인정보보호 규정에 따른 의무에 대하여 고지하고 소인 • GDPR과 EU 또는 회원국의 개인정보보호 규정에 대한 컨트롤러 또는 프로세서의 정책 준수 여부를 모니터링(직원 교육과 감시활동 포함) • 요청 시 DPIA 자문 제공과 평가 이행상황 감시 • 감독기구와의 협력, 사전 협의 등 처리에 관련된 사항에 대한 감독기구의 연락처 역할 수행, 적절한 경우에는 기타 사안에 대한 자문 제공	• 개인정보보호 계획의 수립 및 시행 • 개인정보처리 실태 및 관행의 정기적인 조사 및 개선 • 개인정보처리와 관련한 불만의 처리 및 피해 구제 • 개인정보 유출 및 오남용 방지를 위한 내부 통제시스템의 구축 • 개인정보보호 교육계획의 수립 및 시행 • 개인정보파일의 보호 및 관리감독 • 그 밖에 개인정보의 적절한 처리를 위하여 대통령령으로 정한 업무
독립성	• DPO는 기업으로부터 업무상 지시를 받지않음 • 최고 경영진에게 직접 보고할 수 있는 권한이 보장되어야 함	• 지위 독립성에 관한 명시적 규정 없음(단, 업무 수행에 정당한 이유 없이 불이익을 주거나 받게 하여서는 아니 됨) • 최고 경영진에 대한 직접 보고 권한에 관한 규정 없음
법 위반 시 책임 여부	미준수에 따른 DPO 개인의 책임 없음 (컨트롤러의 책임)	책임의 주체에 CPO 포함

(2) 개인정보취급자의 지정

개인정보처리자는 개인정보를 처리함에 있어서 개인정보가 안전하게 관리될 수 있도록 임직원, 파견근로자, 시간제근로자 등 개인정보처리자의 지휘·감독을 받아 개인정보를 처리하는 자(이하 '개인정보취급자'라 함)에 대하여 적절한 관리·감독을 행하여야 한다. 개인정보취급자는 개인정보처리자의 지휘·감독을 받아 개인정보를 처리하는 업무를 담당하며, 직접 개인정보에 관한 업무를 담당하는 자로 기관별 여건을 고려하여 조직 운영방침 등에 지정 요건에 대한 기준을 정한다.

개인정보처리자의 개인정보취급자 지정과 지휘·감독 등에 관한 사항을 문서, 지침 등을 통해 확인할 수 있어야 하며, 관련 담당자들이 그 내용을 알고 있어야 한다. 개인정보처리자는 개인정보처리시스템에 대한 접근권한을 업무의 성격에 따라 당해 업무 수행에 필요한 최소한의 범위로 업무 담당자에게 차등 부여하고 접근권한을 관리하기 위한 조치를 취해야 한다(표준지침 제15조제2항).

개인정보처리자는 개인정보취급자로 하여금 보안 서약서를 제출하도록 하는 등 적절한 관리·감독을 해야 하며, 인사이동 등에 따라 개인정보취급자의 업무가 변경되는 경우에는 개인정보에 대한 접근권한을 변경 또는 말소해야 한다(표준지침 제15조제3항).

개인정보처리자는 개인정보의 적정한 취급을 보장하기 위하여 개인정보취급자에게 정기적으로 필요한 교육을 실시하여야 한다(「개인정보보호법」 제28조제2항).

개인정보취급자는 다음과 같은 업무를 처리한다(표준지침 제52조, 제55조, 제56조).

- 개인정보처리
- 개인정보보호책임자가 위임한 개인정보보호와 관련된 업무
- 개인정보보호책임자에게 개인정보파일 등록 신청
- 개인정보파일 파기 등

개인정보취급자
개인정보처리자의 지휘·감독을 받아 개인정보를 처리하는 업무를 담당하는 자로서, 직접 개인정보에 관한 업무를 담당하는 자와 그 밖에 업무상 필요에 의해 개인정보에 접근하여 처리하는 모든 자

3. 개인정보보호 계획

(1) 개인정보보호계획 수립

공공기관, 사업자 등의 개인정보처리자는 취급하는 개인정보가 분실·도난·누출·위조·변조 또는 훼손되지 않도록 안전성을 확보하기 위하여 개인정보보호 활동에 대한 조직 내부의 개인정보 관리를 위한 개인정보보호계획(내부관리계획)을 수립하고, 개인정보 관련 모든 임직원 및 관련자에게 알림으로써 이를 준수할 수 있도록 하여야 한다.

개인정보보호계획(내부관리계획)을 수립하는 이유는 개인정보보호 활동이 임기응변식이 아니라 체계적이고 전사적인 계획 내에서 수행될 수 있도록 하기 위힘이며, 이는 PbD의 구현 방법이기도 하다.

또한 정보주체의 개인정보를 보호하기 위한 조치를 적절히 시행하기 위해서는 개인정보처리자 전체에 통용되는 내부 규정이 필요하며, 수립된 계획을 기초로 세부 지침이나 안내서를 마련하여 개인정보취급자 전원이 개인정보보호에 필요한 동일한 기준에 따라 동일한 행동을 취하도록 할 필요가 있다.

내부관리계획
개인정보처리자가 개인정보를 안전하게 처리하기 위하여 내부 의사결정절차를 통하여 수립·시행하는 내부 기준을 의미(개인정보보호계획과 같은 의미)

이를 통해 개인정보처리자는 개인정보처리에 관한 투명성을 높일 수 있고, 정보주체는 개인정보처리자가 자신의 개인정보를 어떻게 처리하고 있는지를 비교 · 확인할 수 있다. 이러한 의미에서 개인정보처리자는 개인정보가 분실 · 도난 · 유출 · 위조 · 변조 또는 훼손되지 않도록 내부 의사결정 절차를 통하여 해당 기관(대상 기관)의 예산, 인력 등을 반영한 개인정보보호 계획을 수립(내부관리계획)하여야 하며(안전성 확보조치 고시 제4조), 그 계획은 다음의 내용을 포함하여야 한다.

- 개인정보보호책임자의 지정에 관한 사항
- 개인정보보호책임자 및 개인정보취급자의 역할 및 책임에 관한 사항
- 개인정보취급자에 대한 교육에 관한 사항
- 접근권한의 관리에 관한 사항
- 접근 통제에 관한 사항
- 개인정보의 암호화 조치에 관한 사항
- 접속기록 보관 및 점검에 관한 사항
- 악성프로그램 등 방지에 관한 사항
- 물리적 안전조치에 관한 사항
- 개인정보보호조직에 관한 구성 및 운영에 관한 사항
- 개인정보 유출사고 대응 계획 수립 · 시행에 관한 사항
- 위험도 분석 및 대응방안 마련에 관한 사항
- 재해 및 재난 대비 개인정보처리시스템의 물리적 안전조치에 관한 사항
- 개인정보처리업무를 위탁하는 경우 수탁자에 대한 관리 및 감독에 관한 사항
- 그 밖에 개인정보보호를 위하여 필요한 사항

개인정보처리자는 각 사항에 중요한 변경이 있는 경우에는 이를 즉시 반영하여 내부관리계획을 수정하여 시행하고, 그 수정 이력을 관리하여야 한다(안전성 확보조치 고시 제4조). 개인정보처리자는 개인정보처리 방법, 처리 환경 및 안전조치 사항 등 내부관리계획에 중요한 변경이 있는 경우에는 변경사항을 즉시 반영하여 내부관리계획을

수정·변경하여 시행하여야 한다. 내부관리계획의 수정·변경 시에도 내부 의사결정 절차를 통하여 내부관리계획을 수정하여 시행하여야 하며, 내부관리계획을 수정·변경하는 경우에는 그 내용, 수정 및 시행 시기 등 이력을 관리하여야 하고, 내부관리계획의 수정·변경 사항을 개인정보취급자 등에게 전파하여 이를 준수할 수 있도록 한다.[6]

개인정보보호책임자는 내부관리계획의 적정성과 실효성을 보장하기 위하여 연 1회 이상 내부 관리계획에 따른 접근권한 관리, 접속기록 보관 및 점검, 암호화 조치 등 기술적·관리적 및 물리적 안전조치의 이행 여부를 점검·관리하여야 한다(안전성 확보조치 고시 제4조).[7]

(2) 개인정보보호 교육계획 수립

개인정보처리자는 개인정보의 적정한 취급을 보장하기 위하여 개인정보취급자에게 정기적으로 필요한 교육을 실시하여야 한다. 행정안전부장관은 개인정보보호 관련법령 및 제도의 내용, 개인정보보호책임자의 업무 수행에 필요한 사항, 그 밖에 개인정보처리자의 개인정보처리를 위하여 필요한 사항 등에 관한 교육과정을 개설하여 운영할 수 있다(「개인정보보호법」 제13조, 표준지침 제24조). 이를 위하여 매년 초 해당연도 개인정보보호책임사 교육계획을 수립히여 시행하며, 교육계획에 따라 사단법인 한국개인정보보호협의회 등의 단체에 개인정보보호책임자 교육을 실시하게 할 수 있다(표준지침 제25조제1항). 개인정보처리자 및 개인정보보호책임자는 조직 구성원에게 대상 기관의 개인정보보호 정책을 전달하고 보안인식 제고를 위한 교육계획을 수립한다. 교육계획에는 교육 대상 및 목적, 교육 내용, 일정 및 방법 등을 구체적으로 규정하고, 개인정보보호 전반에 관한 일반적·전문적 내용을 포함한다.

개인정보보호계획(내부관리계획) 목차(예시)

제1장 총칙

제1조(목적)

제2조(적용 범위)

제3조(용어 정의)

제2장 내부관리계획의 수립 및 시행

제4조(내부관리계획의 수립 및 승인)

제5조(내부관리계획의 공표)

제3장 개인정보보호책임자의 의무와 책임

제6조(개인정보보호책임자의 지정)

제7조(개인정보보호책임자의 의무와 책임)

제8조(개인정보취급자의 범위 및 의무와 책임)

제4장 개인정보의 처리단계별 기술적 · 관리적 안전조치

제9조(개인정보취급자 접근권한 관리 및 인증)

제10조(접근 통제)

제11조(개인정보의 암호화)

제12조(접근기록의 위변조 방지)

제13조(보안프로그램의 설치 및 운영)

제14조(물리적 접근 제한)

제5장 개인정보보호 교육
제6장 개인정보 침해 대응 및 피해 구제
제7장 재해 및 재난 대비 개인정보처리시스템의 물리적 안전조치

개인정보보호법과 정보통신망법의 내부관리계획 의무 수립사항 비교

개인정보보호법	정보통신망법
1. 개인정보보호책임자의 지정에 관한 사항	1. 개인정보관리책임자의 자격 요건 및 지정에 관한 사항
2. 개인정보보호책임자 및 개인정보취급자의 역할 및 책임에 관한 사항	2. 개인정보관리책임자와 개인정보취급자의 역할 및 책임에 관한 사항
3. 개인정보취급자에 대한 교육에 관한 사항	3. 개인정보 내부관리계획의 수립 및 승인에 관한 사항
4. 접근권한의 관리에 관한 사항	4. 개인정보의 기술적 · 관리적 보호조치 이행 여부의 내부 점검에 관한 사항
5. 접근 통제에 관한 사항	5. 개인정보처리업무를 위탁하는 경우 수탁자에 대한 관리 및 감독에 관한 사항
6. 개인정보의 암호화 조치에 관한 사항	6. 개인정보의 분실 · 도난 · 누출 · 변조 · 훼손 등이 발생한 경우의 대응 절차 및 방법에 관한 사항
7. 접속기록 보관 및 점검에 관한 사항	7. 그 밖에 개인정보보호를 위해 필요한 사항
8. 악성프로그램 등 방지에 관한 사항	+교육에 관한 사항 등[8]
9. 물리적 안전조치에 관한 사항	
10. 개인정보보호조직 구성 및 운영에 관한 사항	
11. 개인정보 유출사고 대응 계획 수립 · 시행에 관한 사항	
12. 위험도 분석 및 대응 방안 마련에 관한 사항	
13. 재해 및 재난 대비 개인정보처리시스템의 물리적 안전조치에 관한 사항	
14. 개인정보처리업무를 위탁하는 경우 수탁자에 대한 관리 및 감독에 관한 사항	
15. 그 밖에 개인정보보호를 위하여 필요한 사항	

4. 개인정보 파일 관리

개인정보파일을 신규 보유하게 되거나 다른 기관으로부터 제공받아 보유할 경우 개인정보파일대장을 작성하고 이를 행정안전부에 등록하도록 한다(「개인정보보호법」 제32조제1항).

개인정보파일 등록 시 포함 사항

- 개인정보파일의 명칭
- 개인정보파일의 운영 근거 및 목적
- 개인정보파일에 기록되는 개인정보의 항목
- 개인정보의 처리 방법
- 개인정보의 보유 기간
- 개인정보를 통상적 또는 반복적으로 제공하는 경우에는 그 제공받는 자
- 그 밖에 대통령령으로 정하는 사항

개인정보파일
개인정보를 쉽게 검색할 수 있도록 일정한 규칙에 따라 체계적으로 배열하거나 구성한 개인정보의 집합물(集合物)

개인정보파일을 행정안전부장관에게 등록해야 하는 대상은 다음과 같다.

개인정보 파일 등록 대상

- 중앙행정기관(대통령 소속 기관과 국무총리 소속 기관을 포함한다) 및 그 소속
  기관, 지방자치단체
- 「국가인권위원회법」에 따른 국가인권위원회
- 「공공기관의 운영에 관한 법률」에 따른 공공기관
- 「지방공기업법」에 따른 지방공사 및 지방공단
- 특별법에 의하여 설립된 특수법인
- 「초·중등교육법」, 「고등교육법」 및 그 밖의 다른 법률에 따라 설치된 각급 학교

한편 국회, 법원, 헌법재판소, 중앙선거관리위원회(그 소속 기관을 포함한다)의 개인
정보파일 등록 및 공개에 관하여는 국회규칙, 대법원규칙, 헌법재판소규칙 및 중앙선
거관리위원회규칙으로 정한다(법 제32조제6항).

이에 따라 국회, 법원, 헌법재판소, 중앙선거관리위원회 및 이들 기관의 소속 기관에
서 관리하는 개인정보파일(그 소속 기관을 포함한다)에서 관리하는 개인정보파일에
대해서는 이 법 및 표준지침에 따른 등록·공개 의무가 적용되지 아니한다.

다음의 어느 하나에 해당하는 개인정보파일에 대하여는 개인정보파일의 등록에 관
한 사항(「개인정보보호법」 제32조제1항)을 적용하지 아니한다.

- 국가 안전, 외교상 비밀, 그 밖에 국가의 중대한 이익에 관한 사항을 기록한 개인
  정보파일
- 범죄의 수사, 공소의 제기 및 유지, 형 및 감호의 집행, 교정 처분, 보호 처분, 보안
  관찰 처분과 출입국 관리에 관한 사항을 기록한 개인정보파일
- 「조세범처벌법」에 따른 범칙행위 조사 및 「관세법」에 따른 범칙행위 조사에 관한
  사항을 기록한 개인정보파일

- 공공기관의 내부적 업무 처리만을 위하여 사용되는 개인정보파일
- 다른 법령에 따라 비밀로 분류된 개인정보파일

또한 「개인정보보호법」 제58조제1항에 따라 적용이 제외되는 다음의 개인정보파일도 개인정보파일의 등록에 관한 사항(「개인정보보호법」 제32조제1항)을 적용하지 아니한다.

- 공공기관이 처리하는 개인정보 중 「통계법」에 따라 수집되는 개인정보파일
- 국가안전보장과 관련된 정보 분석을 목적으로 수집 또는 제공 요청되는 개인정보파일
- 공중위생 등 공공의 안전과 안녕을 위하여 긴급히 필요한 경우로서 일시적으로 처리되는 개인정보파일

다음의 개인정보파일도 개인정보파일의 등록에 관한 사항(「개인정보보호법」 제32조제1항)을 적용하지 아니한다(표준관리지침 제50조).

① 영상정보처리기기를 통하여 처리되는 개인영상 정보파일. 다만, 공공기관에서 CCTV 등 영상정보 처리기기를 통하여 생성·운용되는 자료는 대부분 시간대별로 일정한 장소를 계속하여 촬영한 것으로서, 이는 개인정보를 쉽게 검색할 수 있도록 일정한 규칙에 따라 체계적으로 배열하거나 구성한 개인정보의 집합물인 '개인정보파일'로 보기 어렵기 때문에 공공기관에서 영상정보 처리기기를 통하여 촬영한 자료는 개인정보파일 등록·공개 의무에서 제외된다.
② 자료·물품 또는 금전의 송부, 1회성 행사 수행 등의 목적만을 위하여 운용하는 경우로서 저장하거나 기록하지 않고 폐기할 목적으로 수집된 개인정보파일
③ 「금융실명거래 및 비밀보장에 관한 법률」에 따른 금융기관이 금융 업무 취급을 위해 보유하는 개인정보파일

개인정보파일을 운용하는 공공기관의 개인정보보호책임자는 그 현황을 행정안전부에 등록하여야 한다(표준관리지침 제51조).

중앙행정기관, 광역자치단체, 특별자치시도, 기초자치단체는 행정안전부에 직접 등록하여야 한다. 교육청 및 각급 학교 등은 교육부를 통하여 행정안전부에 등록하여야 한다. 중앙행정기관 및 지방자치단체의 소속 기관, 기타 공공기관은 상위 관리기관을 통하여 행정안전부에 등록하여야 한다.

개인정보파일 등록 또는 변경 신청을 받은 개인정보보호책임자는 등록·변경 사항을 검토하고 그 적정성을 판단한 후 행정안전부에 60일 이내에 등록하여야 한다.

교육청 및 각급 학교 등의 개인정보보호책임자는 교육부에 위에 기재한 사항에 따른 등록·변경 사항의 검토 및 적정성 판단을 요청한 후, 교육부의 확인을 받아 행정안전부에 60일 이내에 등록하여야 한다.

중앙행정기관 및 지방자치단체의 소속 기관, 기타 공공기관은 상위 관리기관에 제1항에 따른 등록·변경 사항의 검토 및 적정성 판단을 요청한 후, 상위 관리기관의 확인을 받아 행정안전부에 60일 이내에 등록하여야 한다.

개인정보파일을 운용하는 공공기관의 개인정보취급자는 해당 공공기관의 개인정보보호책임자에게 개인정보파일 등록을 신청하여야 한다(표준관리지침 제52조).

개인정보파일을 운용하는 공공기관의 장은 그 운용을 시작한 날부터 60일 이내에 행정안전부령으로 정하는 바에 따라 행성안전부장관에게 등록사항의 등록을 신청하여야 한다. 등록 후 등록사항이 변경된 경우에도 또한 같다(영 제34조제1항).

행정안전부장관은 해당 공공기관의 장에게 개선을 권고한 경우, 그 내용 및 결과에 대하여 개인정보보호위원회의 심의·의결을 거쳐 공표할 수 있도록 하고 있다(표준지침 제57조제4항).

행정안전부장관은 공공기관의 개인정보파일 등록·파기 현황에 대한 점검을 실시할 수 있다(표준지침 제57조제5항).

새로운 시스템 연계나 추가 개인정보 수집 등으로 개인정보파일이 변경될 경우, 행정안전부에 등록하고 개인정보파일대장에 그 사실을 반영한다(표준지침 제57조).

개인정보취급자는 등록한 사항이 변경된 경우에는 시행규칙 제3조제2항에 따른 별지 제2호 서식의 '개인정보파일 등록 · 변경등록 신청서'를 활용하여 개인정보보호책임자에게 변경을 신청하여야 한다(표준지침 제56조제3항).

특별지방행정기관, 지방자치단체, 교육기관(학교 포함) 등 전국적으로 단일한 공통 업무를 집행하고 있는 기관은 각 중앙행정기관에서 제공하는 '개인정보파일 표준목록'에 따라 등록해야 한다(표준지침 제54조제1항).

전국 단일의 공통 업무와 관련된 개인정보파일 표준목록은 해당 중앙부처에서 등록 · 관리해야 한다(표준지침 제54조제2항).

개인정보파일의 보유 · 파기 현황을 주기적으로 조사하여 그 결과를 해당 공공기관의 개인정보처리 방침에 포함하여 관리해야 한다.

공공기관은 개인정보파일의 보유 기간 경과, 처리 목적 달성 등 개인정보파일이 불필요하게 되었을 때에는 지체 없이 그 개인정보파일을 파기하여야 한다. 다만, 다른 법령에 따라 보존하여야 하는 경우에는 그러하지 아니하다.

공공기관은 개인정보파일의 보유 기간, 처리 목적 등을 반영한 개인정보 파기계획을 수립 · 시행하여야 한다. 다만 영 제30조제1항제1호에 따른 내부관리계획이 수립되어 있는 경우에는 내부관리계획에 개인정보 파기계획을 포함하여 시행할 수 있다.

개인정보취급자는 보유 기간 경과, 처리 목적 달성 등 파기 사유가 발생한 개인정보파일을 선정하고, 별지 제4호 서식에 따른 개인정보파일 파기요청서에 파기 대상 개인정보파일의 명칭, 파기 방법 등을 기재하여 개인정보보호책임자의 승인을 받아 개인정보를 파기하여야 한다.

개인정보보호책임자는 개인정보 파기 시행 후 파기 결과를 확인하고 별지 제5호 서식에 따른 개인정보파일 파기 관리대장을 작성하여야 한다.

개인정보취급자는 표준관리지침 제55조에 따라 개인정보파일을 파기한 경우「개인정보보호법」제32조에 따른 개인정보파일의 등록 사실에 대한 삭제를 개인정보보호책임자에게 요청해야 한다.

개인정보파일 등록의 삭제를 요청받은 개인정보보호책임자는 그 사실을 확인하고, 지체 없이 등록 사실을 삭제한 후 그 사실을 행정안전부에 통보한다.

[별지 제4호 서식] 개인정보파일 파기 요청서

작성일		작성자	
파기 대상 개인정보파일			
생성일자		개인정보취급자	
주요 대상 업무		현재 보관 건수	
파기 사유			
파기 일정			
특기사항			
파기 승인일		승인자 (개인정보보호책임자)	
파기 장소			
파기 방법			
파기 수행자		입회자	
폐기 확인 방법			
백업 조치 유무			
매체 폐기 여부			

[별지 제5호 서식] 개인정보파일 파기 관리대장

번호	개인정보 파일명	자료의 종류	생성일	폐기일	폐기 사유	처리담당자	처리부서장

행정안전부장관은 개인정보파일의 등록 현황을 누구든지 쉽게 열람할 수 있도록 공개하여야 한다. 이를 위해 행정안전부장관은 개인정보파일의 등록 현황을 인터넷 홈페이지에 게재하여야 한다(영 제34조제2항.)

현재 행정안전부장관은 '개인정보파일등록·공개 시스템(www.privacy.go.kr)'을 구축·운영(개인정보파일 목록 검색)하고 있으며, 이를 통해 국민들은 각 공공기관이 등록한 개인정보파일의 등록사항을 열람할 수 있고 각 공공기관은 개인정보파일 등록 업무를 손쉽고 간편하게 수행할 수 있도록 지원하고 있다.

개인정보를 제3자에게 제공하는 경우, '개인정보 목적 외 이용·제공대장'으로 기록·관리한다.

개인정보가 목적 외의 용도로 이용되는 경우에는 '개인정보 목적 외 이용·제공대장'으로 기록·관리한다.

공공기관은 개인정보파일에 대해 대장을 작성하여 관리할 필요가 있다. 이를 위해 공공기관은 1개의 개인정보파일에 1개의 개인정보파일대장을 작성하여 관리하여야 한다. 또한 공공기관은 제3자가 개인정보파일의 이용·제공을 요청한 경우에는 각각의 이용·제공 가능 여부를 확인하고 '개인정보 목적 외 이용·제공대장(표준지침 별지 제6호 서식)'에 기록하여 관리하여야 한다.

개인정보취급자는 「개인정보보호법」 제59조에 따라 개인정보파일을 파기한 경우 「개인정보보호법」 제32조(개인정보파일의 등록 및 공개)에 따른 개인정보파일의 등록 사실에 대한 삭제를 개인정보보호책임자에게 요청해야 한다(표준지침 제60조제1항). 개인정보파일 등록 삭제를 요청받은 개인정보보호책임자는 그 사실을 확인하고, 지체 없이 등록 사실을 삭제한 후 그 사실을 행정안전부에 통보한다(표준지침 제60조제2항).

개인정보 목적 외 이용
개인정보를 수집한 목적의 범위를 초과하여 이용하는 경우로 「개인정보보호법」 제18조(또는 영 제15조)에서 정한 경우에는 목적 외 이용이 가능함(단, 정보주체 또는 제3자의 이익을 부당하게 침해할 우려가 있을 때는 제외함).

5. 개인정보처리 방침

    개인정보처리 방침은 개인정보처리자가 개인정보처리에 관한 내부 방침을 정해 공개한 자율규제 장치의 일종이다. 이를 통해 개인정보처리자는 개인정보처리에 관한 투명성을 높일 수 있고, 정보주체는 개인정보처리자가 자신의 개인정보를 어떻게 처리하고 있는지를 비교·확인할 수 있다.

    개인정보처리 방침이란 기관에서 보유하고 있는 개인정보파일에 대한 기관의 처리 방침에 대한 사항으로, 개인정보처리자는 개인정보처리 방침을 수립하여 인터넷 홈페이지 또는 관보 등에 게재하여 이용자가 쉽게 찾아볼 수 있도록 해야 하며, 개인정보처리 방침은 다음과 같은 사항들을 포함한다(「개인정보보호법」제30조).

- 개인정보의 처리 목적
- 개인정보의 처리 및 보유 기간
- 개인정보의 제3자 제공에 관한 사항(해당되는 경우에만 정한다)
- 개인정보처리의 위탁에 관한 사항(해당되는 경우에만 정한다)
- 정보주체와 법정대리인의 권리·의무 및 그 행사 방법에 관한 사항
- 제31조에 따른 개인정보보호책임자의 성명 또는 개인정보보호업무 및 관련 고충 사항을 처리하는 부서의 명칭과 전화번호 등 연락처
- 인터넷 접속정보파일 등 개인정보를 자동으로 수집하는 장치의 설치·운영 및 그

거부에 관한 사항(해당하는 경우에만 정한다)

- 처리하는 개인정보의 항목
- 개인정보의 파기에 관한 사항
- 시행령 제30조에 따른 개인정보의 안전성 확보조치에 관한 사항

개인정보처리자는 개인정보보호책임자의 성명, 부서의 명칭, 전화번호 등 연락처를 개인정보처리 방침에 명시하고 정보주체가 언제든지 쉽게 확인할 수 있도록 공개해야 하며, 개인정보보호책임자가 변경된 경우에도 변경 사항을 지체 없이 공개해야 한다(시행령 제32조).

다만 업무의 효율적 처리를 위해 개인정보보호책임자의 직통 연락처를 기재하여야 하는 것은 아니며, 개인정보보호와 관련한 고충 처리 및 상담을 책임지고 실제로 처리할 수 있는 연락처를 공개하면 된다. 또한 실무를 맡고 있는 개인정보 취급자의 성명 및 연락처를 기재하여도 된다.

필수 기재사항 외에도 임의 기재사항으로 정보주체의 권익 침해에 대한 구제 방법, 개인정보 열람청구를 접수 · 처리하는 부서 등을 포함할 수 있다(표준지침 제38조).

정보주체가 쉽게 확인할 수 있도록 개인정보파일명, 처리 목적, 개인정보 항목, 보유 기간 등 보유 · 파기 현황을 처리 방침에 포함하여 관리한다(표준지침 제37조).

개인정보처리 방침에 개인정보 제3자 제공 · 위탁에 관한 내용을 포함한다(표준지침 제37조).

개인정보처리 방침에 법적 요건이 포함되어 있는지 확인하는 것으로 정보주체의 권리 · 의무 및 그 행사방법에 관한 내용을 포함한다(표준지침 제37조).

제3자 제공, 개인정보처리위탁

* 제3자 제공: 마케팅, 홍보 판촉, 콜센터 대행 등의 업무로 개인정보를 수집한 주체가 아닌 다른 주체에게 개인정보를 제공 하는 것으로 제3자 제공에 대한 정보주체의 동의를 반드시 받아야 함
* 개인정보처리위탁: 해당기관의 개인정보의 처리에 대한 업무를 다른 기관, 회사 등에 용역을 주어 개인정보처리 업무를 대신하도록 하는 것

정보주체의 권리(「개인정보보호법」 제4조)

- 개인정보의 처리에 관한 정보를 제공받을 권리
- 개인정보의 처리에 관한 동의 여부, 동의 범위 등을 선택하고 결정할 권리
- 개인정보의 처리 여부를 확인하고 개인정보에 대하여 열람(사본 발급 포함)을 요구할 권리
- 개인정보의 처리 정지, 정정·삭제 및 파기를 요구할 권리
- 개인정보의 처리로 인하여 발생한 피해를 신속하고 공정한 절차에 따라 구제받을 권리 등

개인정보처리 방침에 법적 요건이 포함되어 있는지 확인하는 것으로 개인정보의 안전성 확보조치에 관한 아래의 내용을 포함한다(시행령 제30조제1항).

- 개인정보의 안전한 처리를 위한 내부 관리계획의 수립·시행
- 개인정보에 대한 접근 통제 및 접근 권한의 제한 조치
- 개인정보를 안전하게 저장·전송할 수 있는 암호화 기술의 적용 또는 이에 상응하는 조치
- 개인정보 침해사고 발생에 대응하기 위한 접속 기록의 보관 및 위조·변조 방지를 위한 조치
- 개인정보에 대한 보안프로그램의 설치 및 갱신
- 개인정보의 안전한 보관을 위한 보관 시설의 마련 또는 잠금 장치의 설치 등 물리적 조치 등

개인정보처리자가 개인정보처리 방침을 수립하거나 변경하는 경우에는 정보주체가 쉽게 확인할 수 있도록 대통령령으로 정하는 방법에 따라 공개하여야 한다(「개인정보보호법」 제30조제2항). 개인정보처리 방침의 내용과 개인정보처리자와 정보주체 간에 체결한 계약의 내용이 다른 경우에는 정보주체에게 유리한 것을 적용한다.

6. 안전조치의무

개인정보는 한번 유출 · 위조 · 변조 · 훼손되면 원래 상태로의 복구가 상당히 곤란
하다. 그렇기 때문에 개인정보는 유출 등의 피해에 대한 사후 구제나 대응보다는 사전

[그림3] 개인정보의 보호를 위한 안전조치[9]

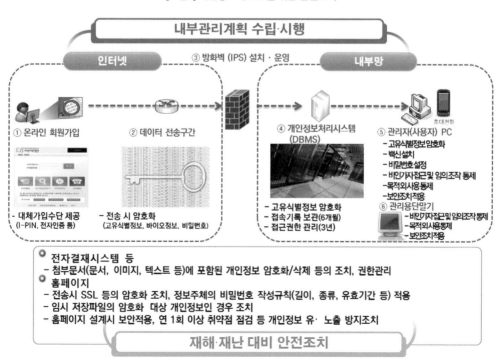

2장_ 개인정보보호 관리체계 **145**

예방이 무엇보다 중요하다. 개인정보가 분실·도난·유출·위조·변조 또는 훼손되지 않도록 적절한 안전성 확보조치를 세우고 이를 실행하는 것이 개인정보보호의 가장 기본적 요건이라고 할 수 있다. 이를 위하여 개인정보보호법(「개인정보보호법」 제29조~제34조) 및 시행령, 고시에서는 개인정보의 안전성 확보에 필요한 구체적 기준을 명시하고 있다. 개인정보의 유출 등 피해를 막기 위한 조치로서 조직·인력 등에 대한 관리적 보호조치, 개인정보처리시스템 등에 대한 기술적 보호조치, 개인정보가 보관된 장소나 매체에 대한 물리적 보호조치를 규정하고 있다.

(1) 관리적 보호조치

개인정보처리자는 개인정보의 안전한 관리를 위한 개인정보보호계획(내부관리계획)의 수립·시행 등 관리적 보호조치를 강구하여야 한다. 개인정보처리자 및 개인정보보호책임자는 조직 구성원에게 대상 기관의 개인정보보호 정책을 전달하고 보안 인식 제고를 위한 교육계획을 수립한다. 교육계획은 교육 대상 및 목적, 교육 내용, 일정 및 방법 등을 구체적으로 규정하고, 개인정보보호 전반에 관한 일반적·전문적 내용을 포함한다.

각 기관은 여러 가지 여건을 고려하여 기관의 상황에 알맞은 연간 개인정보보호계획(내부관리계획)을 수립해야 하며 [표5]에 따라 다음의 내용을 포함한다.[10]

- 개인정보보호책임자의 지정
- 개인정보보호책임자 및 개인정보취급자의 역할 및 책임
- 개인정보의 안전성 확보에 필요한 기술적·물리적·관리적 조치
- 개인정보취급자에 대한 교육 등

[표5] 안전조치의무

구분		평가 항목	의무/권고
정책기반 (관리적조치)	개인정보보호 정책 및 자원	개인정보보호 업무 수행조직 파악	권고
		개인정보보호 위한 기반(예산편성 등) 마련 현황 파악	권고
		개인정보보호책임자 지정	의무
		개인정보보호책임자는 교육, 관리 · 감독 등 역할 수행	의무
		내부관리계획 수립	유형1:권고
			유형2,3:의무
		내부 감사(관리 · 감독 등) 수행	권고
	개인정보보호 교육	개인정보보호책임자 교육 수행	의무
		개인정보보호 교육 수행	의무
		업무위탁 시 수탁자 교육 수행	의무
	개인정보처리 방침	개인정보처리 방침 공개	의무
		개인정보처리 방침의 내용(처리 및 보유 기간, 위탁 사항 등)의 적절성	의무
		변경 내용의 지속적인 공개 및 이력 관리	의무
	개인정보 영향평가	영향평가 대상성 확인	권고
		영향평가 수행계획 수립	권고
		영향평가 수행	권고
기술기반 (기술적 보호조치)	개인정보처리 시스템 보안 운영	개인정보처리시스템의 백신소프트웨어설치 · 운영	의무
		침입 차단(F/W) · 방지(IPS) · 탐지(IDS) 등 접근 통제시스템 설치 · 운영	의무
		개인정보처리 시스템의 비인가 접근 등에 대한 모니터링 수행	의무
		인터넷 홈페이지 취약점 점검 등 수행	의무
	개인정보처리 시스템의 접근 통제	개인정보처리시스템의 중요도(민감도) 및 업무 연관성 등 고려한 담당자별 차등 접근권한 절차 마련	의무
		전보 또는 퇴직 인력에 대한 개인정보처리시스템의 접근권한 즉시 삭제 절차 마련	의무
		접근권한 부여 · 변경 · 말소에 대한 이력 관리 수행 및 최소 3년간 보관	의무
		비밀번호 작성 규칙 수립 및 개인정보처리시스템 적용	의무
		비인가된 P2P, 웹하드, 공개된 무선망 등 공유 설정에 대한 차단	의무
		개인정보처리시스템 접근 관련, 개인정보취급자별로 사용자계정 발급 및 사용자 인증(PKI, IP제한 등) 절차 마련	의무
		전산실, 자료보관실 등 개인정보 취급 공간에 대한 출입통제 절차 수립 · 운영	의무
		개인정보가 포함된 서류 및 저장매체(USB, CD) 등에 대한 보안 대책 마련	의무

구분		평가 항목	의무/권고
		계정정보 또는 비밀번호 일정 횟수 이상 잘못 입력 시 접근 제한 필요적 기술 조치	의무
		일정 시간 이상의 업무처리 중지 시 자동 시스템 접속 차단 실시	의무
	개인정보 암호화	고유식별정보(주민등록번호, 여권번호 등), 비밀번호, 바이오정보(지문, 얼굴 등) 암호화	의무
		비밀번호는 일방향 암호화 적용 · 저장	의무
		개인정보 암호화 시 안전한 알고리즘 사용	의무
		사용자 단말기부터 웹서버 구간 간 암호화 적용	의무
		사용자 단말기에 저장된 개인정보파일 암호화	의무
		암호화된 개인정보의 안전한 보관 위한 안전한 암호키 생성, 이용, 보관, 배포 및 파기 등에 관한 절차 수립 · 시행	의무
	개인정보처리 시스템 로그 관리	개인정보처리시스템 접속기록 6개월 이상 보관 · 관리	의무
		개인정보처리시스템 접속 기록의 위 · 변조 및 도난, 분실 방지 위한 안전 보관	의무
		개인정보처리시스템의 접속 기록 점검 및 후속조치 반기별로 1회 이상 수행	의무

(2) 기술적 보호조치

개인정보처리자는 개인정보의 안전한 관리를 위하여 개인정보에 대한 접근 통제 및 접근권한의 세한 조치와 개인정보를 안전하게 저장 · 전송할 수 있는 암호화 기술의 적용 또는 이에 상응하는 조치, 개인정보 침해사고의 발생에 대응하기 위한 접속기록의 보관 및 위조 · 변조 방지를 위한 조치, 개인정보에 대한 보안프로그램의 설치 및 갱신 등 기술적 보호조치를 강구하여야 한다.

공공기관, 사업자 등 개인정보처리자는 정보통신망을 통한 불법적인 접근 및 침해 사고 방지를 위해 IP 주소를 통해 비인가자의 접근을 차단할 수 있는 보안시스템을 설치 · 운영해야 한다. 이를 위해 개인정보처리자는 개인정보처리시스템에 대한 접속 권한을 IP(Internet Protocol)주소 등으로 제한하여 인가받지 않은 접근을 제한하고 개인정보처리시스템에 접속한 IP주소 등을 분석하여 불법적인 개인정보 유출 시도를 탐지하는 등의 조치를 취하여야 한다.

개인정보처리자는 개인정보취급자가 정보통신망을 통해 외부에서 개인정보처리시스템에 접속하려는 경우 가상사설망(VPN, Virtual Private Network) 또는 전용선 등 안전한 접속수단을 적용하거나 안전한 인증수단을 적용하여야 한다.

개인정보처리자는 취급 중인 개인정보가 인터넷 홈페이지, P2P, 공유 설정, 공개된 무선망 이용 등을 통하여 열람 권한이 없는 자에게 공개되거나 유출되지 않도록 개인정보처리시스템, 업무용 컴퓨터, 모바일 기기 및 관리용 단말기 등에 접근 통제 등에 관한 조치를 하여야 한다.[11]

고유식별정보를 처리하는 개인정보처리자는 인터넷 홈페이지를 통해 고유식별정보가 유출 · 변조 · 훼손되지 않도록 연 1회 이상 취약점을 점검하고 필요한 보완조치를 하여야 한다. 개인정보처리자는 개인정보처리시스템에 대한 불법적인 접근 및 침해사고 방지를 위하여 개인정보취급자가 일정 시간 이상 업무 처리를 하지 않는 경우에는 자동으로 시스템 접속이 차단되도록 하여야 한다.[12]

개인정보처리자가 별도의 개인정보처리시스템을 이용하지 아니하고 업무용 컴퓨터 또는 모바일 기기를 이용하여 개인정보를 처리하는 경우에는 업무용 컴퓨터 또는 모바일 기기의 운영체제(OS, Operating System)나 보안프로그램 등에서 제공하는 접근 통제 기능을 이용할 수 있다. 개인정보처리자는 업무용 모바일 기기의 분실 · 도난 등으로 개인정보가 유출되지 않도록 해당 모바일 기기에 비밀번호 설정 등의 보호조치를 하여야 한다.

개인정보처리자는 고유식별정보, 비밀번호, 바이오정보를 정보통신망을 통하여 송신하거나 보조저장매체 등을 통하여 전달하는 경우에는 이를 암호화하여야 한다.

개인정보처리자는 비밀번호 및 바이오정보를 암호화하여 저장하여야 한다. 다만 비밀번호를 저장하는 경우에는 복호화되지 아니하도록 일방향 암호화하여 저장하여야 한다. 개인정보처리자는 인터넷 구간 및 인터넷 구간과 내부망의 중간 지점(DMZ, Demilitarized Zone)에 고유식별정보를 저장하는 경우에는 이를 암호화하여야 한다.

개인정보처리자가 내부망에 고유식별정보를 저장할 때「개인정보보호법」제33조에 따른 개인정보 영향평가의 대상이 되는 공공기관의 경우에는, 해당 개인정보 영향평가의 결과에 대하여 암호화 미적용 시 위험도 분석에 따른 결과 기준에 따라 암호화의 적용 여부 및 적용 범위를 정하여 시행할 수 있다.

개인정보처리자는 개인정보를 암호화하는 경우 안전한 암호알고리즘으로 암호화하여 저장하여야 한다. 개인정보처리자는 암호화된 개인정보를 안전하게 보관하기 위하여 안전한 암호 키 생성, 이용, 보관, 배포 및 파기 등에 관한 절차를 수립·시행하여야 한다. 개인정보처리자는 업무용 컴퓨터 또는 모바일 기기에 고유식별정보를 저장하여 관리하는 경우 상용 암호화 소프트웨어 또는 안전한 암호화 알고리즘을 사용하여 암호화한 후 저장하여야 한다.

개인정보처리자는 개인정보취급자가 개인정보처리시스템에 접속한 기록을 1년 이상 보관·관리하여야 한다. 다만, 5만 명 이상의 정보주체에 관하여 개인정보를 처리하거나, 고유식별정보 또는 민감정보를 처리하는 개인정보처리시스템의 경우에는 2년 이상 보관·관리하여야 한다.[13] 정보통신사업자의 경우 5만 명 이상의 정보주체에 관하여 개인정보를 처리하거나, 고유식별정보 또는 민감정보를 처리하는 개인정보처리시스템의 경우에는 2년 이상 보관·관리하여야 한다.

개인정보처리자는 다음에 제시하는 5가지 필수기록항목의 정보를 반드시 기록하여야 하며, 개인정보처리자가 처한 환경이 각 조직별로 상이하므로, 필수 항목 외에 개인정보처리자의 업무 환경에 따라 책임추적성 확보에 필요한 항목은 추가로 기록해야 한다.

신종·변종 악성프로그램이 유포됨에 따라 개인정보처리자는 안전한 개인정보의 관리를 위해 실시간으로 백신 상태를 최신의 업데이트 상태로 적용하여 유지하여야 하며, 특히 대량의 개인정보를 처리하거나 민감한 정보 등 중요도가 높은 개인정보를 처리하는 경우에는 키보드, 화면, 메모리해킹 등 신종 악성프로그램에 대해 대응할 수 있도록 보안프로그램을 운영할 필요가 있다. 만약 위의 접속기록을 관리하며 개인정보를 불법적인 방법으로 다운로드한 것이 발견되었을 경우에는 내부관리계획으로 정하는 바에 따라 그 사유를 반드시 확인하여야 한다.

개인정보처리자는 개인정보의 오·남용, 분실·도난·유출·위조·변조 또는 훼손 등에 대응하기 위하여 개인정보처리시스템의 접속기록 등을 월 1회 이상 점검하여야 한다.

[표6] 접속기록 항목 예시

필수기록항목	설명
계정	개인정보처리시스템에서 접속자를 식별할 수 있도록 부여된 ID 등 계정 정보
접속일시	접속한 시간 또는 업무를 수행한 시간(년−월−일, 시:분:초)
접속지 정보	접속한 자의 PC, 모바일기기 등 단말기 정보 또는 서버의 IP주소 등 접속 주소
처리한 정보주체 정보	개인정보취급자가 누구의 개인정보를 처리하였는지를 알 수 있는 식별정보(ID, 고객번호, 학번, 사번 등)
수행 업무	개인정보취급자가 개인정보처리시스템을 이용하여 개인정보를 처리한 내용을 알 수 있는 정보(수집, 생성, 연계, 연동, 기록, 저장, 보유, 가공, 편집, 검색, 출력, 정정, 복구, 이용, 제공, 공개, 파기 등)

개인정보처리자는 악성프로그램 등을 방지 · 치료할 수 있는 백신 소프트웨어 등의 보안프로그램을 설치 · 운영하여야 하며, 다음 사항을 준수하여야 한다.

- 보안프로그램의 자동 업데이트 기능을 사용하거나, 일 1회 이상 업데이트를 실시하여 최신의 상태로 유지
- 악성프로그램 관련 경보가 발령된 경우 또는 사용 중인 응용 프로그램이나 운영체제 소프트웨어의 제작업체에서 보안 업데이트 공지가 있는 경우 즉시 이에 따른 업데이트 실시
- 발견된 악성프로그램 등에 대해 삭제 등 대응 조치

개인정보처리자는 개인정보취급자 또는 정보주체가 안전한 비밀번호를 설정하여 이행할 수 있도록 비밀번호 작성규칙을 수립하여 적용하여야 한다. 또한 개인정보처리자는 권한 있는 개인정보취급자만이 개인정보처리시스템에 접근할 수 있도록 계정정보 또는 비밀번호를 일정 횟수 이상 잘못 입력한 경우 개인정보처리시스템에 대한 접근을 제한하는 등 필요한 기술적 조치를 하여야 한다(「개인정보의 안전성 확보조치 기준」 제5조제6항).[14]

개인정보취급자나 정보주체가 생일, 전화번호 등 추측하기 쉬운 숫자나 문자 등을 비밀번호로 이용하지 않도록 비밀번호 작성규칙을 수립하고 개인정보처리시스템에

[그림4] 망분리 구분(예시)[15]

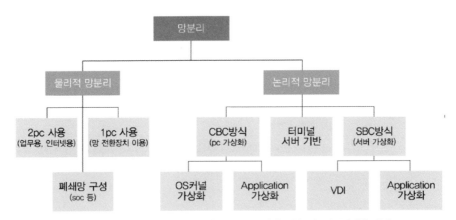

※ 컴퓨터는 물리적으로 분리하되, 네트워크는 하나의 회선을 가상화하여 분리하는 하이브리드 망 분리 방식도 존재

적용함으로써, 개인정보에 대한 안전한 접근 통제를 달성할 수 있다.

개인정보처리자는 개인정보 유출 등 개인정보 침해사고 방지를 위하여 관리용 단말기에 대해 인가받지 않은 사람이 접근하여 임의로 조작하지 못하도록 조치하고, 본래 목적 외로 사용되지 않도록 조치하며, 악성프로그램 감염 방지 등을 위한 보안조치 적용과 같은 안전조치를 하여야 한다.

정보통신사업자와 관련해서는, 전년도 말 기준 직전 3개월간 그 개인정보가 저장·관리되고 있는 이용자 수가 일일 평균 100만 명 이상이거나 정보통신서비스 부문 전년도(법인인 경우에는 전 사업연도를 말한다) 매출액이 100억 원 이상인 정보동신시비스 제공자 등은 개인정보처리시스템에서 개인정보를 다운로드 또는 파기할 수 있거나 개인정보처리시스템에 대한 접근권한을 설정할 수 있는 개인정보취급자의 컴퓨터 등을 물리적 또는 논리적으로 망분리하여야 한다.

(3) 물리적 보호조치

개인정보처리자는 개인정보의 안전한 관리를 위하여 물리적 보호조치를 강구하여야 한다. 개인정보처리자는 전산실, 자료보관실 등 개인정보를 보관하는 물리적 보관 장소를 별도로 두고 있는 경우에는 이에 대한 출입통제 절차를 수립·운영하여야 한다. 개인정보처리자는 개인정보가 포함된 서류, 보조저장매체 등을 잠금장치가 있는 안전한 장소에 보관하여야 한다.

안전한 비밀번호를 만드는 방법

- 안전한 비밀번호를 작성하기 위해서는 일반적으로 그 비밀번호를 구성하는 문자 의 종류에 따라 최소 10자리 또는 8자리 이상의 길이로 구성하여야 한다.
  → 최소 10자리 이상: 영대문자(A~Z, 26개), 영소문자(a~z, 26개), 숫자(0~9, 10개) 및 특수문자(32개) 중 2종류 이상으로 구성
  → 최소 8자리 이상: 영대문자(A~Z, 26개), 영소문자(a~z, 26개), 숫자(0~9, 10개) 및 특수문자(32개) 중 3종류 이상으로 구성

- 추측하기 어려운 비밀번호를 생성해야 하며, 비밀번호에 유효기간을 설정하고 주기적으로 변경할 필요가 있다.
  → 생성한 비밀번호에 12345678 등과 같은 일련번호, 전화번호 등과 같은 쉬운 문자열이 포함되지 않아야 함
  → love, happy 등과 같은 잘 알려진 단어 또는 키보드 상에서 나란히 있는 문자 열도 포함되지 않아야 함

7. 개인정보 영향평가

(1) 개인정보 영향평가의 의의

영향평가는 「개인정보보호법」 제33조에 따라 공공기관은 의무사항이며, 민간 분야의 경우 적극적 권고사항이다.

'개인정보 영향평가(Privacy Impact Assessment, PIA)'란 개인정보 수집·활용이 수반되는 사업 추진 시 개인정보 오남용으로 인한 프라이버시 침해 위험이 잠재되어 있지 않은지를 조사·예측·검토하고 개선하는 제도이다. 즉, 정보주체의 개인정보 침해가 우려되는 경우에 그 위험요인을 분석하고 개선사항을 도출하기 위한 평가이다.

개인정보영향평가를 시행하는 이유는 개인정보파일을 새로 구축하거나 변경하고자 할 때 미리 해당 파일의 내용에 법령 위반 소지는 없는지, 또는 해당 파일에 사생활 침해 위험이 잠재되어 있지는 않은지 등을 조사·평가하여 개인정보파일에 대한 정보주체의 신뢰를 확보하고 개인정보 피해 예방 및 안전성을 확보하기 위함이다.

기본적으로 개인정보의 처리가 자연인의 권리와 자유에 높은 위험을 초래할 수 있는 경우 개인정보 영향평가를 항상 수행하여야 한다.[16] 이런 점에서 PIA는 PbD를 구현하기 위한 방법 중 하나라 할 수 있다.

[그림5] PIA의 일반적인 운영 구조

프라이버시권의 의미

1. **고전적 의미:** 주로 불법 행위에 의해 개인의 평화와 평온을 방해하는 것에 대한 개인의 불가침권인 '혼자있을 권리'로 주장되고 있으며, 19세기 후반부터 논의가 시작되어, 매스미디어 등과 관련된 개인정보라고도 하며, '개인의 사생활이 공개되지 않을 권리'로 인식되는 경우가 많음.

2. **현대적 의미:** 정보 기술의 발전에 따라 컴퓨터에 대량의 개인 데이터를 처리 할 수 있게 됨에 따라 "자기 정보의 흐름을 제어할 수 있는 권리(자기 정보 통제 권한)"로 그 개념이 변화되어 이해되고 있음.

세계 전역으로 실시대상 확대

2018 이후

· GDPR 실시 후 전세계의 공공기관과 민간분야 실시 및 평가영역이 양적, 질적 평가로 범위확대 예상

일부 국가 공공분야 의무적 실시

2002~ 2017

· 2002년 전자정부법을 시행하며, 2003년 9월 26일 OMB(Office of Management and Budget: 관리예산처)에서 프라이버시 조항을 시행하기 위한 OMB지침 시행(공공기관 의무화),
· PIA ISO 국제표준통과(2002년, 이후 2017년 7월 전면적 PIA 실시에 관한 국제표준 ISO/IEC 29134 제정

캐나다 PIA 도입

1998~ 1999

· 1998년 캐나다 온타리오 주에서 신규정보시스템 프로젝트의 일환으로 PIA 실시 필요성 제기
· 1999년 앨버타 건강정보공개법에서 공공기관의 건강의료분야 PIA 실시 의무화

개인정보영향평가 제도 논의 시작

1990년대 중반

· 1990년대 중반부터 영국의 Common Law 개념에 근거해 영미법계 국가(예: 캐나다, 뉴질랜드, 호주 등)에서 개인정보의 보호 필요성에 따른 개인정보영향 평가 논의 전개
· 미국: 환경보전에 대한 사전평가 방법을 차용해 미국의회기술평가국(OTA: Office of Technology Assesment)에서 실시해온 기술평가가 바탕이 되어 논의 전개 (1972-1995년)

프라이버시 보호 필요성 증대

1990년대 이전

· 호주: 1987년 국민 ID카드의 도입 후 연방개인정보호법의 개정을 통해, 1988년부터 PIA실시에 관심 증대

개인정보보호프레임워크와 평가를 바탕으로 시스템 설계 사양을 검토하고 기술적으로 개인 정보보호 문제 해결 도모

개인정보보호프레임워크를 바탕으로 시스템의 데이터 흐름 분석 및 평가시트 등을 이용해 개인 정보 영향 분석 실시

법률·지침·규칙·계약상의무 기존의 정책 등을 바탕으로 개인정보보호의 적정성 및 PIA 필요성 검토

이행단계

영향평가 수행단계

영향평가 사전분석 단계

법정책적 타당성 검토 → 운영 상 적정성 검토 → 기술적 보완 사항 등 점검

예비 PIA

개인정보파일 또는 대상 시스템이 PIA 실시를 필요로 하는지 여부를 판단하는 예비 PIA 실시

PIA

개인정보파일 또는 대상시스템의 운용 등에 따른 개인의 프라이버시 보호에 대한 영향 및 부작용을 완화 또는 방지하는 방법을 결정하는 프로세스

(2) 영향평가 대상 개인정보파일

공공 부문의 경우 전자정부 추진으로 개인정보를 대량으로 시스템화하여 상호 연동하는 등 개인정보 침해 우려가 높으므로, 행정정보 공유 및 전자정부 추진 사업의 신뢰성을 제고하기 위하여 영향평가를 의무화하고 있다.

다만 공공기관이 구축·운용·변경하는 모든 개인정보파일에 대하여 영향평가를 실시하게 하는 것은 예산 낭비를 초래할 수 있으므로 다음에 해당하는 개인정보파일에 한하여 영향평가를 의무화하고 있다.

- 민감정보 또는 고유식별정보의 처리가 수반되는 개인정보파일: 구축·운용 또는 변경하려는 개인정보파일에 5만 명 이상의 정보주체에 관한 개인정보가 포함된 경우
- 다른 개인정보파일과 연계하려는 경우: 해당 공공기관 내부 또는 외부에서 구축·운용하고 있는 다른 개인정보파일과 연계한 결과 50만 명 이상의 정보주체에 관한 개인정보가 포함된 경우
- 일반적인 개인정보파일: 구축·운용 또는 변경하려는 개인정보파일에 100만 명이상의 정보주체에 관한 개인정보가 포함된 경우
- 영향평가를 받은 후 개인정보 검색 체계 등 개인정보파일의 운용 체계를 변경하려는 경우: 해당 개인정보파일 중 변경된 부분

(3) 영향평가 실시 등

공공기관의 장이 개인정보 영향평가를 실시하고자 하는 경우에는 행정안전부장관이 지정하는 평가기관 중에서 한 곳에 의뢰하여야 하며 다음의 사항을 고려해서 평가해야 한다.

- 처리하는 개인정보의 수

- 개인정보의 제3자 제공 여부

- 정보주체의 권리를 해할 가능성 및 그 위험 정도

- 민감정보 또는 고유식별정보의 처리 여부

- 개인정보 보유 기간

영향평가 시 평가기관은 평가기준에 따라 주관적인 견해를 배제하여 객관적인 평가를 수행하여야 하며, 영향평가서를 작성할 때에는 신의에 따라 성실하게 개인정보 영향평가를 수행하고 거짓으로 영향평가서를 작성하여서는 안 된다. 또한, 평가기관은 다른 법인(업체)에게 평가기관의 상호를 사용하여 개인정보 영향평가를 수행하도록 하여서는 아니 된다.

공공기관의 장이 개인정보 영향평가를 실시한 때에는 그 결과를 행정안전부장관에게 제출하여야 한다. 이 경우 행정안전부장관은 제출받은 영향평가 결과에 대하여 의견이 있을 때 보호위원회의 심의 · 의결을 거쳐 해당 공공기관에 의견을 제시할 수 있다. 또한 공공기관의 장은 행정안전부장관에게 개인정보파일을 등록할 때에는 개인정보 영향평가 결과도 함께 첨부하여야 한다.

GDPR에서의 DPIA 및 PIA 해외 동향

- DPIA의 개념: 데이터 처리 기술, 데이터 처리의 필요성과 비례성을 평가하고 개인데이터의 처리에 기인하는 자연인의 권리와 자유에 대한 위험 관리를 (위험 평가와 위험에 대처하는 조치 결정에 의해) 지원하기 위해 설계된 프로세스

- DPIA 실시 의무: 개인정보의 취급이 데이터 주체의 권리 · 자유에 높은 위험을 야기할 가능성이 있는 경우 그 사업자에 대하여 '데이터 보호 영향평가'의 실시를 의

무화함(제35조).

- 감독기관과의 협의: 인식된 위험에 대한 경감 대책 및 보호조치를 검토한 결과 충분한 위험 저감을 도모할 수 없다고 예상되는 경우, 취급을 시작하기 전에 감독기관과 협의를 하여야 함(제36조).

- GDPR는 다음의 경우 등에 DPIA를 실시할 것을 요구하고 있음.
- 프로파일링 등의 자동화 처리에 근거한 개인에 관한 개인적 측면에 대한 체계적이며 광범위한 평가(해당 평가에 근거한 결정이 해당 개인에게 법적 효력을 미치거나 이와 유사하게 개인에게 중대한 영향을 미치는 경우).
- 특별한 범주의 개인데이터(인종, 정치, 병력 등)의 대규모 처리 또는 범죄 경력 및 범죄 행위에 관련된 개인정보의 처리.
- 대규모로 행해지는 공공장소에서의 모니터링.

- 처리 작업이 자연인의 권리와 자유에 높은 위험을 초래할 경우 이 EU 규정을 더욱 엄격하게 준수하기 위해 컨트롤러는 DPIA를 실시하고, 특히 그 위험의 기원 · 성격 · 특수성 · 중대성을 평가하는 책임을 져야 함.

- 대상: 단일 처리 작업 또는 일련의 유사한 처리 작업의 집합(예: 공공기관 또는 단체가 같은 응용 프로그램 또는 처리 플랫폼을 구축하고자 하는 경우, 또는 여러 컨트롤러가 업계의 분할 또는 세그먼트에 걸쳐 일반적인 응용프로그램 또는 처리 환경을 도입하려는 경우 등).

- "고도의 위험을 초래할 가능성"이 있는 처리는 아래의 사항을 의미함.
- 평가 또는 점수: 특히 데이터주체의 직장에서의 실적, 경제 상황, 건강, 개인 취향이나 관심, 신뢰성 또는 행동, 장소나 이동에 관한 측면에서 프로파일링 및 예측 포함(예: 고객을 신용조회 데이터베이스로 걸러 선별하는 금융기관, 질병 · 건강 위험을 평가 및 예측하기 위해 직접 소비자에게 유전자 검사를 제공하는 생명공

학 회사, 자사 웹사이트 참조 및 이동 기록에 따라 행동과 마케팅의 프로필을 구축하는 회사 등).

- 법적 효과 또는 자동화된 의사결정: 처리가 개인에 대한 배제나 차별로 이어질 가능성이 있는 경우에 해당하며, 개인에게 미치는 영향이 경미하거나 전혀 없는 경우에는 이 기준에 해당하지 않음.

- 체계적인 모니터링: 누구나 들어갈 수 있는 장소(publicly accessible area, 예를 들어 광장 쇼핑센터, 거리, 공공 도서관 등 공공의 어떤 구성원에게도 공개되어 있는 장소)에서 대규모 체계적인(systematic, 시스템에 따라 발생, 사전에 정비되고 조직화된 또는 체계적인, 데이터 수집을 위한 일반적인 계획의 일환으로 처리되는 경우, 전략의 일부로 실행되는 경우) 감시에 의한 데이터 수집을 포함, 데이터 주체의 관찰, 감시, 통제를 위한 진행되는 작업. 이 유형의 모니터링 데이터의 주체가 누가 데이터를 수집하고, 어떻게 사용되는지를 인식하지 않는 상황에서 개인정보가 수집될 수 있으므로 기준에 해당.

- 민감한 데이터: 개인의 정치적 견해에 대한 정보나 유죄 경력 및 범죄 행위에 관련된 개인데이터도 포함. 일례로 환자의 의료 기록을 보관하고 있는 종합병원 또는 범죄자에 대한 자세한 정보를 보관하고 있는 민간 조사회사(탐정 등).

- 대규모로 처리된 데이터: a. 구체적인 데이터의 수 또는 데이터 모체 중 해당하는 데이터의 비율 b. 처리되는 데이터의 양 또는 다른 데이터 항목의 범위 c. 데이터 처리 활동의 지속 시간 또는 지속성 d. 처리 활동의 지리적 범위.

- 조합 또는 결합된 데이터 세트.

- 취약한 데이터 주체에 대한 데이터.

- 혁신적으로 기술적 또는 조직적인 솔루션 사용 또는 적용.

- 처리 자체가 데이터 주체가 권리 행사 또는 서비스 또는 계약을 사용하는 것을 방해하는 데이터.

• 원칙적으로 하나의 기준만 충족하지 않는 처리 작업은 위험 수준이 낮기 때문에 DPIA을 필요로 하지 않고, 이러한 기준 중 적어도 2개를 충족하는 처리 작업은

DPIA이 필요하다고 할 수 있음.

- DPIA의 공개: 전체 또는 일부라도 공개해야 함(DPIA 공개는 GDPR 법적 요건은 아님. DPO는 DPIA 또는 DPIA의 일부를 공개하는 것을 검토할 필요가 있음). 또한 사전 협의의 경우에는 감독 기관에 보고하여야 함.

- 보고서 공개 범위: DPIA를 공개하는 경우에는 평가 결과 전체를 공개 할 필요는 없고, 특히 DPIA에 데이터 관리자의 보안 위험에 대한 특정 정보, 영업비밀 및 상업적으로 민감한 정보가 포함되어있는 경우 이 부분을 공개할 필요는 없음. DPIA의 주요 결과 요약만을 공개 할 수도 있음.

- 개인정보 영향평가 해외 동향: 미국은 「2002년 전자정부법」 제208조에 전자정부 구현 과정에서 개인정보 및 프라이버시 보호를 위하여 개인정보 영향평가를 명문화하였고, 캐나다도 2002년부터 공공 부문에 대한 개인정보 영향평가를 의무화하고 있다. 그 밖에 뉴질랜드 · 홍콩 · 호주 등에서도 공공 · 민간 부문에 대하여 개인정보 영향평가를 권장하고 있다.

- 평가기관: 영향평가 수행에 필요한 업무수행 실적, 전문 인력, 안전한 사무실 · 설비 등의 지정 요건을 갖춘 법인으로 지정 절차를 거쳐 행정안전부장관이 평가기관으로 지정한 기관을 말한다(영향평가 고시 제2조제3호).

[표7] 영향평가 분석대상 자료

항목	수집 목적	수집 대상 자료
내부 정책 자료	기관 내부의 개인정보보호 체계, 규정, 조직 현황 등을 분석	· 기관 내 개인정보보호 규정 · 기관 내 정보보안 관련 규정 · 기관 내 직제표 등
	개인정보취급자(정보시스템 운영자, 처리자 등), 위탁업체 등에 대한 내부 규정 및 관리 · 교육체계 확인	· 개인정보 관련 조직 내 업무 분장표 및 직급별 권한 · 정보시스템의 접근권한에 대한 내부 규정 · 위탁업체 관리 규정 등 · 시스템 운영자 및 정보취급자에 대한 교육계획
	시스템 구조와 연계된 개인정보보호 기술 현황 파악	· 침입차단시스템 등 보안 시스템 구조도 등
외부 정책 자료	일반적인 개인정보보호 정책 환경 분석	· 개인정보보호 관련법률, 지침 등 · 개인정보보호 기본계획 및 시행계획 등
	대상 시스템의 특수성을 반영한 정책 환경 분석	· 대상 시스템의 추진 근거 법률 및 개인정보보호 관련법률
대상 시스템 설명 자료	정보시스템에 의하여 수집되는 개인정보의 양과 범위가 사업 수행을 위해 적절한지 파악	· 프로젝트 수행 계획서 · 제안서
	정보시스템의 외부연계 여부 검토	· 위탁 계획서, 연계 계획서

8. 개인정보 유출 통지 등

개인정보 유출로 인한 피해를 사전에 방지하고 정보주체로 하여금 유출에 대응할 수 있도록 하기 위해 정보주체에 대한 통지 및 관련기관 신고의무를 부여하고 있다.

이를 위해 침해사고 대응 체계 수립 내용에는 침해사고 처리 절차 수립, 침해사고 발생 시 연락체계 구축, 행정안전부, 개인정보 침해사고센터와의 공조 여부, 처리내역에 대한 내용이 포함되어 확인할 수 있어야 한다.

(1) 유출 통지의무

개인정보가 유출되있음을 알게 되었을 때 통지의무가 발생한다. 개인정보처리자는 정보주체가 개인정보 유출 사실을 정확히 인지하고 적절히 대처할 수 있도록 다음의 사항을 알려야 한다.

- 유출된 개인정보의 항목
- 유출된 시점과 경위
- 유출로 인하여 발생할 수 있는 피해를 최소화하기 위하여 정보주체가 취할 수 있는 방법 등에 관한 정보
- 개인정보처리자의 대응조치 및 피해 구제 절차
- 정보주체에게 피해가 발생한 경우 신고 등을 접수할 수 있는 담당 부서 및 연락처

개인정보처리자는 개인정보가 "유출되었음을 알게 되었을 때"에 지체 없이 통지하여야 한다. 여기서 "지체 없이"란 '5일 이내'를 의미한다. 따라서 최초로 개인정보 유출 사실을 발견한 때로부터 유출 현황, 사건 경위, 잠정 원인 등을 파악하는 데 소요되는 시간을 고려하여 5일 이내에 통지하여야 한다(표준지침 제28조).

통지는 서면 등의 방법으로 하여야 한다. 즉 서면, 전자우편, 팩스, 전화, 문자전송 또는 이에 상당하는 방법을 이용한 개별적 통지 방법이면 된다. 그러나 웹사이트 게재, 관보 고시 등과 같은 집단적인 공시만으로는 정보주체에게 유출 사실을 알린 것이라고 볼 수 없다.

개인정보의 유출을 알게 된 때 또는 유출 사실을 알고 긴급한 조치를 취한 후에도 유출된 개인정보의 항목, 유출 시점 및 그 경위의 구체적인 내용을 확인하지 못한 경우에는 먼저 개인정보가 유출된 사실과 유출이 확인된 사항만을 서면 등의 방법으로 알리고 추후 확인되는 사항을 추가로 알릴 수 있다.

(2) 인터넷 홈페이지 게시

1천 명 이상의 정보주체에 관한 개인정보가 유출된 경우에는 서면 등의 방법과 함께 인터넷 홈페이지에 정보주체가 알아보기 쉽도록 7일 이상 「개인정보보호법」 제34조 제1항 각 호의 사항(유출 통지사항)을 게재하여야 한다.

다만, 인터넷 홈페이지를 운영하지 않는 개인정보처리자의 경우에는 서면 등의 방법과 함께 사업장 등의 보기 쉬운 장소에 「개인정보보호법」 제34조제1항 각 호의 사항을 게시하면 된다.

(3) 피해 최소화 등 조치의무

개인정보처리자는 개인정보가 유출된 경우 그 피해를 최소화하기 위한 대책을 마련하고 필요한 조치를 하여야 한다.

시스템 일시정지, 암호 등의 변경, 유출 원인 분석, 기술적 보안조치 강화, 시스템 변경, 기술지원 의뢰 및 복구 등과 같은 임시 대응조치에서부터 유사 사고 발생 방지대책 수립 및 시행 등과 같은 장래의 피해 예방조치도 강구하여야 한다.

(4) 개인정보 유출 신고의무

일정 규모 이상의 대량 개인정보 유출이 발생한 경우에는 이를 단순히 정보주체에게 통지하는 것만으로는 부족하며, 정부 및 관계 전문기관에 알림으로써 체계적 · 조직적 대응을 할 필요가 있다.

이에 따라 '1천 명 이상'의 정보주체의 개인정보가 유출된 경우에는 정보주체에 대한 통지의무와 더불어, 통지 결과 및 조치 결과를 지체 없이 행정안전부 또는 전문기관에 신고하도록 하였다. 여기서 "지체 없이"란 5일 이내를 의미한다.

대통령령은 개인정보 유출 신고를 접수할 전문기관으로 한국인터넷진흥원을 지정하고 있다(시행령 제39조).

★실생활에서 알아보는 개인정보보호(FAQ)

Q1. 개인정보보호 교육의 대상자를 어떻게 구분해야 하나요? 개인정보보호책임자와 개인정보보호취급자, 개인정보보호담당자 등을 어떻게 구분하는지 궁금합니다.

개인정보보호책임자는 개인정보 처리에 관한 업무를 총괄해서 책임지는 자를 의미하며, 개인정보보호담당자는 개인정보보호책임자의 지휘·감독하에 개인정보책임자의 업무를 지원하는 자를 말합니다.

개인정보보호취급자는 개인정보처리자의 지휘·감독을 받아 개인정보를 처리하는 업무를 담당하는 자로서, 직접 개인정보에 관한 업무를 담당하는 자와 그 밖에 업무상 필요에 의해 개인정보에 접근하여 처리하는 모든 자를 말합니다.

개인정보의 적정한 취급을 보장하기 위하여 개인정보를 처리하는 업무를 담당하는 임직원, 파견근로자, 시간제근로자 등 개인정보취급자에게 매년 정기적(연 1회, 분기별, 반기별 등)으로 필요한 교육을 실시하여야 합니다. 따라서 개인정보처리 업무를 담당하고 있지 않은 사람에 대한 교육 이수 의무는 없습니다.

Q2. 다른 계열사의 개인정보보호 업무도 총괄하려고 합니다. 그런데 개인정보보호법에 따라 개인정보처리자는 개인정보보호책임자를 지정해야 한다고 들었습니다. 본사와 계열사로 구성되어 있는 그룹에서 계열사가 별도로 개인정 보호책임자를 지정하지 않아도 되는지요?

개인정보보호책임자는 개인정보처리에 관한 업무를 총괄해서 책임지는 자를 말하며, 개인정보처리자는 개인정보보호책임자를 지정해야 합니다. '개인정보처리자'란 업무를 목적으로 개인정보 파일을 운용하기 위하여 스스로 또는 다른 사람을 통하여 개인정보를 처리하는 공공기관, 법인, 단체 및 개인 등을 의미합니다.

통상 기업 그룹이라고 불리는 '기업집단'에 대해서는 그 계열회사를 모두 포함하여 하나의 개인정보처리자라고 판단하는 것은 곤란하며, 각각의 계열회사가 사업 목적이나 범위, 개인정보의 처리 목적 등이 서로 상이한 경우에는 각각 별개의 개인정보처리자라고 판단하여야 합니다.

Q3. 개인정보의 안전성을 확보하기 위하여 의료기록 서류를 별도의 보관 시설에 보관하거나 잠금장치를 설치하는 것과 같은 물리적 조치를 하여야 하나요?

개인정보보호법 제29조, 같은 법 시행령 제30조제1항제6호에 따라 개인정보의 안전한 보관을 위하여 보관 시설을 마련하거나 잠금장치를 설치하여야 합니다. 업무 시간 중에 수시로 사용하는 진료기록은 잠금장치를 해제한 채 이용할 수 있지만, 업무 시간이 종료된 이후에는 물리적 보호조치를 하여야 합니다.

Q4. 직원들의 출입 시 사용하는 지문도 생체정보에 해당하는데 이를 암호화하여 저장해야 하나요?

'개인정보보호법 시행령' 제21조 및 제30조제1항제3호, '개인정보의 안전성 확보조치 기준' 제7조에 따라 고유식별정보, 비밀번호, 바이오정보는 암호화 대상이 되는 정보로서 정보통신망을 통하여 송·수신하거나 보조저장매체 등을 통하여 전달하는 경우에는 이를 암호화하여야 합니다. 암호화를 하는 경우에는 안전한 암호알고리즘으로 암호화하여 저장하여야 합니다.

Q5. 영업 대리점에서 가입신청서와 신분증 사본 등의 고객 개인정보 서류가 그냥 책상 서랍이나 박스에 보관되고 있습니다. 문제가 있는 것 아닌가요?

사업자 등 개인정보처리자는 개인정보가 분실, 도난, 유출, 위조·변조, 훼손되지 않도록 안전성 확보에 필요한 기술적·관리적·물리적 조치를 취하여야 합니다(개인정보보호법 제29조).

따라서 해당 개인정보처리자는 개인정보가 포함된 서류 등을 잠금장치가 있는 안전한 장소에 보관하는 등 물리적 접근 방지 조치를 취해야 합니다.

Q6. 어떤 기업의 회원정보 조회 메뉴에서 URL을 다르게 하여 클릭할 경우 전체 회원의 개인정보를 모두 조회할 수 있는 관리자 메뉴로 연결되는 것을 발견했습니다. 문제가 있는 것 아닌가요?

개인정보처리자는 개인정보에 대한 안전성 확보조치를 이행할 의무가 있으며, 취급 중인 개인정보가 열람권한 없는 자에게 공개되거나 외부에 유출되지 않도록 개인정보처리시스템과 업무용 컴퓨터에 조치를 취할 의무가 있습니다(개인정보보호법 제29조, 안전성 확보조치 고시 제6조제3항).

따라서 해당 개인정보처리자는 개인정보가 열람 권한 없는 자에게 공개되거나 외부에 유출되지 않도록 조치를 취하여야 하고, 구체적으로는 인터넷 웹사이트 등을 통하여 개인정보 노출이 발생하지 않도록 하여야 합니다.

Q7. A사는 서비스 품질 향상을 위하여 회원제를 도입하고 회원가입 시 고객의 성명, 전화번호, 전자우편주소를 수집하여 관리하고 있습니다. 아울러, 직원과 회원의 개인정보를 보호하기 위하여 개인정보보호에 관한 회사 규칙을 마련하였습니다. 그런데 개인정보보호법에 따라 개인정보처리자는 개인정보보호를 위한 내부관리계획을 수립하여야 한다고 합니다. 개인정보보호에 관한 사항을 회사규칙으로 마련한 경우에도 개인정보보호법에 따른 내부관리계획을 별도로 마련해야 하는지요?

개인정보보호법 제29조에 따라 개인정보처리자(A사)는 개인정보가 분실·도난·유출·위조·변조 또는 훼손되지 않도록 내부관리계획(개인정보보호책임자의 지정에 관한 사항, 개인정보보호책임자 및 개인정보취급자의 역할 및 책임에 관한 사항, 개인정보의 안전성 확보에 필요한 조치에 관한 사항, 그 밖에 개인정보보호를 위하여 필요한 사항)을 수립해야 합니다.

내부관리계획의 문서 제목은 가급적 '내부관리계획'이라는 용어를 사용하는 것이 바람직하나, 개인정보처리자의 내부 방침에 따라 다른 용어를 사용할 수 있습니다. 다만, 내부관리계획은 법정책 변화에 따라 중요한 변경이 있는 경우 이를 즉시 반영하여 수정하여 시행하고, 그 수정이력을 관리하여야 합니다.

Q8. 협회에서는 홈페이지를 운영하고 있는데, 별도의 회원가입 없이 누구나 자유롭게 게시판을 이용할 수 있도록 자유게시판을 운영 중입니다. 그런데 일부 홈페이지 이용자가 게시물에 자신의 성명, 전화번호, 이메일주소 등의 개인정보를 게재하는 경우가 있습니다. 이런 경우 개인정보가 유출되는 것은 아닌지 우려가 되고, 개인정보가 포함된 게시글을 삭제해야 하는지 고민이 됩니다. 개인이 본인의 개인정보가 포함된 게시물을 작성하여 게시판에 올린 경우 어떻게 처리해야 하나요?

홈페이지 운영자는 이용자가 작성한 게시물에 개인정보가 포함되어 있는 경우 개인정보의 추가적인 노출 및 타인에 의한 도용 등 2차적 피해를 예방하기 위하여 게시판 안내문을 통해 게시글에 개인정보가 포함되어 있는지 여부를 작성자가 확인하도록 하고, 개인정보 유출로 인한 피해가 있음을 알려줄 수 있습니다.

또한 고객이 부주의하게 게재한 개인정보는 고객의 의사를 확인하여 일부 마스킹 처리하거나 개인정보 입력을 사전에 차단할 수 있도록 '필터링 시스템'을 적용할 수 있습니다. 이와 같이 홈페이지 운영자는 최대한 개인정보 유출 방지를 위한 안전성 확보조치를 취하는 것이 바람직합니다.

Q9. 제가 예전에 회원으로 가입했던 곳의 비밀번호가 기억나지 않아 재발급을 문의했더니 제가 예전에 사용하던 비밀번호를 조회해서 알려주었습니다. 비밀번호 조회가 안 되게끔 해야 한다고 알고 있는데, 이 경우는 잘못된 것이 아닌가요?

개인정보처리자는 비밀번호를 저장하는 경우 복호화되지 않도록 일방향 암호화하여 저장해야 합니다(개인정보보호법 제29조, 동법 시행령 제30조제1항제3호, 안전성 확보조치 고시 제7조제3항). 따라서 해당 개인정보처리자는 비밀번호가 복호화되지 않도록 반드시 일방향 암호화하여 저장하여야 합니다.

III

개인정보의
처리단계별 보호

1. 개인정보의 수집과 이용

(1) 개인정보의 수집

1) 개인정보의 수집

개인정보는 정보주체로부터 직접 수집하는 것이 원칙이다. 다만, 예외적으로 제3자 또는 공개된 소스 등을 통해 수집하거나 업무처리 과정 중에 생성될 수 있다. 필요한 경우에는 국가기관, 신용평가기관 등 제3자로부터 수집하거나 인터넷, 신문, 잡지, 전화

[그림1] 개인정보의 처리 단계

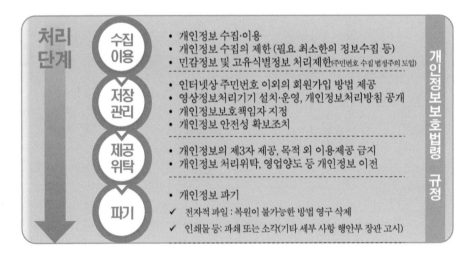

번호부, 인명록 등과 같은 공개된 소스로부터 수집할 수도 있다.

또한, 개인정보처리자가 직접 수집하지 않아도 업무처리 과정에서 자동적으로 개인정보가 생산되거나 생성된 경우도 적지 않다. 이러한 개인정보의 예로는 고객 성향, 고객 위치정보, 물품 주문내역, 통신 내역, 근무평가기록, 신용평가기록 등이 해당된다.

개인정보를 수집하는 경우 개인정보의 수집·이용목적, 수집하려는 개인정보의 항목, 개인정보의 보유 및 이용 기간, 동의를 거부할 권리가 있다는 사실과 동의 거부에 따른 불이익에 관한 내용을 문서나 홈페이지에 게시하여 안내하여야 한다.

다만, 개인정보처리자가 정보주체의 동의를 받기 위하여 동의서를 작성하는 경우에는 「개인정보 수집·제공 동의서 작성 가이드라인」을 준수하여야 한다(표준관리지침 제12조제7항).

2) 개인정보의 수집·이용 요건

개인정보를 수집하는 경우 적법한 근거가 있어야 하며, 법률(법령 등)에 근거가 없다면 이용자의 서명 날인, 전자서명 등의 방법을 이용하여 정보주체의 명확한 동의를 받아야 한다. 정보주체의 동의에 의해 개인정보를 수집할 경우 사전에 수집 목적, 보유 기간, 이용 범위, 목적 달성 후 처리방법 및 이의제기절차 등에 대한 충분한 사전 설명과 정보주체의 명시적 동의가 이루어진 후 수집하도록 한다.

① 정보주체의 동의를 받은 경우

개인정보처리자가 정보주체의 동의를 받을 때에는 다음의 사항을 알려야 한다. 어느 하나의 사항을 변경하는 경우에도 이를 알리고 동의를 받아야 한다(표준지침 제12조).

개인정보 '수집'이란?
정보주체로부터 직접 이름, 주소, 전화번호 등의 정보를 제공받는 것뿐만 아니라 정보주체에 관한 모든 형태의 개인정보를 취득하는 것(표준지침 제6조)을 말한다. 정보주체가 개인정보 수집 사실을 알 수 있도록 문서 또는 인터넷 홈페이지 등을 통하여 안내해야 한다.

- 개인정보의 수집 · 이용 목적
- 수집하려는 개인정보의 항목
- 개인정보의 보유 및 이용 기간
- 동의를 거부할 권리가 있다는 사실 및 동의 거부에 따른 불이익이 있는 경우에는 그 불이익의 내용

정보주체는 서비스를 제공받기 위하여 가입신청서 등의 서면에 직접 자신의 성명을 기재하고 인장을 찍거나 자필 서명을 하거나, 인터넷 웹사이트 화면에서 '동의', '동의 안 함' 버튼을 클릭하는 등으로 동의 의사표시를 할 수 있다. 예를 들어 영화관 멤버십 카드 발급 시 '개인정보 활용동의서'에 기명날인하는 경우, 공공기관의 인터넷홈페이지 회원가입 시 개인정보 수집 · 이용 동의에 체크하는 경우 등이 이에 해당된다.

개인정보처리자는 전화상으로 개인정보 수집에 대한 정보주체의 동의를 받을 수 있다. 다만 향후 입증 책임 문제가 발생할 수 있으므로 정보주체의 동의하에 통화내용을 녹취할 수 있다. 정보주체에게 동의를 받을 때에는 어떤 개인정보를 왜 수집하는지를 정보주체가 쉽고 명확하게 인지할 수 있도록 알려야 하고, 제22조에서 규정한 방식에 따라 동의를 받아야 하기 때문에 이 법에서 정보주체의 동의는 명시적 동의를 의미한다. 개인정보처리자는 정보주체가 선택적으로 동의할 수 있는 사항을 동의하지 아니한다는 이유로 재화 또는 서비스의 제공을 거부하지 않도록 한다. 개인정보처리자가 개인정보처리에 대하여 정보주체의 동의를 받을 때에는 각각의 동의 사항을 구분하여 받아야 하며, 정보주체가 동의를 구분해서 할 수 있다는 사실을 명확하게 인지할 수 있도록 알리고 동의를 받아야 한다.

구분하여 동의를 받아야 하는 사항은 수집 · 이용 동의(제15조제1항제1호), 제3자 제공 동의(제17조제1항제1호), 국외 제3자 제공 동의(제17조제3항), 목적 외 이용 · 제공 동의(제18조제2항제1호), 마케팅 목적 처리 동의(제22조제3항), 법정대리인의 동의(제22조제5항), 민감정보 처리 동의(제23조제1항제1호), 고유식별정보 처리 동의(제24조제1항제1호) 등이 있다.

② 법률에 특별한 규정이 있거나 법령상 의무를 준수하기 위하여 불가피한 경우

a) 법률[1]에 특별한 규정이 있는 경우

법률에서 개인정보의 수집·이용을 구체적으로 요구하거나 허용하고 있어야 한다. 법률에 특별한 규정이 있어야 하므로 시행령이나 시행규칙에 규정하는 것은 안 된다.

'법률의 특별한 규정' 예시

• 정보통신망법

제31조(법정대리인의 권리) ① 정보통신서비스 제공자 등이 만 14세 미만의 아동으로부터 개인정보 수집·이용·제공 등의 동의를 받으려면 그 법정대리인의 동의를 받아야 한다. 이 경우 정보통신서비스 제공자는 그 아동에게 법정대리인의 동의를 받기 위하여 필요한 법정대리인의 성명 등 최소한의 정보를 요구할 수 있다.

• 신용정보법

제40조(신용정보회사 등의 금지행위) 신용정보회사 등은 다음 각 호의 행위를 하여서는 아니 되며, 신용정보회사 등이 아니면 제4호 본문의 행위를 업으로 하거나 제5호의 행위를 하여서는 아니 된다.

④ 특정인의 소재 및 연락처(이하 '소재 등'이라 한다)를 알아내거나 금융거래 등 상거래 관계 외의 사생활 등을 조사하는 일. 다만, 채권추심업을 허가받은 신용정보회사가 그 업무를 하기 위하여 특정인의 소재 등을 알아내는 경우 또는 다른 법령에 따라 특정인의 소재 등을 알아내는 것이 허용되는 경우에는 그러하지 아니하다.

• 보험업법

제176조(보험요율산출기관) ⑩ 보험요율 산출기관은 순보험요율을 산출하기 위하여 필요한 경우에는 교통법규 위반에 관한 개인정보를 보유하고 있는 기관의 장으로부터 그 정보를 제공받아 보험회사가 보험계약자에게 적용할 순보험료의 산출에

이용하게 할 수 있다.

• 의료법

제21조(기록 열람 등) ③ 의료인은 다른 의료인으로부터 제22조 또는 제23조에 따른 진료기록의 내용 확인이나 환자의 진료경과에 대한 소견 등을 송부할 것을 요청받은 경우에는 해당 환자나 환자 보호자의 동의를 받아 송부하여야 한다. 다만, 해당 환자의 의식이 없거나 응급환자인 경우 또는 환자의 보호자가 없어 동의를 받을 수 없는 경우에는 환자나 환자 보호자의 동의 없이 송부할 수 있다.

제22조(진료기록부 등) ① 의료인은 각각 진료기록부, 조산기록부, 간호기록부, 그 밖의 진료에 관한 기록(이하 '진료기록부 등'이라 한다)을 갖추어 두고 환자의 주된 증상, 진단 및 치료 내용 등 보건복지부령으로 정하는 의료행위에 관한 사항과 의견을 상세히 기록하고 서명하여야 한다.

② 의료인이나 의료기관 개설자는 진료기록부 등[제23조제1항에 따른 전자의무기록(電子醫務記錄)을 포함한다. 이하 제40조제2항에서 같다]을 보건복지부령으로 정하는 바에 따라 보존하여야 한다.

b) 법령상 의무를 준수하기 위한 경우

법령[2]에서 개인정보처리자에게 일정한 의무를 부과하고 있는 경우로서, 해당 개인정보처리자가 그 의무 '이행'을 위해서 개인정보를 불가피하게 수집 · 이용할 수밖에 없는 경우를 말한다. 법률뿐만 아니라 시행령, 시행규칙에 따른 의무도 포함된다.

'불가피한 경우'란 개인정보를 수집하지 않고는 법령에서 부과하는 의무를 이행하는 것이 불가능하거나 개인정보처리자가 다른 방법을 사용하여 의무를 이행하는 것이 현저히 곤란한 경우를 의미한다.

c) 공공기관이 법령 등에서 정하는 소관 업무의 수행을 위하여 불가피한 경우

공공기관의 경우에는 개인정보를 수집할 수 있도록 명시적으로 허용하는 법률 규정이 없더라도 법령 등에서 소관 업무를 정하고 있고 그 소관 업무의 수행을 위하여 불가

피하게 개인정보를 수집할 수밖에 없는 경우에는 정보주체의 동의 없이 개인정보 수집이 허용된다. 예를 들어, 국민건강보험공단이 「국민건강보험법」 제13조에 따라 보험급여관리 등을 위하여 진료내역 등을 수집·이용하는 경우가 이에 해당한다.

d) 정보주체와의 계약의 체결 및 이행을 위하여 불가피하게 필요한 경우

정보주체와 계약 체결 및 이행을 위하여 개인정보의 수집이 불가피하게 수반되는 경우까지 정보주체의 동의를 받도록 하면 경제활동에 막대한 지장을 초래하고 동의획득에 소요되는 비용만 증가시키게 되므로, 계약 체결이나 이행을 위해 불가피하게 필요한 개인정보는 정보주체에 대한 고지나 동의 없이도 개인정보를 수집할 수 있도록 했다. '계약 체결'에는 계약 체결을 위한 준비단계도 포함된다. 예컨대 부동산 거래에서 계약 체결 전에 해당 부동산의 소유자, 권리관계 등을 미리 조사·확인하는 경우가 이에 포함되며, '계약 이행'은 물건의 배송·전달이나 서비스의 이행과 같은 주된 의무의 이행뿐만 아니라 부수 의무, 즉 경품 배달, 포인트(마일리지) 관리, 애프터서비스 등의 이행도 포함된다.[3]

e) 급박한 생명, 신체, 재산의 이익을 위하여 필요한 경우

정보주체 또는 제3자의 급박한 생명·신체·재산상의 이익을 위하여 필요하다고 인정되는 경우에도 정보주체의 동의 없이 개인정보를 수집할 수 있다.

다만 정보주체 또는 그 법정대리인이 의사표시를 할 수 없는 상태에 있거나 주소불명 등으로 사전 동의를 받을 수 없는 경우에 해당된다.

f) 개인정보처리자의 정당한 이익을 달성하기 위하여 필요한 경우

개인정보처리자의 정당한 이익을 달성하기 위하여 필요한 경우에는 정보주체의 동의 없이 개인정보를 수집할 수 있다. 그러나 개인정보처리자의 이익이 명백하게 정보주체의 권리보다 우선하여야 하고, 수집하고자 하는 개인정보가 개인정보처리자의 정당한 이익과 상당한 관련이 있어야 하며, 합리적인 범위를 초과해서는 안 된다.

계약이나 법률에 기한 개인정보처리자의 정당한 이익이 존재해야 한다.

개인정보처리자의 정당한 이익을 위한 것이라고 하더라도, 정보주체의 사생활을 과도하게 침해하거나 다른 이익을 침범하는 경우에는 정보주체의 동의 없이 개인정보를 수집할 수 없다. 다만, 개인정보처리자의 이익이 명백히 우선하는 경우에만 개인정보 수집이 허용된다. 예를 들어 요금 징수 및 정산, 채권추심, 소 제기 및 진행 등을 위하여 증빙자료를 조사·확보하는 경우, 영업비밀 유출 및 도난 방지, 출입이 통제되고 있는 사업장 내 시설안전 등의 목적으로 CCTV 설치 등을 하는 경우 등이 이에 해당된다.

3) 마케팅 광고 등의 별도 동의

① 동의가 필요한 사항과 동의 없이 처리할 수 있는 사항의 구분

개인정보처리자는 정보주체의 동의가 필요 없는 개인정보와 정보주체의 동의가 필요한 개인정보를 구분하여야 한다. 정보주체의 동의가 필요 없는 개인정보에는 계약의 체결 및 이행을 위해 필수적인 정보, 법령상 의무 준수를 위해 불가피한 정보, 급박한 생명·신체·재산상 이익 보호를 위해 필요한 정보, 개인정보처리자의 정당한 이익 달성을 위해 필요한 정보 등이 해당되며, 동의가 필요하지 않다는 입증 책임은 개인정보처리자가 부담한다.

② 마케팅 광고에 대한 동의 방법

상품의 판매 권유 또는 홍보를 목적으로 개인정보처리에 대한 동의를 받을 때는 정보주체에게 판 매권유 또는 홍보에 이용된다는 사실을 다른 동의와 구분하여 정보주체가 이를 명확히 인지할 수 있게 알린 후 별도의 동의[4]를 받아야 한다.

③ 재화, 서비스 등의 제공 거부 금지

정보주체가 선택정보의 처리에 대한 동의(제2항), 직접마케팅에 대한 동의(제3항), 목적 외 이용·제공에 대한 동의(제18조제2항제1호)를 거부하였다는 이유로 개인정보처리자는 재화 또는 본질적인 서비스의 제공을 거부하지 못한다. 또한 개인정보 수집에 동의하지 않는다는 이유로 재화 또는 본질적인 서비스의 제공을 거부하는 것도 금지된다(제16조제2항).

④ 수집 매체를 고려한 세부적인 동의 방법

개인정보처리자는 개인정보의 처리에 대하여 정보주체(법정대리인 포함)의 동의를 받을 때에는 각각의 동의 사항을 구분하여 정보주체가 이를 명확하게 인지할 수 있도록 알리고 다음의 방법 등을 통해 각각 동의를 받아야 한다(「개인정보보호법」 제22조).

- 동의 내용이 적힌 서면을 정보주체에게 직접 발급하거나 우편 또는 팩스 등의 방법으로 전달하고, 정보주체가 서명하거나 날인한 동의서를 받는 방법
- 전화를 통하여 동의 내용을 정보주체에게 알리고 동의의 의사표시를 확인하는 방법
- 전화를 통하여 동의 내용을 정보주체에게 알리고 정보주체에게 인터넷주소 등을 통하여 동의 사항을 확인하도록 한 후 다시 전화를 통하여 그 동의사항에 대한 동의의 의사표시를 확인하는 방법
- 인터넷 홈페이지 등에 동의 내용을 게재하고 정보주체가 동의 여부를 표시하도록 하는 방법
- 동의 내용이 적힌 전자우편을 발송하여 정보주체로부터 동의의 의사표시가 적힌 전자우편을 받는 방법

한편, EU의 GDPR은 정보주체의 동의는 반드시 개인정보처리 활동이 발생하기 전에 획득되어야 하며(opt-in), 정보주체가 동의하였다는 사실과 동의한 내용이 분명하여야 하고, 다음 사항은 정보주체의 명시적 동의가 아닌 것으로 간주한다.[5]

- 사전에 선택되어 있는 체크박스(pre-ticked boxes)를 제시하는 것
- 암묵적 동의(silence)나 부작위(inactivity)를 동의로 보는 것
- 서비스가 제시하는 절차를 동의 의사표시 없이 단순히 진행하는 것

• 일반적 이용 약관에 포괄적 수용(이른바 'blanket acceptance') 의사를 표현한 것

4) 개인정보 수집 출처 등 고지

개인정보를 공개된 출처로부터 수집하거나 본인이 아닌 제3자로부터 수집하여 처리하는 경우에는 정보주체 이외로부터 수집하기 때문에 당해 정보주체에게 수집 등 처리 전에 고지하는 것이 불가능한 경우가 많아, 정보주체의 요구가 있을 때 고지할 수 있도록 하였다.

정보주체 이외로부터 수집한 개인정보에는 제3자로부터 제공받은 정보, 신문·잡지·인터넷 등 공개된 소스로부터 수집된 정보 등이 해당된다. 예를 들어 인물DB서비스에서 학교·기관 홈페이지 등의 이미 공개된 자료를 통하여 개인정보를 수집하는 경우가 이에 해당한다. 그러나 자체적으로 생산하거나 생성된 정보는 제외한다.

고지 시기는 정보주체의 요구가 있는 때이다. 정보주체의 요구가 있으면 개인정보의 ① 수집 출처 ② 처리 목적 ③ 제37조에 따른 개인정보처리의 정지를 요구할 권리가 있다는 사실을 '즉시' 알려야 한다.

개인정보처리자가 정보주체 이외로부터 수집한 개인정보를 처리하는 때에는 정보주체의 요구가 있으면 즉시 다음 각 호의 모든 사항을 정보주체에게 알려야 한다.

• 개인정보의 수집 출처
• 개인정보의 처리 목적
• 제37조에 따른 개인정보처리의 정지를 요구할 권리가 있다는 사실

위에 기재한 사항에도 불구하고 처리하는 개인정보의 종류·규모, 종업원 수 및 매출액 규모 등을 고려하여 아래에 기재한 바와 같이 대통령령으로 정하는 기준에 해당하는 개인정보처리자가 제17조제1항제1호에 따라 정보주체 이외로부터 개인정보를 수집하여 처리하는 때에는 제1항 각 호의 모든 사항을 정보주체에게 알려야 한다. 다만, 개인정보처리자가 수집한 정보에 연락처 등 정보주체에게 알릴 수 있는 개인정보가 포함되지 아니한 경우에는 그러하지 아니하다.

- 5만 명 이상의 정보주체에 관하여 법 제23조에 따른 민감정보 또는 법 제24조제1 항에 따른 고유식별정보를 처리하는 자
- 100만 명 이상의 정보주체에 관하여 개인정보를 처리하는 자

서면 · 전화 · 문자 전송 · 전자우편 등 정보주체가 쉽게 알 수 있는 방법으로 개인정보를 제공받은 날부터 3개월 이내에 정보주체에게 알려야 한다. 다만, 법 제17조제2항 제1호부터 제4호까지의 사항에 대하여 같은 조 제1항제1호에 따라 정보주체의 동의를 받은 범위에서 연 2회 이상 주기적으로 개인정보를 제공받아 처리하는 경우에는 개인정보를 제공받은 날부터 3개월 이내에 정보주체에게 알리거나 그 동의를 받은 날부터 기산하여 연 1회 이상 정보주체에게 알려야 한다.

위에 기재한 사항은 다음의 어느 하나에 해당하는 경우에는 적용하지 아니한다. 다만, 이 법에 따른 정보주체의 권리보다 명백히 우선하는 경우에 한한다.

- 고지를 요구하는 대상이 되는 개인정보가 제32조제2항 각 호의 어느 하나에 해당하는 개인정보파일에 포함되어 있는 경우
- 고지로 인하여 다른 사람의 생명 · 신체를 해할 우려가 있거나 다른 사람의 재산과 그 밖의 이익을 부당하게 침해할 우려가 있는 경우

그러나 개인정보처리자는 ① 고지를 요구하는 대상이 되는 개인정보가 제32조제2항 각 호의 어느 하나에 해당하는 개인정보파일에 포함되어 있는 경우와 ② 고지로 인하여 다른 사람의 생명 · 신체를 해할 우려가 있거나 다른 사람의 재산과 그 밖의 이익을 부당하게 침해할 우려가 있는 경우에는 정보주체의 고지 요구를 거부할 수 있다.

이 경우 개인정보처리자는 거부의 근거와 사유를 정보주체의 요구가 있는 날로부터 3일 이내에 알려야 한다(표준지침 제9조제2항).

(2) 개인정보의 수집 제한

1) 최소 수집의 원칙(「개인정보보호법」 제3조)

수집 목적을 명확히 하여 목적에 필요한 최소한의 범위 안에서 수집하도록 하며, 목적 외 용도로 활용하지 않도록 한다. 「개인정보보호법」 제15조제1항 각 호의 목적을 위해서 정보주체의 개인정보를 수집할 때에는 그 목적에 필요한 범위 내에서 최소한의 개인정보만을 수집하여야 한다.

'최소 수집의 원칙'은 정보주체의 동의 없이 개인정보를 수집하는 경우에만 적용된다. 최소한의 개인정보라는 입증 책임은 개인정보처리자가 부담한다. 만약 필요 최소한 이상으로 개인정보를 수집하고자 하는 경우에는 제15조제1항에 따라 정보주체의 동의 없이 개인정보를 수집할 수 있는 경우에도 정보주체의 동의를 받아야 한다. 필요 최소한의 정보 외의 개인정보 수집(선택정보)에 동의하지 아니한다는 이유로 정보주체에게 재화 또는 서비스 제공(회원가입 포함)을 거부해서는 안 된다. 개인정보를 수집할 때 동의가 필요한 부분과 동의가 필요 없는 부분을 구분하여 동의를 받도록 한다. 개인정보처리자는 정보주체의 동의를 받아 개인정보를 수집하는 경우 필요한 최소한의 정보 외의 개인정보 수집에는 동의하지 아니할 수 있다는 사실을 구체적으로 알리고 개인정보를 수집하여야 한다.

2) 민감정보 처리 제한(「개인정보보호법」 제23조)

개인정보처리자는 사상 · 신념, 노동조합 · 정당의 가입 · 탈퇴, 정치적 견해, 건강, 성생활 등에 관한 정보, 그 밖에 정보주체의 사생활을 현저히 침해할 우려가 있는 개인정보로서 대통령령으로 정하는 민감정보를 다음의 사유 외에는 처리하여서는 아니 된다.

- 정보주체에게 제15조제2항 각 호 또는 제17조제2항 각 호의 사항을 알리고 다른 개인정보의 처리에 대한 동의와 별도로 동의를 받은 경우(예컨대, 요금 할인을 적용하기 위하여 신체 장애 및 국가보훈 대상 여부의 정보를 수집하는 경우)
- 법령에서 민감정보의 처리를 요구하거나 허용하는 경우(예컨대, 인터넷으로 의

료상담을 하기 위하여 이용자의 개인정보를 수집 및 제공하고자 하는 경우)

민감정보란 ① 사상·신념, ② 노동조합·정당의 가입·탈퇴 ③ 정치적 견해 ④ 건강, 성생활 등에 관한 정보 ⑤ 사생활을 현저하게 침해할 우려가 있는 개인정보로 대통령령이 정하는 정보(유전자 검사 등의 결과로 얻어진 유전정보, 형의 선고·면제 및 선고유예, 보호감호, 치료감호, 보호관찰, 선고유예의 실효, 집행유예의 취소 등 범죄 경력에 관한 정보)를 말한다(「개인정보보호법」 제23조, 영 제18조).

다만, 시행령에 따른 민감정보(유전정보, 범죄 경력에 관한 정보)는 공공기관이 다음의 업무수행을 위하여 처리하는 경우에는 민감정보로 보지 아니하므로, 이 경우에는 정보주체로부터의 별도 동의 없이 처리가 가능하다.

- 개인정보를 목적 외의 용도로 이용하거나 이를 제3자에게 제공하지 아니하면 다른 법률에서 정하는 소관 업무를 수행할 수 없는 경우로서 보호위원회의 심의·의결을 거친 경우
- 조약, 그 밖의 국제협정의 이행을 위하여 외국정부 또는 국제기구에 제공하기 위하여 필요한 경우
- 범죄의 수사와 공소의 제기 및 유지를 위하여 필요한 경우
- 법원의 재판 업무 수행을 위하여 필요한 경우
- 형(刑) 및 감호, 보호처분의 집행을 위하여 필요한 경우 정보주체에게 제15조제2항 각 호 또는 제17조제2항 각 호의 사항을 알리고 다른 개인정보의 처리에 대한 동의와 별도로 동의를 받은 경우(예컨대, 요금 할인을 적용하기 위하여 신체 장애 및 국가보훈 대상 여부의 정보를 수집하는 경우)

3) 고유식별정보의 처리 제한(「개인정보보호법」 제24조)

① 고유식별정보의 개념

고유식별정보란 법령에 따라 개인을 고유하게 구별하기 위하여 부여된 식별정보로

서 주민등록번호, 여권번호, 운전면허번호, 외국인등록번호가 이에 해당된다. 단, 정보
주체의 고유식별정보 동의 시, 주민등록번호는 동의 대상이 아님에 주의하여야 한다
(「개인정보보호법」 제24조의2).

　법령에 의해서 개인에게 부여된 것이어야 하므로 기업, 학교 등이 소속 구성원에게
부여하는 사번, 학번 등은 고유식별정보가 될 수 없다. 또 법인이나 사업자에게 부여되
는 법인등록번호, 사업자등록번호 등도 고유식별정보가 될 수 없다.

② 고유식별정보의 처리 금지

　고유식별정보는 원칙적으로 처리할 수 없다. 다만, 별도로 정보주체의 동의를 받은
경우와 법령에서 고유식별정보의 처리를 요구하거나 허용하고 있는 경우에는 예외가
인정된다. 정보주체의 별도 동의를 받는 경우에 제15조제2항 각 호 또는 제17조제2항
각 호의 사항을 정보주체에게 알리고 다른 개인정보처리에 대한 동의와 분리해서 고유
식별정보 처리에 대한 동의를 받아야 한다. 법령에서 구체적으로 처리를 요구하거나 허
용하는 경우란 원칙적으로 법령에서 구체적으로 고유식별정보의 종류를 열거하고 그
처리를 요구하거나 허용하고 있는 것을 말한다. '법령'에 의한다고 규정하고 있으므로
법률 외에 시행령, 시행규칙이 포함되며 이에 첨부된 별지 서식이나 양식도 포함된다.

③ 안전성 확보조치

　개인정보처리자가 제1항 각 호에 따라 고유식별정보를 처리하는 경우에는 그 고유
식별정보가 분실·도난·유출·위조·변조 또는 훼손되지 아니하도록 대통령령으로
정하는 바에 따라 암호화 등 안전성 확보에 필요한 조치를 하여야 한다(「개인정보보호
법」 제24조제3항).

- 실명을 확인하기 위하여 주민등록번호를 입력받을 경우 실명을 확인한 이후 즉시
　주민등록번호를 삭제하도록 함('개인정보 안전조치 의무'를 위한 기술적 보호 방
　법으로 개인정보의 안전한 보호를 위한 권장사항임).
- 주민등록번호(법령에서 허용한 경우 등의 처리 시), 계좌번호, 비밀번호와 같은

중요 개인정보를 입력하는 경우 특정자릿수를 별표(*) 처리하여 제3자에게 개인
정보가 노출되지 않도록 함('개인정보 안전조치 의무'를 위한 기술적 보호 방법으
로 개인정보의 안전한 보호를 위한 권장사항임).

고유식별정보를 처리하는 개인정보처리자는 인터넷 홈페이지를 통해 고유식별정
보가 유출·변조·훼손되지 않도록 연 1회 이상 취약점을 점검하고 필요한 보완 조치
를 하여야 한다. 개인정보처리자는 업무용 모바일 기기의 분실·도난 등으로 개인정보
가 유출되지 않도록 해당 모바일 기기에 비밀번호 설정 등의 보호조치를 하여야 한다.
개인정보처리자가 고유식별정보를 처리하는 경우에는 그 고유식별정보가 분실·도
난·유출·위조·변조 또는 훼손되지 아니하도록 암호화 등 안전성 확보에 필요한 조
치를 하여야 한다(「개인정보보호법」 제24조제3항). 한편, 암호화 대상 중요 개인정보
에는 고유식별정보, 비밀번호 및 바이오정보가 있으며, 개인정보처리자는 중요 개인정
보를 정보통신망을 통하여 송수신하거나 보조저장매체 등을 통하여 전달하는 경우에
는 이를 암호화해야 한다.

4) 주민등록번호 처리의 제한

① 주민번호 수집 법정주의 도입 배경(법 개정 이유)

주민번호는 행정서비스, 금융, 의료, 복지 등 사회 전 분야에서 개인을 식별할 수 있는
기초자료로 널리 활용되고 있으나, 개인정보보호에 대한 인식 저하로 관행적인 수집이
나 보관이 사회에 만연해 있었고 이러한 보호조치의 미흡으로 인해 주민번호 등 주요
개인정보의 오남용 및 유출 피해가 급증하였다.

이를 방지하고자 개정 전 법(주민번호 법정주의 도입 전)에서는 법령에 근거가 있는
경우나 정보주체의 동의가 있는 경우에만 제한적으로 주민등록번호 등 고유식별정보
의 처리를 허용하는 한편, 고유식별정보가 분실·도난·유출·위조·변조 또는 훼손
되지 아니하도록 안전성 확보에 필요한 조치를 이행하도록 하였다.

그러나 고유식별번호에 대한 제한 규정이 포함된 법 제정 이후에도 대량의 주민번호

유출 및 악용이 빈번히 발생하고 있으며, 이러한 유출 사고가 발생한 대기업 등에 대해서는 민형사상 책임이 제대로 부과되지 않고 있어 국민의 불안 가중 및 유출로 인한 2차 피해의 확산우려가 사회문제화되었다. 주민번호는 유일성, 평생불변성 특성으로 각종 서비스 기준·검색값(Key 값)으로 널리 활용, 유출 시 다른 개인정보에 비해 피해의 정도나 문제의 심각성이 지속된다는 점에서 법 개정의 필요성이 대두되었으며, 이에 주민번호의 무단 수집이나 제공, 유출이나 오남용의 방지를 위해 주민번호 수집 원칙적 금지, 유출 시 과징금 부과 등을 주요 내용으로 하는 주민번호 법정주의를 도입하여 2014년 8월 7일부터 시행하고 있다.

② 주민번호 수집 법정주의 주요 내용

'주민번호 수집 법정주의'를 신설(「개인정보보호법」 제24조의2)하여, 주민번호 예외적 처리 허용 사유가 아니면 주민번호의 처리를 금지하고 있다.

「개인정보보호법」 제24조의2에서 규정하는 주민번호 예외적 처리 허용 사유는 다음과 같다(위반 시 3천만 원 이하 과태료 부과).

- 법률, 대통령령, 국회규칙, 대법원규칙, 헌법재판소규칙, 중앙선거관리위원회규칙, 감사원 규칙에서 구체적으로 주민번호 처리를 요구·허용한 경우
  예) 법령 조문에서 주민번호 수집을 요구·허용하는 경우, 법정 서식에 주민번호 기재란이 있는 경우, 법령 조문 또는 서식 상 주민번호가 포함된 서류(주민등록등초본 등)를 수집할 수 있도록 허용하는 경우 등을 말함.
- 정보주체 또는 제3자의 급박한 생명, 신체, 재산의 이익을 위해 명백히 필요한 경우
  예) 급박한 재해, 재난 상황 등의 경우 별도 법령 근거 없이 주민번호 처리 가능
- 기타 주민번호 처리가 불가피한 경우로서 행정안전부령으로 정하는 경우
  예) 주민번호를 수집하지 않을 경우 근본적으로 해당 업무 수행이 불가능한 경우로서 주민번호 처리 근거 마련을 위한 소관 법령이 없는 경우

다만 주민등록번호, 계좌번호, 비밀번호와 같은 중요 개인정보를 입력하는 경우 특

정자릿수를 별표(*) 처리하여 제3자에게 개인정보가 노출되지 않도록 하여야 한다.

주민등록번호 사용의 엄격한 통제를 위해 2017년 3월 30일부터 주민등록번호 수집 법령의 제개정현황을 개인정보연차보고서에 반영하여야 한다(제67조제2항제6호). 한편, 2016년 법 개정으로 주민번호 유출에 대한 '과징금 제도'를 신설하였다(제34조의2).

주민번호 유출 등이 발생한 경우로서 안전성 확보조치를 하지 않은 경우 최대 5억 원 이하의 과징금을 부과 · 징수할 수 있다. 대표자(CEO) 등에 대한 징계 권고를 신설(제65조제2항)하였다. 법규 위반행위에 따른 행정안전부장관의 징계 권고 대상에 대표자(CEO) 및 책임 있는 임원이 포함됨을 명시하였다.

③ 주민번호 수집 금지 판단 기준

a) 주민번호 처리 법령 근거 유무

「개인정보보호법」 제24조의2는 법률, 대통령령, 국회규칙, 대법원규칙, 헌법재판소규칙, 중앙선거관리위원회규칙, 감사원 규칙에서 구체적으로 요구 · 허용하는 경우에만 처리가 가능하도록 규정하고 있으므로, 하위규범인 고시(행정규칙)나 지방자치단체의 의회에서 제정하는 조례 등에 주민번호처리가 규정된 경우에는 법령에 근거한 처리 허용 사유가 아니므로 처리가 금지된다.

b) 불가피성 유무(주민번호 대체 불가능성)

법령상 근거는 없으나 반드시 주민번호를 수집하여야 할 필요가 있는 경우에는 업무 소관부처를 통해 법령 근거를 마련한다. 법령상 근거가 없으며 주민번호를 반드시 수집하여야 할 필요성도 없는 경우 주민번호를 수집하지 않거나 생년월일, 전화번호, 아이핀, 마이핀 등 다른 수단으로 대체하고 이미 보유한 주민등록번호는 파기하여야 한다. 예를 들어 단순 본인확인을 위한 경우, 회원 DB 관리를 위한 Key 값으로 활용하는 경우 등은 주민번호 수집 필요성이 낮으며 다른 수단으로 대체 가능한 경우에 해당한다.

④ 주요 사례

a) 주민번호 수집이 계속 허용되는 경우

대통령령 등에 근거해 그 수집이 허용되는 경우는 아래와 같다.

세무	세금 부과 및 과세자료 수집 · 관리(국세기본법, 지방세기본법 등)
병역	병역 자원 선발 및 관리(병역법, 군인사법, 군인복지법 등)
의료	환자 진료, 약 처방, 의료보험금 지급(의료법, 약사법, 국민건강보험법 등)
법무	국적 부여 및 해외 출입국자 관리(국적법), 법 위반자 처벌(성폭력특별법 등)
교육	대학생 학자금 지원 및 환수(취업 후 학자금 상환특별법 등)
금융	금융거래자 실명 확인(금융실명법)
복지	공중위생 관리(공중위생법, 검역법), 취약계층 지원(노인복지법 등)
행정	인허가, 등록, 등 행정사무, 행정정보 공유(전자정부법), 공무원교육

b) 주민번호 수집이 금지되는 경우(불필요하거나 전화번호 등으로 대체 가능한 경우)

주민번호의 수집이 전면 금지되는 경우는 아래와 같다.

회원 관리	홈페이지 회원 가입, 도서 · DVD 대여, 마일리지 · 포인트 카드 발급
본인 확인	성명 · 주민번호를 이용한 본인 확인(I-PIN, 휴대전화 등으로 대체)
	골프장, 호텔 등 숙박시설 등 시설물 이용 · 출입자 기록
	고객센터, A/S센터 단순 상담(단, 금융거래 업무는 제외)
기타	입사지원 단계에 있는 근로자(채용 여부 확정 시 주민번호 수집)
	직장교육 및 협회 · 단체 교육, 아파트 주차증 발급 등 불필요한 경우

5) 만14세 미만 아동의 개인정보처리

만 14세 미만 아동의 경우 개인정보의 중요성이나 위험성에 대한 인식이 현저히 부족하고, 정보 수집 목적의 진위를 평가하는 능력이 부족하기 때문에 아동을 대상으로 한 무분별한 정보 수집을 방지하기 위하여 법정대리인이 미성년자를 대신해서 동의를 하도록 하였다.

법정대리인의 동의를 얻기 위해서는 법정대리인의 이름과 연락처를 알아야 하기 때문에 법정대리인의 동의를 받기 위하여 필요한 최소한의 정보(이름과 연락처)는 법정 대리인의 동의 없이 해당 아동으로부터 직접 수집할 수 있다. 이 경우 해당 아동에게 자신의 신분과 연락처, 법정대리인의 성명과 연락처를 수집하고자 하는 이유를 알려야 한다.

아동으로부터 수집한 법정대리인의 개인정보는 동의를 얻기 위한 용도로만 사용해야 하며, 동의에 대한 거부 의사가 확인된 경우와 동의 여부가 확인되지 아니한 채 3일이 경과한 경우에는 당해 개인정보를 파기하여야 한다(표준지침 제14조제2항).

만14세 미만 아동의 개인정보 수집·이용·제공에 대한 법정대리인의 동의는 다음과 같은 방식으로 얻을 수 있다.

- 법정대리인의 전자서명을 이용하는 방법
- 우편, 팩스, 전자우편 등으로 법정대리인의 서명 날인된 서류를 제출받는 방법
- 유료서비스 결제 시 법정대리인의 신용카드를 사용하는 방법
- 숙련된 상담원이 법정대리인과 직접 통화 또는 무료수신자부담 전화를 이용하는 방법

'법정대리인'이란?

본인의 의사에 의하지 않고 법률의 규정에 의하여 대리인이 된 자로 미성년자의 친권자(「민법」 제909조, 제911조, 제916조, 제920조), 후견인(「민법」 제931조~제936조), 법원이 선임한 부재자의 재산관리인(「민법」 제22조, 제23조), 상속재산관리인(「민법」 제1023조제2항, 제1053조), 유언집행자(「민법」 제1096조) 등을 말한다.

2. 개인정보 이용 · 위탁 · 제3자 제공

(1) 개요

1) 개인정보 이용 및 제공의 기본 원칙

개인정보처리 권한을 업무에 따른 책임과 역할에 따라 최소한의 인원에게 부여한다.

개인정보를 타 기관에 연계 · 제공하는 경우 정보주체의 동의를 받거나 법적 근거를 확보해야 한다.

2) 타 기관 연계 · 제공 시 절차

개인정보처리자는 개인정보를 이용하거나 제공받고자 하는 기관에게 이용 목적, 이용 방법, 이용 기간, 이용 형태 등을 제한하거나, 개인정보의 안전성 확보를 위하여 필요한 구체적인 조치를 마련하도록 문서로 요청하여야 한다.

기관에 개인정보파일을 제공할 경우 업무 수행에 필요한 최소한의 항목을 제공하여야 한다. 외부 연계기관에 온라인으로 개인정보를 제공하는 경우에는 암호화하여 전송하거나 보안USB를 사용하는 등의 안전성 확보조치를 하도록 한다.[6]

타 기관에 개인정보를 제공할 경우 개인정보를 보유하는 기간을 지정하도록 한다.

3) 제3자 제공 · 위탁의 개념

개인정보의 제3자 제공이란 개인정보처리자 외의 제3자에게 개인정보의 지배 · 관리권이 이전되는 것을 의미한다.

즉, 개인정보 수기 문서를 전달하거나 데이터베이스 파일을 전달하는 경우뿐만 아니라, 데이터베이스 시스템에 대한 접속권한을 허용하여 열람 · 복사가 가능하게 하는 경우 등도 모두 '제3자 제공'에 포함한다.

[표1] 업무 위탁과 제3자 제공

구분	업무 위탁	제3자 제공
관련 조항	법 제26조	법 제17조, 제18조(목적 외 제3자 제공)
예시	배송 업무 위탁, TM(Tele Marketing), 처방전 폐기 위탁 등	사업 제휴, 교통사고 환자를 치료한 의료기관의 보험회사 등에 대한 진료기록 열람 허용 등
이전 목적	위탁자의 이익을 위하여 처리 (수탁업무 처리)	제3자의 이익을 위하여 처리
예측 가능성	정보주체가 사전 예측 가능	정보주체가 사전 예측 곤란
이전 방법	원칙: 위탁 사실 공개 예외: 위탁 사실 고지	원칙: 제공 목적 등 고지 후 정보주체 동의 획득
관리 · 감독 책임	위탁자 책임(사용자 책임)	제공받는 자 책임
손해배상 책임	위탁자 부담(사용자 책임)	제공받는 자 부담

(2) 개인정보 목적 외 이용 · 제공 · 위탁

1) 목적 내 제3자 제공이 가능한 경우

① 정보주체의 동의를 받은 경우

개인정보처리자가 제3자 제공에 대한 동의를 받을 때에는 정보주체가 제3자 제공의 내용과 의미를 명확히 알 수 있도록 미리 ① 개인정보를 제공받는 자의 성명(법인 또는 단체인 경우에는 그 명칭)과 연락처 ② 제공받는 자의 개인정보 이용 목적 ③제공하는 개인정보의 항목 ④ 제공받는 자의 개인정보 보유 및 이용 기간, ⑤ 동의 거부권이 존재한다는 사실 및 동의 거부에 따른 불이익의 내용(불이익이 있는 경우에 한함)을 알려주어야 한다. 알려야 할 사항 중 어느 하나에 변경이 있는 경우에도 정보주체에게 변경 사실을 다시 알리고 동의를 받아야 한다.

'개인정보를 제공받는 자'란 제공받는 자의 이름 또는 상호를 의미하며, 제공받는 자가 여러 명일 경우에는 각각의 이름 또는 상호를 알리고 제공되는 목적, 항목, 기간 등이 다를 경우에는 제공받는 자별로 그 목적, 항목, 기간 등을 각각 알려야 한다.

② 법률규정이 있거나 법령상 의무 준수를 위해 불가피한 경우

법령에서 개인정보처리자에게 일정한 의무를 부과하고 있는 경우로서 해당 개인정보처리자가 그 의무 이행을 위해서 개인정보를 불가피하게 수집ㆍ이용할 수밖에 없는 경우를 말한다. 법률뿐만 아니라 시행령, 시행규칙에 따른 의무도 포함된다.

'불가피한 경우'란 개인정보를 수집하지 않고는 법령에서 부과하는 의무를 이행하는 것이 불가능하거나 개인정보처리자가 다른 방법을 사용하여 의무를 이행하는 것이 현저히 곤란한 경우를 의미한다.

③ 공공기관이 법령 등에서 정하는 소관 업무 수행을 위해 불가피한 경우

공공기관은 법령 등에서 정해진 소관 업무를 수행하기 위하여 수시로 개인성보를 제3자에게 제공해야 할 필요가 있다. 공공기관의 경우에는 개인정보를 제공할 수 있도록 명시적으로 허용하는 법률 규정이 없더라도 법령 등에서 소관 업무를 정하고 있고, 그 소관 업무의 수행을 위하여 불가피하게 개인정보를 제공할 수밖에 없는 경우에는 정보주체의 동의 없이 개인정보의 제공이 허용된다.

공공기관이 소관 업무를 수행하기 위하여 개인정보를 제3자에게 제공함에 있어서는 정말로 불가피한 사유가 있는지 여부를 신중하게 검토해야 한다. '불가피한 경우'란 개인정보를 제공하지 아니하고는 법령 등에서 해당 공공기관에 부여하고 있는 권한의 행사나 의무의 이행이 불가능하거나 다른 방법을 사용하여 소관 업무를 수행하는 것이 현저히 곤란한 경우를 의미한다. 특히 공공기관이 내부 고발, 민원업무 등을 처리하기 위하여 민원인의 개인정보를 제3자에게 제공할 때에는 주의해야 한다. 민원업무를 쉽게 해결하기 위하여 민원인의 개인정보를 피민원이나 피민원기관에 제공하는 것은 불가피한 필요가 있는 경우라고 보기 어렵다.

④ 급박한 생명·신체·재산상 이익을 위하여 필요한 경우

정보주체 또는 제3자의 급박한 생명·신체·재산상의 이익을 위하여 필요하다고 인정되는 경우에는 정보주체의 동의 없이 개인정보를 제3자에게 제공할 수 있다. 동사무소나 경찰관서가 시급히 수술 등의 의료조치가 필요한 교통사고 환자의 연락처를 의료기관에 알려주는 행위가 이에 속한다.

2) 국외 제공 및 이전 제한

개인정보처리자가 개인정보를 국외의 제3자에게 '제공'하고자 할 때에는 ① 개인정보를 제공받는 자의 성명(법인 또는 단체인 경우에는 그 명칭)과 연락처 ② 제공받는 자의 개인정보 이용 목적 ③ 제공하는 개인정보의 항목 ④ 제공받는 자의 개인정보 보유 및 이용 기간 ⑤ 동의 거부권이 존재한다는 사실 및 동의 거부에 따른 불이익이의 내용(불이익이 있는 경우에 한함)을 모두 정보주체에게 알리고 동의를 받아야 한다.

정보통신망법은 개인정보 국외 이전 시 이전의 목적을 불문하고 모두 정보주체(이용자)의 동의를 받도록 요구하고 있다. 그러나 국외 이전의 목적, 형태 등을 고려하지 않고 무조건 동의를 받도록 하면 글로벌 경제활동 등에 많은 지장을 주기 때문에 개인정보보호법에서는 일률적인 동의 절차는 배제하였다.

국외 이전은 국외 제공보다 넓은 개념이다. 국외의 제3자에게 개인정보를 제공하는 것은 물론이고, 개인정보처리를 국외의 제3자에게 위탁하는 경우, 영업의 양도·합병 등에 의하여 개인정보 데이터베이스가 국외로 옮겨지는 경우도 모두 국외 이전에 포함된다. 이 경우에 각각의 규정에 따라 제공, 위탁, 양도 등의 절차를 밟으면 된다.

[그림2] 개인정보의 이용과 제공

개인정보 수집·이용	개인정보 제공	목적외 이용·제공
1. 정보주체의 동의를 받은 경우 2. 법률의 특별한 규정, 법령상 의무 준수를 위해 불가피한 경우 3. 공공기관이 법령 등에서 정한 소관업무를 위해 불가피한 경우 4. <u>정보주체와의 계약 체결이행에 불가피한 경우</u> 5. 정보주체등의 생명, 신체, 재산의 급박한 이익 보호 6. <u>개인정보처리자의명백히정당한이익 달성을 위해 필요한 경우</u>	1. 정보주체의 동의를 받은 경우 2. 법률의 특별한 규정, 법령상 의무 준수를 위해 불가피한 경우 3. 공공기관이 법령 등에서 정한 소관 소관업무를 위해 불가피한 경우 5. 정보주체등의 생명, 신체, 재산의 이익 보호	1. 정보주체의 별도 동의를 받은 경우 2. 다른 법률의 특별한 규정 3. 정보주체 또는 제3의 생명,신체, 재산의 이익에 급박히 필요한 경우 4. 통계작성 및 학술연구 목적에 필요한 경우로 특정개인을 알아볼 수 없는 형태로 제공하는 경우
		┌ ·<공공기관만 해당> ─ ─ ─ ─ ┐ 5. 개인정보를 목적외로 이용하거나 제3자에게 제공하지 않으면 다른 법률에서 정하는 소관업무 수행 불가한 경우로 보호위원회의 심의·의결을 거친 경우 6. 조약, 국제협정 이행을 위해 외국정부 등 제공에 필요한 경우 7. 범죄수사 및 공소제기·유지 8. 법원의 재판업무 수행 9. 형 및 감호, 보호처분 집행 └ ─ ─ ─ ─ ─ ─ ─ ─ ─ ─ ┘
	* 주의: 목적외 이용제공의 경우, 정보주체 또는 제3자의 이익을 부당하게 침해하지 않는 범위 내에서 1~9가 적용 가능	
처벌규정 위반 시 5천만원 이하의 과태료	**처벌규정** 위반 시 5년 이하의 징역 또는 5천만원 이하의 벌금	**처벌규정** 위반 시 5년 이하의 징역 또는 5천만원 이하의 벌금
※ **개인정보 수집 · 이용은 폭넓게 인정하되, 제공, 목적 외 이용 · 제공 기준은 요건을 엄격히 규정하여 차등화**		

3) 개인정보의 이용 및 제공 제한(법 제18조)

① 개인정보의 제공 및 이용 제한

개인성보처리지는 정보주체에게 이용 · 제공의 목적을 고지하고 동의를 받거나 이 법 또는 다른 법령에 의하여 이용 · 제공이 허용된 범위를 벗어나서 개인정보를 이용하거나 제공해서는 안 된다.

개인정보를 제공받은 기관이 제공기관의 동의 없이 개인정보를 제3자에게 제공하여 제3자가 이용하고 있는 경우 즉시 해당 개인정보의 제공을 중단하고 이용을 금지하여야 한다.

「개인정보보호법」 제18조제2항제1호부터 제9호는 개인정보를 목적 외 용도로 이용하거나 제3자에게 제공할 수 있는 예외적인 사유를 규정하고 있는데, 제5호부터 제9호까지의 사유는 공공기관이 처리하는 개인정보를 목적 외로 이용하거나 제3자에게 제공하는 경우에 한정한다.[7]

② **목적 외 이용·제공 금지 예외 사유**

「개인정보보호법」 제18조제2항제1호부터 제4호는 공공기관과 민간 모두에 적용되는 목적 외 이용·제공에 대한 예외적 허용사유를 규정하고 있다. 개인정보를 목적 외 용도로 이용하거나 제3자에게 제공할 수 있는 예외적인 사유로는 첫째, 정보주체로부터 별도의 동의를 받은 경우, 둘째, 다른 법률에 특별한 규정이 있는 경우, 셋째, 정보주체 또는 그 법정대리인이 의사표시를 할 수 없는 상태에 있거나 주소 불명 등으로 사전 동의를 받을 수 없는 경우로서 명백히 정보주체 또는 제3자의 급박한 생명, 신체, 재산의 이익을 위하여 필요하다고 인정되는 경우, 넷째, 통계 작성 및 학술 연구 등의 목적을 위하여 필요한 경우로서 특정 개인을 알아볼 수 없는 형태로 개인정보를 제공하는 경우가 있다.

다만, 공공기관의 경우 「개인정보보호법」 제18조제2항제5호부터 제9호에 따라 다음과 같이 그 예외적 허용사유를 보다 폭넓게 규정하고 있다.

첫째, 특정 개인을 알아볼 수 없는 형태로 편집 또는 가공해서 개인정보를 제공하는 경우에 한정된다. 이 경우 개인정보의 제공이 남용될 여지를 줄이기 위하여 제공하는 개인정보의 형태를 다른 정보와 결합하여서도 특정 개인을 알아볼 수 없는 형태로 제공하여야 한다(표준지침 제8조).

둘째, 개인정보를 목적 외의 용도로 이용하거나 제3자에게 제공하지 아니하면 다른 법률에서 정하는 소관 업무를 수행할 수 없는 경우로서 보호위원회의 심의·의결을 거친 경우, 예외적으로 목적 외 이용·제공이 가능하다.

셋째, 공공기관이 다른 법률에서 정하는 소관 업무를 수행하기 위하여 목적 외 이용 또는 제3자 제공이 불가피하게 필요한 경우가 있다. 그러나 소관 업무 수행이라는 목적하에 개인정보 이용·제공을 무조건 허용하게 되면 남용의 소지가 많기 때문에 보호위원회의 심의·의결을 거치도록 하고 있다. 시행령·시행규칙에서 정하는 소관 업무로는 안 되고 반드시 '법률'에서 정하는 업무여야 한다. 다만 법률에 위임근거가 있고 이에 따라 시행령·시행규칙에 소관 업무가 규정된 경우는 허용된다.

넷째, 조약,[8] 그 밖의 국제협정의 이행을 위하여 외국정부 또는 국제기구에 제공하기 위하여 필요한 경우 예외적으로 목적 외 이용 · 제공이 가능하다.

다섯째, 범죄의 수사와 공소의 제기 및 유지를 위하여 필요한 경우 예외적으로 목적 외 이용 · 제공이 가능하다. 한편 이 경우 공표대상에서 제외된다.

여섯째, 법원의 재판 업무 수행을 위하여 필요한 경우 예외적으로 목적 외 이용 · 제공이 가능하며, 일곱째, 형(刑) 및 감호, 보호처분의 집행을 위하여 필요한 경우에도 예외적으로 목적 외 이용 · 제공이 가능하다.

개인정보처리자가 보유하고 있는 개인정보를 수집 · 이용 목적 외의 용도로 제공하기 위해서는, 다른 법률의 특별한 규정이 있거나 정보주체의 동의를 받아야 한다. 즉 공공기관 외의 개인정보처리자에 대해서는 비록 범죄 수사 목적이라 하더라도 형사소송법 등의 규정에 따라서만 개인정보 제공을 요구할 수 있다.

그러나 공공기관의 경우 수사기관이 범죄 수사, 공소 제기 및 유지를 위해서 필요하다고 요청하는 경우 해당 개인정보를 정보주체의 별도의 동의 없이 제공할 수 있다. 이는 범죄 수사 편의를 위해 공공기관이 보유하고 있는 개인정보에 대해서는 정보주체의 동의 없이 목적 외로 이용 또는 제공할 수 있게 하기 위한 것이다.

③ 목적 외 이용 · 제공 동의 방법

목적 외 이용 · 제공에 대하여 정보주체의 동의를 받을 때는 다른 동의와 구분하여 별도의 동의를 받아야 한다. 다른 동의와 구분되어 있으면 되고, 반드시 시간 · 매체 · 절차 · 방법 등이 다를 필요는 없다. 예를 들어, 하나의 페이지 내에서 수집 · 이용에 대한 동의 항목과 목적 외 이용 · 제공 동의 항목을 별도로 구분하여 동의를 받을 수 있다.

목적 외 이용 · 제공에 대해 정보주체의 동의를 받을 때에는 ① 개인정보를 제공받는 자 ② 개인정보의 이용 목적(제공 시에는 제공받는 자의 이용 목적을 말한다) ③ 이용 또는 제공하는 개인정보의 항목 ④ 개인정보의 보유 및 이용 기간(제공 시에는 제공받는 자의 보유 및 이용 기간을 말한다) ⑤ 동의를 거부할 권리가 있다는 사실 및 동의 거부에 따른 불이익이 있는 경우에는 그 불이익의 내용을 정보주체에게 알려야 한다.

범죄 수사, 공소 제기 및 유지를 위한 경우의 예외 및 한계 필요성

- 범죄 수사, 공소 제기·유지, 형 집행 등의 형사절차에 「개인정보보호법」을 그대로 적용할 경우, 수사 기밀이 유출되거나 정보주체의 정보 공개·정정 요구 등으로 수사에 장애를 초래하여 범죄 예방과 처단이 불가능해질 우려가 있음.

- 수사가 종결되어 공소가 제기되면 정보주체는 법원에서 자유롭게 수사 기록을 열람하여 자신의 정보를 확인하는 것이 가능하고, 불기소처분된 경우는 정보공개청구를 통해 정보주체가 자신의 정보를 열람할 수 있으므로, 형사 절차와 관련하여서는 「개인정보보호법」을 적용하지 아니하더라도 정보주체의 정보보호에 소홀한 점이 없음.

- 다만, 범죄 수사 등을 위한 경우라 하더라도 정보주체 또는 제3자의 이익을 부당하게 침해할 우려가 있는 경우에는 개인정보를 목적 외의 용도로 이용하거나 제3자에게 제공할 수 없음.

* 이 사건 정보제공조항은 개인정보의 목적 외 제3자 제공이 원칙적으로 금지된다는 전제하에 예외적으로 수사의 신속성과 효율성을 도모하기 위하여 범죄의 수사 등을 위하여 필요한 경우 그 제공을 허용하는 것이므로, 위와 같은 요건을 요구하는 취지는 정보주체 또는 제3자의 이익 보호와 범죄수사의 신속성·효율성 확보 간의 조화를 도모하고자 하는 것이다. 이러한 점을 고려하면, ① "정보주체 또는 제3자의 이익을 부당하게 침해할 우려가 있을 때"란 '범죄의 수사를 위하여 필요한 개인정보를 수사기관에게 제공할 경우 정보주체나 제3자의 이익이 침해될 가능성이 있고, 개인정보 제공으로 얻을 수 있는 수사상의 이익보다 정보주체나 제3자의 이익이 큰 경우'를 의미한다고 해석된다. 그리고 이와 같이 수사상의 이익과 정보주체 또는 제3자의 이익을 형량함에 있어서는 ② 수사 목적의 중대성, 수사 목적의 달성을 위하여 개인정보가 필요한 정도, 개인정보의 제공으로 인하여 정보주체나 제3자가 침해받는 이익의 성질 및 내용, 침해받는 정도, 수사 내용과 정보주체 또는 제3자와의 관련성 등 관련된 모든 사정들을 종합하여 객관적으로 판단하여야 할 것이다.[9]

④ **목적 외 이용 · 제공 공개**

공공기관이 개인정보를 목적 외로 이용하거나 제3자에게 제공하는 경우에는 1개월 이내에 목적 외 이용 · 제공의 법적 근거, 이용 또는 제공 일자 · 목적 · 항목에 관하여 관보 또는 인터넷 홈페이지에 게재하여 공고하여야 한다. 다만, 정보주체의 동의를 받거나 범죄 수사와 공소 제기 및 유지를 위해 개인정보를 목적 외로 이용하거나 제공하는 경우에는 그러하지 아니하다.

개인정보를 목적 외의 용도로 제3자에게 제공하는 경우에는 개인정보를 제공하는 자와 개인정보를 제공받는 자는 개인정보의 안전성에 관한 책임관계를 명확히 하여야 한다(표준지침 제8조).

개인정보처리자가 개인정보를 목적 외로 제3자에게 제공할 때는 개인정보를 제공받는 자가 개인정보를 안전하게 처리하도록 이용 목적, 이용 방법 등에 일정한 제한을 가하거나 제29조에 따른 안전성 확보조치를 강구하도록 요청하여야 한다. 개인정보처리자는 제공과 동시에 또는 필요한 경우 제공한 이후에 개인정보를 제공받는 자에게 이용 목적, 이용 방법, 이용 기간, 이용 형태 등을 제한하거나, 개인정보의 안전성 확보를 위하여 필요한 구체적인 조치를 마련하도록 문서(전자문서를 포함한다. 이하 같다)로 요청하여야 한다. 이 경우 요청을 받은 자는 그에 따른 조치를 취하고 그 사실을 개인정보를 제공한 개인정보처리자에게 문서로 알려야 한다(표준지침 제8조).

4) 개인정보의 처리 위탁

① **업무위탁의 유형**

업무위탁의 유형은 크게 개인정보의 수집 · 관리 업무 그 자체를 위탁하는 개인정보처리업무 위탁과 개인정보의 이용 · 제공이 수반되는 일반 업무를 위탁하는 개인정보취급업무 위탁으로 구분될 수 있다. 또한 개인정보취급업무 위탁은 다시 홍보 · 판매권유 등 마케팅 업무의 위탁과 상품 배달 · AS 등 계약이행업무의 위탁으로 구분할 수도 있다.

업무위탁으로 인한 개인정보 침해 유형은 다음과 같다.[10]

- 판매 실적 증대를 위한 무분별한 재위탁 등 개인정보의 전전 제공
- 다른 회사의 상품 · 서비스를 동시 취급하면서 개인정보를 공유
- 고객 개인정보를 이용하여 부가서비스 등 다른 서비스에 무단 가입
- 서비스 가입신청서 등 개인정보의 분실 · 유출
- 고객 DB를 빼내어 판매
- 정보시스템 안전조치 미비로 인한 개인정보 유출 등

② 업무위탁의 절차 · 방법(법 제26조, 시행령 제28조)

개인정보처리자가 제3자에게 개인정보의 처리 업무를 위탁하는 경우에는 다음의 내용이 포함된 문서에 의하여야 한다.

- 위탁업무 수행 목적 외 개인정보의 처리 금지에 관한 사항
- 개인정보의 기술적 · 관리적 보호 조치에 관한 사항
- 위탁업무의 목적 및 범위
- 재위탁 제한에 관한 사항
- 개인정보에 대한 접근 제한 등 안전성 확보조치에 관한 사항
- 위탁업무와 관련하여 보유하고 있는 개인정보의 관리 현황 점검 등 감독에 관한 사항
- 수탁자가 준수하여야 할 의무를 위반한 경우의 손해배상 등 책임에 관한 사항

위탁자는 ① 위탁하는 업무의 내용과 ② 수탁자를 정보주체가 언제든지 쉽게 확인할 수 있도록 자신의 인터넷 홈페이지에 지속적으로 게재하는 방법으로 공개하여야 한다. 위탁자가 위탁업무의 내용, 수탁자의 이름 등을 인터넷 홈페이지에 게재할 수 없는 경우에는 다음 어느 하나 이상의 방법으로 공개하여야 한다.

- 위탁자의 사업장 등의 보기 쉬운 장소에 게시하는 방법
- 관보(위탁자가 공공기관인 경우로 한정한다)나 위탁자의 사업장 등이 소재하는

시·도 이상의 지역을 주된 보급 지역으로 하는 「신문 등의 진흥에 관한 법률」 제2조제1호·제2호에 따른 일반일간신문, 일반주간신문 또는 인터넷신문에 싣는 방법

- 동일한 제호로 연 2회 이상 발행하여 정보주체에게 배포하는 간행물·소식지·홍보지·청구서 등에 지속적으로 싣는 방법
- 재화 또는 용역을 제공하기 위한 위탁자와 정보주체가 작성한 계약서 등에 실어 정보주체에게 발급하는 방법

위탁자가 재화 또는 서비스를 홍보하거나 판매를 권유하는 업무를 위탁하는 경우에는 서면, 전자우편, 전화, 문자 전송 또는 이에 상당하는 방법으로 ① 위탁하는 업무의 내용과 ② 수탁자를 정보주체에게 알려야 한다.

위탁자가 과실 없이 서면, 전자우편 등의 방법으로 정보주체에게 알릴 수 없는 경우에는 해당 사항을 인터넷 홈페이지에 30일 이상 게재하여야 한다. 다만, 인터넷 홈페이지를 운영하지 않는 위탁자의 경우에는 사업장 등의 보기 쉬운 장소에 30일 이상 게시하여야 한다.

③ 위탁자의 책임과 의무

위탁자는 업무 위탁으로 인하여 정보주체의 개인정보가 분실·도난·유출·위조·변조 또는 훼손되지 아니하도록 수탁자에 대하여 정기적인 교육을 실시하고, 수탁자의 개인정보처리 현황 및 실태, 목적 외 이용·제공, 재위탁 여부, 안전성 확보조치 여부 등을 정기적으로 조사·점검하여야 한다.

수탁자가 위탁받은 업무와 관련하여 개인정보를 처리하는 과정에서 법을 위반하여 발생한 손해배상책임에 대하여는 수탁자를 개인정보처리자의 소속 직원으로 본다. 손해배상책임에 있어서 수탁자를 개인정보처리자의 소속 직원으로 본다는 것은 개인정보처리자가 수탁자의 사용자로 간주된다는 것인 바, 개인정보처리자는 수탁자가 발생시킨 손해에 대하여 민법상의 사용자 책임을 부담한다.

④ 수탁자의 의무

수탁자는 개인정보처리자로부터 위탁받은 해당 업무 범위를 초과하여 개인정보를 이용하거나 제3자에게 제공하여서는 아니 된다. 또한 수탁자에 대해서는 이 법 제15조부터 제25조까지, 제27조부터 제31조까지, 제33조부터 제38조까지 및 제59조의 규정을 준용한다.

[표2] 위탁계약서 작성 방법(예시)

항목	내용
위탁업무 수행 목적 외 개인정보의 처리 금지에 관한 사항	• 사업 또는 용역의 목적을 초과한 개인정보의 활용 금지 예) 개인정보의 처리는 계약상의 위임업무 수행을 위한 목적의 범위에 한함. 또한 위탁받은 개인정보를 제3자에게 제공할 수 없음.
개인정보의 관리적 · 기술적 · 물리적 보호조치에 관한 사항	• 고유식별정보의 암호화 적용 • 파일에 대한 암호 설정 • 개인정보 보관 장소의 구분 및 시건장치 등 물리적 보호조치 예) 컴퓨터를 이용하여 개인정보를 취급하는 경우 개인정보가 분실, 도난, 누출 또는 훼손되지 않도록 안전성 확보조치에 필요한 기술적 · 관리적 보호조치를 강구하여야 함.
위탁업무의 목적 및 범위	• 위탁사업의 수행 범위내로 한정
재위탁 제한 또는 손해배상에 관한 사항	• 재위탁 금지 또는 재위탁 시 위탁 받은 개인정보처리 업무를 수행하면서 발생하는 손해에 대한 배상을 청구 가능 규정 명시
개인정보에 대한 접근 제한 등 안전성 확보조치에 관한 사항	• 개인정보에 대한 접근 권한을 가진 자의 범위 • 개인정보 취급에 따른 이력관리 등 명시
위탁업무와 관련하여 보유하고 있는 개인정보의 관리현황 점검 등 감독에 관한 사항	• 실태 점검을 정기적 또는 비정기적으로 실시하며, 필요 시 요청에 응해야 함 • 위탁자의 개인정보 교육 참석 요청에 응해야 하며, 자체 개인정보 교육을 실시하고 결과를 제출해야 함 예) 업무위탁에 의해 발생한 개인정보를 취급하는 담당 직원에게 개인정보를 보호하기 위하여 필요한 교육을 실시하여야 함. 이 경우 '을'의 개인정보보호책임자는 교육계획을 수립하여야 함. '을'은 소속 직원이 개인정보보호 의무를 성실히 이행하는지 여부를 감사하여야 함. 이 경우 개인정보보호책임자는 감사 대상, 감사 절차 및 방법 등 감사의 실시에 관하여 필요한 지침을 수립하여야 함.
수탁자가 준수하여야 할 의무를 위반한 경우의 손해배상 등에 관한 사항	• 수탁자가 준수 의무를 위반하여 개인정보의 유출 등과 같은 사고가 발생할 경우, 손해배상의 책임의 의무 부과 예) '을'은 본 계약서상에 명기한 개인정보보호의무와 관련된 업무를 수행함에 있어서 위법 또는 부당한 방법으로 인하여 '갑'에게 손해가 발생한 경우 이를 배상하여야 함. '갑'이 '을'의 과실로 인하여 개인정보보호와 관련한 손해배상책임을 지는 경우, '갑'은 '을'에게 구상할 수 있음.

3. 개인정보의 파기

(1) 개인정보 파기

개인정보처리자는 개인정보가 불필요하기 되었을 때에는 지체 없이 해당 개인정보를 파기해야 한다. "개인정보가 불필요하게 되었을 때"란 개인정보의 처리 목적이 달성되었거나, 해당 서비스의 폐지, 사업의 종료된 경우 등이 포함된다.

개인정보를 파기할 때에는 다시 복원하거나 재생할 수 없는 형태로 완벽하게 파기하여야 한다. 하드디스크, CD/DVD, USB메모리 등의 매체에 전자기(電磁氣)적으로 기록된 개인정보는 다시 재생시킬 수 없는 기술적 방법으로 삭제하거나 물리적인 방법으로 매체를 파괴하여 복구할 수 없도록 하여야 하며, 종이와 같이 출력물의 형태로 되어 있는 경우에는 물리적으로 분쇄하거나 소각하는 방법으로 해당 개인정보를 완전히 파기하여야 한다(개인정보의 안전한 파기에 관한 세부 사항은 행정안전부장관이 정하여 고시한다).

이와 관련하여 국가정보원에서는 저장매체 불용처리 지침을 마련하였으며, 이 지침에는 개인정보 등이 저장된 하드디스크에 대한 삭제 방법이 포함되어 있다.

개인정보처리자는 개인정보의 파기에 관한 사항을 기록하고 관리하여야 한다. 보유목적을 달성한 개인정보의 파기는 법적 의무사항이며 위반 시 벌칙 등 일정의 처벌이 부과되는 사항이므로 파기는 반드시 개인정보보호책임자의 책임하에 수행되어야 하

[표3] 정보시스템 저장매체 · 자료별 삭제 방법

저장자료 저장매체	공개자료	민감자료 (개인정보 등)	비밀자료 (대외비 포함)
플로피디스크	㉮	㉮	㉮
광디스크 (CD · DVD 등)	㉮	㉮	㉮
자기 테이프	㉮ · ㉯중 택일	㉮ · ㉯중 택일	㉮
반도체메모리 (EEPROM 등)	㉮ · ㉰중 택일	㉮ · ㉰중 택일	㉮ · ㉰중 택일
	완전포맷이 되지 않는 저장매체는 ㉮ 방법 사용		
하드디스크	㉱	㉮ · ㉯ · ㉰중 택일	㉮ · ㉯중 택일

㉮ : 완전파괴(소각 · 파쇄 · 용해)
　* 비밀이 저장된 플로피디스켓 · 광디스크 파쇄 시에는 파쇄 조각의 크기가 0.25mm 이하가 되도록 조치
㉯ : 전용 소자(消磁)장비 이용 저장자료 삭제
　* 소자장비는 반드시 저장매체의 자기력(磁氣力)보다 큰 자기력 보유
㉰ : 완전포맷 3회 수행
　* 저장매체 전체를 '난수' · '0' · '1'로 각각 중복 저장하는 방식으로 삭제
㉱ : 완전포맷 1회 수행
　* 저장매체 전체를 '난수'로 중복 저장하는 방식으로 삭제

며, 개인정보보호책임자는 파기 결과를 확인하여야 한다.

　개인정보처리자는 개인정보의 파기에 관한 사항을 기록하고 관리하여야 한다. 보유 목적을 달성한 개인정보의 파기는 법적 의무사항이며 위반 시 벌칙 등 일정의 처벌이 부과되는 사항이므로 파기는 반드시 개인정보보호책임자의 책임하에 수행되어야 하며, 개인정보보호책임자는 파기 결과를 확인하여야 한다.

　개인정보처리자는 '다른 법령에 따라 보존해야 하는 경우'에는 예외적으로 개인정보를 파기하지 않아도 된다. 개인정보처리자가 개인정보를 파기하지 않고 보존하려고 하는 경우에는 그 법적 근거를 명확히 해야 한다.

　개인정보처리자가 개인정보 보유 기간을 고지하고 동의를 받는 경우, 보유 기간을 정할 때 그 보유 목적이 명백히 영구히 보유하여야 하는 경우에는 영구, 그렇지 않은 경우에는 필요최소한으로 정해야 하며 이에 대한 입증 책임은 개인정보처리자가 부담한다(보유 기간 산정은 기관과 관련이 있는 '개별 법령의 규정'에 명시된 자료 보존 기간에 따라 산정하도록 한다).

개인정보처리자는 법령에 따라 개인정보를 파기하지 않고 보존하는 경우에는 해당 개인정보 또는 개인정보파일을 다른 개인정보와 분리하여서 저장·관리하여야 한다. 미파기정보가 기존 개인정보와 혼재되어 있으면, 일례로 회원들을 대상으로 한 메일 발송 시에 탈퇴 회원에게도 같이 발송되는 경우와 같이 개인정보의 목적 외 이용이나 유출, 오·남용의 위험성이 커지므로 이를 방지하기 위함이다(개인정보처리자는 법률에 따라 개인정보를 파기하지 않고 보존하는 경우에 물리적, 논리적으로 분리된 시스템에 별도로 보관하여야 한다).

[표4] 개인정보파일 보유 기간 책정 기준표

보유 기간	대상 개인정보 파일
영구	1. 국민의 지위, 신분, 재산을 증명하기 위해 운용하는 개인정보파일 중 영구 보존이 필요한 개인정보파일 2. 국민의 건강 증진과 관련된 업무를 수행하기 위해 운용하는 개인정보파일 중 영구 보존이 필요한 개인정보파일
준영구	1. 국민의 신분, 재산을 증명하기 위해 운용하는 개인정보파일 중 개인이 사망, 폐지 그 밖의 사유로 소멸되기 때문에 영구 보존할 필요가 없는 개인정보파일 2. 국민의 신분 증명 및 의무 부과, 특정 대상 관리 등을 위하여 행정기관이 구축하여 운영하는 행정정보시스템의 데이터 셋으로 구성된 개인정보파일
30년	1. 관계 법령에 따라 10년 이상 30년 미만의 기간 동안 민·형사상 또는 행정상의 책임 또는 시효가 지속되거나, 증명자료로서의 가치가 지속되는 개인정보파일
10년	1. 관계 법령에 따라 5년 이상 10년 미만의 기간 동안 민·형사상 또는 행정상의 책임 또는 시효가 지속되거나, 증명자료로서의 가치가 지속되는 개인정보파일
5년	1. 관계 법령에 따라 3년 이상 5년 미만의 기간 동안 민·형사상 또는 행정상의 책임 또는 시효가 지속되거나, 증명자료로서의 가치가 지속되는 개인정보파일
3년	1. 행정업무의 참고 또는 사실 증명을 위하여 1년 이상 3년 미만의 기간 동안 보존할 필요가 있는 개인정보파일 2. 관계 법령에 따라 1년 이상 3년 미만의 기간 동안 민·형사상 또는 행정상의 책임 또는 시효가 지속되거나, 증명자료로서의 가치가 지속되는 개인정보파일 3. 각종 증명서 발급과 관련된 개인정보파일(단 다른 법령에서 증명서 발급 관련 보유 기간이 별도로 규정된 경우 해당 법령에 따름)
1년	1. 상급기관(부서)의 요구에 따라 단순 보고를 위해 생성한 개인정보파일

[표5] 개별법에 규정된 개인정보파일별 보유 기간(예시)

개인정보의 종류/내용	근거 법령	보존 기간
근로자명부, 근로계약서, 임금대장, 임금의 결정·지급방법과 임금 계산의 기초에 관한 서류, 고용·해고·퇴직에 관한 서류, 승급·감급에 관한 서류, 휴가에 관한 서류	근로기준법 제42조	3년
재해보상에 관한 중요한 서류	근로기준법 제91조	재해보상이 끝났을 때/재해보상청구권의 시효로 인한 소멸
1. 모집과 채용, 임금, 임금 외의 금품 등, 교육·배치 및 승진, 정년·퇴직 및 해고에 관한 서류 2. 직장 내 성희롱 예방 교육을 하였음을 확인할 수 있는 서류 3. 직장 내 성희롱 행위자에 대한 징계 등 조치에 관한 서류 4. 배우자 출산휴가의 청구 및 허용에 관한 서류 5. 육아휴직의 신청 및 허용에 관한 서류 6. 육아기 근로시간 단축의 신청 및 허용에 관한 서류, 허용하지 아니한 경우 그 사유의 통보 및 협의 서류, 육아기 근로시간 단축 중의 근로조건에 관한 서류	남녀고용평등과 일·가정 양립 지원에 관한 법률 제33조, 시행령 제19조	3년
영업관계 서류	상법 제33조제1항	10년
산업재해 발생 기록, 작업환경 측정에 관한 서류, 건강진단에 관한 서류	산업안전보건법 제64조제1항	3년
전자금융 거래기록	전자금융거래법 제22조제1항	5년
1. 계약 또는 청약철회 등에 관한 기록 2. 대금결제 및 재화 등의 공급에 관한 기록	전자상거래 등에서의 소비자보호에 관한 법률 시행령 제6조제1항	5년
소비자의 불만 또는 분쟁처리에 관한 기록		3년
요양기관의 요양급여비용의 청구에 관한 서류	「국민건강보험법」 제96조의2	5년
약국 등 요양기관의 처방전		3년
모든 거래에 관한 장부 및 증거서류(납세자)	「국세기본법」 제85조의3	5년
1. 서약서철 2. 비밀영수증철 3. 비밀관리기록부 4. 비밀수발대장 5. 비밀열람기록전 6. 비밀대출부	「비밀보호규칙」 제85조	10년

개인정보의 종류/내용	근거 법령	보존 기간
1. 제10조 제1항에 따른 산업재해 발생기록 2. 제13조·제15조·제16조·제16조의3 및 제17조에 따른 관리책임자·안전관리자·보건관리자·안전보건관리담당자 및 산업보건의의 선임에 관한 서류 4. 제23조 및 제24조에 따른 안전·보건상의 조치 사항으로서 고용노동부령으로 정하는 사항을 적은 서류 5. 제40조 제1항·제6항에 따른 화학물질의 유해성·위험성 조사에 관한 서류 6. 제42조에 따른 작업환경 측정에 관한 서류 7. 제43조에 따른 건강진단에 관한 서류	「산업안전보건법」 제64조제1항	3년
3. 제19조 제3항 및 제29조의2 제4항에 따른 회의록		2년
건강진단 결과표 및 근로자가 제출한 건강진단 결과를 증명하는 서류	「산업안전보건법 시행규칙」 제107조	5년
고용노동부장관이 정하여 고시하는 물질을 취급하는 근로자에 대한 건강진단 결과의 서류 또는 전산입력 자료		30년
1. 제58조의3 제1항에 따른 안전인증 신청서(첨부서류 포함) 및 제58조의4에 따른 심사와 관련하여 인증기관이 작성한 서류 2. 제73조의2에 따른 안전검사 신청서 및 검사와 관련하여 안전검사기관이 작성한 서류	「산업안전보건법 시행규칙」 제144조 제2항	3년
상업장부와 영업에 관한 중요 서류	「상법」 제33조 제1항	10년
전표 또는 이와 유사한 서류		5년
표시·광고에 관한 기록	「전자상거래등에서의 소비자보호에 관한 법률」제6조, 시행령 제6조	6개월
계약 또는 청약철회 등에 관한 기록		5년
대금결제 및 재화 등의 공급에 관한 기록		5년
소비자의 불만 또는 분쟁 처리에 관한 기록		3년
1. 통신과금서비스를 이용한 거래의 종류 2. 거래금액 3. 통신과금서비스를 통한 구매·이용의 거래 상대방(통신과금서비스를 이용하여 그 대가를 받고 재화 또는 용역을 판매·제공하는 자) 4. 거래일시 5. 대금을 청구·징수하는 전기통신역무의 가입자 번호 6. 해당 거래와 관련한 전기통신역무의 접속에 관한 사항 7. 거래의 신청 및 조건의 변경에 관한 사항 8. 거래의 승인에 관한 사항 9. 그 밖에 과학기술정보통신부장관이 정하여 고시하는 사항	「정보통신망 이용 및 정보보호에 관한 법률 시행령」 제66조의8	5년 (선당 거래 금액이 1만 원을 초과하는 거래인 경우에는 5년)
장부 및 증거서류	「지방세법」 제144조	5년
법 제2조제11호가목부터 라목까지 및 바목에 따른 통신사실확인자료	「통신비밀보호법」 제15조의2, 시행령 제41조	12개월
위의 자료 중 시외·시내전화 역무와 관련된 자료인 통신사실 확인자료		6개월
법 제2조제11호마목 및 사목에 따른 통신사실확인자료(컴퓨터통신 또는 인터넷의 로그기록 자료, 정보통신기기의 위치를 확인할 수 있는 접속지 추적 자료)		3개월

(2) 개인정보 분리 보관

위와 같이 수집한 개인정보의 보유 기간이 경과하였지만 다른 법령에 따라 보존하여야 하는 경우 보유 기간이 지나지 않은 개인정보와 분리 보관을 실시하여야 한다. 분리 보관의 방법은 크게 물리적 분리, 논리적 분리 두 가지로 나눌 수 있다.

분리 보관 방법은 별도의 DB를 생성하여 저장하거나 물리적으로 다른 서버에 저장하는 방법이 있다. 별도로 보관하는 개인정보DB의 경우 일반 개인정보DB의 접근권한과 다르게 설정하여 불필요한 접근 · 조회 · 유출을 방지할 필요가 있다.

물리적 분리 보관, 논리적 분리 보관
* 물리적 분리 보관: 통신망, 장비 등을 물리적으로 이원화하여 분리 보관한 개인정보에 접속이 가능한 컴퓨터와 접속이 불가능한 컴퓨터로 분리하는 방식 * 논리적 분리 보관: 물리적으로 하나의 통신망, 장비 등을 사용하지만 가상화, 접근 통제 등의 방법으로 분리 보관한 개인정보에 접근을 일부 허용하는 방식

★실생활에서 알아보는 개인정보보호(FAQ)

Q1. 환자에게 진료와 직접적인 관련이 있는 내용의 SMS를 보내는 것은 환자의 동의가 없어도 가능하다고 하는데, 예방접종 예약 안내도 포함되나요? 만일 동의서를 받아야 한다면 "접종일자에 대해 안내받기 위한 정보 활용에 동의함"이라는 문구를 추가하는 것만으로 가능한가요?

진료 목적의 범위에는 예약 내용의 안내, 간염 1차 접종을 받은 사람에게 2차 접종을 안내하는 것과 같이 동일 진료와 연결된 예방접종 사항에 대한 안내, 검사 결과 통보 등이 포함됩니다. 그렇지만 진료를 목적으로 수집한 개인정보는 당해 진료와 관련한 목적 내의 범위에서 이용하여야 합니다. 그러므로 진료와 관계없는 예방접종 안내 등을 위해서는 정보주체 또는 그 법정대리인의 동의를 받아야 합니다.

동의를 받고자 하는 경우에는 ① 개인정보의 수집 · 이용 목적 ② 수집하려는 개인정보의 항목

③ 개인정보의 보유 및 이용 기간 ④ 동의를 거부할 권리가 있다는 사실 및 동의 거부에 따른 불이익이 있는 경우에는 그 불이익의 내용을 알리고 동의를 받아야 합니다. 그러므로 "접종일자에 대해 안내받기 위한 정보 활용에 동의함"이라는 문구만을 추가해서는 아니 됩니다.

Q2. 구청을 방문하여 장애인 지원비용을 신청하는 과정에서 각종 진료비 명세, 금융계좌 등 상세한 개인정보를 수집하는데 이에 대한 동의도 받지 않습니다. 본인 동의 없는 개인정보 수집은 위법 아닌가요?
'공공기관이 법령에서 정하는 소관업무 수행을 위해서 개인정보를 수집하는 경우'로서 별도의 동의를 요하지 않습니다.

Q3. 병원에서 의학·치과의학·한방의학 또는 간호학을 전공하는 학생이 실습을 위하여 진료행위 과정을 참관하는 경우가 있습니다. 의학·치과의학·한방의학 또는 간호학을 전공하는 학생이 진료 과정을 참관하고자 하는 경우, 환자에게 동의를 받아야 하나요?
의학·치과의학·한방의학 또는 간호학을 전공하는 학교의 학생은 ① 전공 분야와 관련되는 실습을 하기 위하여 지도교수의 지도·감독을 받아 행하는 의료행위 ② 국민에 대한 의료봉사 활동으로서 의료인의 지도·감독을 받아 행하는 의료행위 ③ 전시·사변이나 그 밖에 이에 준하는 국가비상사태 시에 국가나 지방자치단체의 요청에 따라 의료인의 지도·감독을 받아 행하는 의료행위를 할 수 있습니다(의료법 제27조제1항제3호, 같은 법 시행규칙 제19조제2항). 이와 같이 의료행위 보조자로서 의학 등 전공 학생이 지도교수 또는 의료인의 지도·감독을 받아 법령이 인정하는 의료행위를 할 때에는 환자의 동의를 받지 않고도 참관 및 의료행위를 할 수 있습니다.

Q4. A외식업체 매장에 방문했는데, 입구에 경품 행사를 위한 명함 통이 설치되어 있었습니다. 명함 통 앞에는 "추첨을 통해 쿠폰을 선물로 드리며, 휴대폰 문자 또는 이메일을 통해 다양한 소식을 알려드립니다"라는 문구가 붙어 있었습니다. 이벤트를 통해 수집한 명함 정보를 개인 동의 없이 이용해도 되는지요?
개인정보처리자(외식업체)는 원칙적으로 정보주체의 동의를 받아 개인정보를 수집하고 이용해야 합니다. 그러나 일상적인 생활 및 거래 현장에서 매번 정보주체의 명시적 동의를 받아 개인정보를 수집하는 것이 현실적으로 곤란한 경우가 있는데, 명함을 주고받거나 명함 통에 명함을 투입하는 경우가 이에 해당합니다. 표준 개인정보보호지침 제6조제3항에 따라 명함 등을 제공받아 개인정보를 수집하는 경우에는 정보주체의 동의를 받지 않고 수집할 수 있으나, "사회 통념상으로 동의 의사가 있었다고 인정되는 범위" 내에서만 이용할 수 있습니다. 또한 개인정보의 수집ㆍ이용 목적 등은 최대한 상세하고 명확히 알려야 합니다.

따라서 매장에서 명함 통을 통해 개인정보를 수집하는 경우에는 정보주체로부터 명시적 동의를 받지 않아도 됩니다. 다만 명함 투입에 대한 개인정보 수집ㆍ이용 목적, 수집 항목, 명함으로 수집된 개인정보의 보유 및 이용 기간, 명함 투입 거부 권리 및 거부 시의 불이익 등을 명함 통 등에 명확히 게시하여 정보주체에게 알려야 합니다. 또한 이렇게 명함을 통해 수집된 개인정보는 명함 투입 시 정보주체에게 알려진 수집ㆍ이용 목적 범위 내에서만 이용되어야 합니다.

Q5. A피부과는 홈페이지에 환자의 시술 전ㆍ후 사진을 게시하였습니다. 눈을 가리고 시술 부위 중심으로만 게시하였기 때문에 누가 누구인지 알기 어렵다고 판단하였기 때문인데요, 피부과 시술 전ㆍ후 사진을 홈페이지에 게시하는 것도 개인정보보호법에 어긋나는지요?

개인정보는 이름이나 주민등록번호 등에 의하여 특정한 개인을 알아볼 수 있는 부호ㆍ문자ㆍ음성ㆍ음향 및 영상 등 생존하는 개인에 관한 정보를 말합니다. 여기에는 해당 정보만으로는 특정 개인을 알아볼 수 없더라도 다른 정보와 쉽게 결합하여 알아볼 수 있는 경우가 포함될 수 있습니다.

따라서 환자의 시술 전ㆍ후 사진을 홈페이지에 게시할 때에는 수집ㆍ이용에 관한 사항을 고지하고 정보주체의 동의를 받는 등 개인정보보호법의 제반 조치를 준수해야 할 것입니다. 또한 시술 전ㆍ후 사진으로 전혀 개인이 식별되지 않는다 하더라도, 시술 사진 그 자체로「의료법」에 따른 진료기록 등의 일부인 경우에는 의료법 제21조에 따라 환자 본인의 동의를 받아 공개ㆍ열람 여부를 결정하여야 합니다.

Q6. A신용정보회사에서 대출을 받았는데, 1년 후 다니던 회사가 문을 닫게 되어 대출금의 이자를 납부하지 못했습니다. 다시 직장을 구하기 어려워 전국의 공사 현장을 찾아다니며 생계를

유지하고 있는데, 신용정보회사가 채권추심을 위해 저의 소재를 비롯한 개인정보를 모두 조사했습니다. 신용정보회사가 본인 동의 없이 개인정보를 수집할 수 있나요?

개인정보처리자(신용정보회사)는 원칙적으로 정보주체의 동의를 받아 개인정보를 수집·이용하여야 하나, 개인정보보호법 제15조제1항제2호에 따라 법률에 특별한 규정이 있는 경우에는 정보주체의 동의 없이도 개인정보를 수집·이용할 수 있습니다. 「신용정보의 이용 및 보호에 관한 법률」은 '채권추심업을 허가받은 신용정보회사'가 그 채권추심 업무를 하기 위하여 특정인의 소재 및 연락처를 알아내는 것을 허용하고 있습니다. 따라서 신용정보회사는 대출금액을 상환하기 위하여 대출자의 소재 및 연락처의 개인정보를 수집·이용할 수 있습니다.

다만 신용정보회사라도 「신용정보의 이용 및 보호에 관한 법률」에 따라 금융위원회의 허가를 받는 등 법적 요건이 충족되지 않는 경우에는 특정인의 소재 및 연락처를 알아내거나 금융거래 등 상거래관계 외의 사생활을 조사하는 행위는 금지됩니다.

또한 채권추심을 허가받은 신용정보회사라 하더라도 그 채권추심의 방법과 절차 등에 대해서는 채권의 공정한 추심에 관한 법률이 적용되어 폭행, 협박, 불공정한 행위 등이 엄격히 금지되고 있습니다.

Q7. 환자가 병원에 입원 중인지 여부를 문의받을 경우 알려줘도 되나요?

환자의 입원 정보는 개인정보로서 환자의 동의 없이 알려주는 것은 허용되지 않습니다. 의료법 제19조에 따라 의료인은 이 법이나 다른 법령에 특별히 규정된 경우 외에는 의료·조산 또는 간호를 하면서 알게 된 다른 사람의 비밀을 누설하거나 발표하지 못하므로, 환자의 개인성보인 입원 여부를 환자의 동의 없이 알려주는 경우 의료법에 저촉될 수 있습니다. 환자 본인이나 보호자와 직접 연락할 수 있도록 조치를 취해주시는 것이 바람직합니다.

Q8. 모든 병원에서 환자의 개인정보 수집·이용 동의서를 꼭 받아야 하나요?

의료기관이 개인정보보호법 제15조제1항제2호(법률 규정, 법령상 의무 준수) 및 제4호(정보주체와의 계약의 체결 및 이행)에 따라 수집하는 개인정보는 정보주체의 동의 없이 수집·이용할 수 있습니다. 즉, 의료법에서 진료 목적으로 개인정보를 처리하는 경우 동의 없이 가능합니다. 다만 병원 소식, 건강정보, 백신접종 홍보 등 정보주체의 직접적인 진료와 관계없는 내용을 문자, 우편 등으로 보내고자 한다면 수집·이용 동의를 받아야 합니다.

동의는 최초 방문 시에만 받으면 되고, 이후 이용 목적이 추가되거나 제3자 제공 등 처리 목적 등이 변경될 경우에는 정보주체의 별도의 동의를 받아야 합니다.

Q9. 개인정보보호법 시행 전부터 보관하고 있던 퇴직근로자 개인정보의 보관을 위하여 별도의 동의를 받아야 하나요? 아니면 파기하여야 하나요?

경력증명 등을 위한 목적으로 보관·이용하고 있던 퇴직근로자 개인정보는 법령에서 규정한 기간까지 보관할 수 있습니다. 법령에서 정한 기간 이후에는 퇴직근로자의 동의를 받은 경우에 한하여 동의를 받은 목적으로만 사용할 수 있습니다.

주민등록번호(단, 주민번호는 법령 등이 허용하는 경우로 제한) 등 고유식별정보를 업무용 컴퓨터에 저장하여 관리하는 경우, 상용 암호화 소프트웨어 또는 안전한 암호화 알고리즘을 사용하여 암호화하여 저장하여야 합니다.

의료기관의 정보나 각종 서비스를 홍보하기 위하여 퇴직근로자의 개인정보를 이용하고자 하는 경우, 별도의 동의를 받아야 합니다. 의료기관이 별도 동의를 받는 경우, 퇴직근로자가 이를 명확하게 인지할 수 있도록 알리고 동의를 받아야 합니다.

Q10. 개인정보 수집·이용·제공 동의 시 자필서명이 아닌 전자서명으로 하여도 효력이 동일한가요?

「전자서명법」 제3조제3항에 따르면 "전자서명은 당사자 간의 약정에 따른 서명, 서명날인 또는 기명날인으로서의 효력을 가진다"고 규정하고 있습니다. 그러므로 환자 본인의 전자서명은 자필서명과 같은 효력을 갖습니다.

또한 전자문서는 다른 법률에 특별한 규정이 있는 경우를 제외하고는 전자적 형태로 되어 있다는 이유로 문서로서의 효력이 있습니다(「전자문서 및 전자거래 기본법」 제4조제1항).

Q11. A학교의 비공개 게시판에 사진을 올리려 합니다. 단체 사진일 경우, 동의를 거부한 사람이 있다면 동의 없이 게시가 가능한가요?

영상 등을 통하여 개인을 알아볼 수 있는 정보도 개인정보에 해당합니다. 따라서 단체 사진의 경우도 개인정보에 해당하므로 학교 홈페이지에 사진을 올리는 경우에는 정보주체의 동의를 얻어야 합니다. 다만, 만 14세 미만인 경우에는 법정대리인의 동의를 받아 게시할 수 있습니다. 단체 사진의 경우 동의를 거부한 사람에 대해 식별할 수 없도록 처리한 후 게시가 가능합니다.

Q12. 공공기관에서 업무활동으로 UCC 등을 만들어 유튜브에 올릴 경우 동의서를 따로 받아두어야 하나요?

유튜브에 담당자와 업무활동에 참여한 사람들의 동영상이나 사진을 올릴 경우, 해당 동영상 등을 국내외에서 다수의 사람들이 이용할 수 있도록 하는 것이기에 정보주체의 동의를 받아야 하며, 만 14세 미만자가 포함된 경우 법정대리인의 동의를 받아야 합니다.

Q13. 동의를 받아야 하는 경우 반드시 서면으로 받아야 하나요?

반드시 서면으로 받을 필요는 없습니다. 「개인정보보호법」 시행령 제17조에 따르면 다음과 같은 방법으로 동의를 받을 수도 있습니다.

① 동의 내용이 적힌 서면을 정보주체에게 직접 발급하거나 우편 또는 팩스 등의 방법으로 전달하고, 정보주체가 서명하거나 날인한 동의서를 받는 방법
② 전화를 통하여 동의 내용을 정보주체에게 알리고 동의의 의사표시를 확인하는 방법
③ 전화를 통하여 동의 내용을 정보주체에게 알리고 정보주체에게 인터넷주소 등을 통하여 동의 사항을 확인하도록 한 후, 다시 전화를 봉하여 ⊥ 동의 사항에 대한 동의의 의사표시를 확인하는 방법
④ 인터넷 홈페이지 등에 동의 내용을 게재하고 정보주체가 동의 여부를 표시하도록 하는 방법
⑤ 동의 내용이 적힌 전자우편을 발송하여 정보주체로부터 동의의 의사표시가 적힌 전자우편을 받는 방법
⑥ 그 밖에 ①~⑤에 따른 규정에 따른 방법에 준하는 방법으로 동의 내용을 알리고 동의의 의사표시를 확인하는 방법

Q14. "바이오정보란 지문, 얼굴, 홍채, 정맥, 음성, 필적 등 개인을 식별할 수 있는 신체적 또는

행동적 특징에 관한 정보로서 그로부터 가공되거나 생성된 정보를 포함한다"라고 알고 있습니다. 의료기관에서 동의서 작성 시 설명한 내용에 대한 환자·보호자와의 분쟁에 대비하기 위하여 음성 녹음을 하여 저장할 경우 이는 암호화의 대상이 되나요? 그리고 녹음에 대한 동의를 따로 받아야 하나요?

지문, 얼굴, 홍채, 정맥, 음성, 필적 등의 바이오정보는 각 개인마다 고유의 특징을 지니기 때문에 암호화 대상에 해당합니다. 그러므로 음성 녹음을 저장할 경우, 암호화하여야 합니다. 다만 CT영상 등 의료행위 관련 바이오정보는 암호화 대상에서 제외됩니다.

환자 및 그 보호자를 대상으로 진료를 목적으로 녹음하는 것은 동의 없이도 가능하지만, 그렇지 않은 경우에는 동의를 받아 녹음해야 합니다.

Q15. 홈페이지 비밀번호를 전화로 문의 시 본인 확인은 어느 수준까지 해야 하나요?

홈페이지의 비밀번호는 '개인정보 안전성 확보조치 기준'에 따라 암호화하여야 하는 개인정보입니다. 의료기관은 비밀번호를 복호화되지 않도록 일방향 암호화하고, 안전한 암호 알고리즘으로 암호화하여 저장하여야 합니다. 그러므로 암호화된 비밀번호를 전화를 통하여 알려주는 것은 암호화의 취지에 반하는 것으로 본인 확인을 거쳐 알려줄 수 없는 개인정보라고 판단됩니다. 따라서 임시로 비밀번호를 부여하여 '비밀번호 작성규칙'에 따라 본인이 직접 비밀번호를 새로이 작성한 후 이용하도록 하는 것이 옳다고 판단됩니다.

Q16. 개인정보보호법에는 개인정보 제3자 제공, 처리위탁, 영업양도가 규정되어 있는데, 각각 어떤 특징이 있고 어떻게 구별하면 되는지 궁금합니다.

목적을 기준으로 각각을 살펴보면, '제3자 제공'은 제공받는 자의 목적을 위해 제공되는 것, '처리위탁'은 제공하는 자의 목적을 위해 제공되는 것, '영업양도'는 개인정보의 처리 목적은 그대로 유지되면서 개인정보 관리주체만 변경·이전되는 것입니다.

관리책임을 기준으로 각각을 살펴보면, '제3자 제공'은 개인정보 이전 후에는 '제공받는 자(제3자)'의 관리 범위에 속하는 반면, '처리위탁'은 개인정보 이전 후에도 원칙적으로 '제공하는 자'의 관리 범위에 속하며, '영업양도'는 영업양도·합병 후에는 양수자의 관리 범위에 속하게 됩니다.

Q17. 다른 의료기관 또는 검사기관에 검사를 의뢰하여 검사를 하는 경우 정보주체의 동의를 받아야 하나요?

진료를 목적으로 다른 의료기관 또는 검사기관에 검사를 위탁하는 등 개인정보처리를 위탁하는 경우 정보주체인 환자의 동의를 받을 필요는 없습니다. 그렇지만 다음의 사항을 준수하여야 합니다.

첫째, 위탁을 하는 경우 다음 사항이 포함된 계약서를 문서화하여 작성합니다.

① 위탁업무 수행 목적 외 개인정보의 처리 금지에 관한 사항

② 개인정보의 기술적 · 관리적 보호조치에 관한 사항

③ 위탁업무의 목적 및 범위

④ 재위탁 제한에 관한 사항

⑤ 개인정보에 대한 접근 제한 등 안전성 확보조치에 관한 사항

⑥ 위탁업무와 관련하여 보유하고 있는 개인정보의 관리 현황 점검 등 감독에 관한 사항

⑦ 수탁자가 준수하여야 할 의무를 위반한 경우의 손해배상 등 책임에 관한 사항

둘째, 의료기관은 위탁하는 업무의 내용과 수탁자를 환자 또는 그 보호자가 언제든지 확인할 수 있도록 다음과 같은 방법으로 공개하여야 합니다.

① 인터넷 홈페이지

② 위탁자의 사업장 · 영업소 · 사무소 · 점포 등의 보기 쉬운 장소에 게시하는 방법

③ 관보(위탁자가 공공기관인 경우만 해당한다)나 위탁자의 사업장 등이 있는 시 · 도 이상의 지역을 주된 보급 지역으로 하는 「신문 등의 진흥에 관한 법률」 제2조제1호가목 · 다목 및 같은 조 제2호에 따른 일반일간신문, 일반주간신문 또는 인터넷신문에 싣는 방법 ④ 같은 제목으로 연 2회 이상 발행하여 정보주체에게 배포하는 간행물 · 소식지 · 홍보지 또는 청구서 등에 지

속적으로 싣는 방법

⑤ 재화나 용역을 제공하기 위하여 위탁자와 정보주체가 작성한 계약서 등에 실어 정보주체에게 발급하는 방법

셋째, 위탁으로 인하여 정보주체의 개인정보가 분실 · 도난 · 유출 · 위조 · 변조 또는 훼손되지 아니하도록 수탁자를 교육하고, 처리 현황 점검 등 수탁자가 개인정보를 안전하게 처리하는지 감독하여야 합니다.

Q18. 주식회사에서 주주명부를 작성하는 경우 성명, 주소와 주민등록번호를 기재하고 있습니다. 개인정보보호법에 따르면 주민등록번호를 기재하기 위해 동의를 받아야 하는 것 아닌지요?

「법인세법」 시행령 제152조제2항 등에서는 '주주명부'의 기재사항으로서 성명, 주소, 주민등록번호(재외국민의 경우에는 여권번호 등, 외국인의 경우는 외국인등록번호)를 기재하도록 하고 있으므로, 이는 개인정보보호법이 정하고 있는 "법령에서 구체적으로 처리를 요구 · 허용하는 경우"에 해당합니다. 따라서 주식회사에서 주주명부 기재를 위해 주민등록번호나 여권번호, 외국인등록번호를 수집 · 이용하는 경우에는 정보주체의 별도 동의를 요하지 않습니다.

따라서 주주명부에는 「법인세법」에 따라 주민등록번호를 기재하도록 되어 있으므로 정보주체의 별도 동의 없이도 주민등록번호 이용이 가능합니다. 다만, 정보주체가 해당 정보의 처리에 대해 인지할 수 있도록 수집 시 그 근거법을 안내해주시기 바랍니다.

Q19. 기부금을 받았음을 증명해주는 '기부금 영수증'을 발급하려면 기부자의 성명과 주민등록번호가 필요합니다. 앞으로는 주민등록번호를 쓰면 안 된다고 하는데 이런 경우는 어떻게 해야 하나요?

기부금 영수증의 주민등록번호 기재는 「소득세법」 및 동법 시행규칙 별지 서식에 의한 것으로서, "법령에서 구체적으로 처리를 요구하거나 허용한 경우"에 해당하여 정보주체 별도 동의 없이도 처리 가능합니다.

다만, 정보주체가 해당 정보의 처리에 대해 인지할 수 있도록 수집 시 그 근거법을 안내해주시

기 바랍니다.

Q20. 구청이 운영하는 주차위반 차량 견인 보관소에서 차량을 반환받으려면 반드시 주민등록번호와 운전면허번호를 적으라고 합니다. 주민등록번호 사용이 금지되었다고 들었는데 이러한 행위는 위법 아닌가요?

주민등록번호는 개인정보보호법에 따른 '고유식별정보'에 해당하며, 특히 2014년 8월 7일부터 주민번호수집 법정주의를 신설해 시행하고 있습니다. 다만, 경찰청장 및 도지사·시장 등은 도로교통법에 따라 주차 위반 차의 견인 및 보관 업무 등을 위해 고유식별정보를 처리할 수 있습니다.

Q21. 새로 분양받은 아파트에 입주 후 인근 부동산중개업소에서 동·호수와 전화번호, 이름 등을 알고 홍보 전화를 걸어왔습니다. 부동산중개업소에 어떠한 문의도 한 적이 없는데 어떻게 정보를 알고 전화를 하였는지 물어보니 아파트 건설사로부터 개인정보를 받았다고 합니다. 아파트 건설사가 부동산중개업소에게 아파트 입주민의 개인정보를 제공해도 되는지요?

개인정보처리자(아파트 건설사)는 개인정보를 당초 수집한 목적 범위를 초과하여 이용하거나 제3자에게 제공할 수 없습니다. 다만 정보주체로부터 별도 동의를 받았거나 다른 법률에 특별한 규정이 있는 경우 등은 제3자에게 제공이 허용됩니다.

아파트 건설사가 입주자들의 부동산 거래 편의를 위하여 개인정보를 부동산중개업소에 제공한 것일 수도 있으나, 이러한 경우에도 분양계약 체결 시에 수집한 개인정보를 부동산중개업소에 제공하는 데 대한 별도의 동의를 받은 후에 개인정보를 제공하여야 합니다.

Q22. 교통사고로 병원에 입원하여 치료를 받은 후 보험사에 보험금을 청구하였습니다. 그런데 보험금 청구 후 보험사가 병원으로부터 진료기록 일체를 제공받아 갔습니다. 보험금 지급을 위한 확인 절차라고는 하지만 개인의 병원 진료기록을 복사해 가는 것은 과도하다는 생각이 듭니다. 보험금을 청구했을 때, 보험사는 병원으로부터 보험계약자의 의료기록을 제공받을 수 있는지요?

개인정보보호법은 원칙적으로 개인정보를 수집 목적 범위를 초과하여 이용하거나 제3자에게 제공하는 행위를 금지하고 있으나, 예외적으로 "다른 법률에 특별한 규정이 있는 경우"에는 비록 정보주체 본인 동의가 없다 하더라도 개인정보 제3자 제공이 허용됩니다.

「의료법」 및 「자동차손해배상보장법」은 의료기관으로부터 자동차보험 진료수가 청구를 받은 보험회사 등은 정보주체 본인 동의가 없더라도 의료기관에 대해 관계 진료기록의 열람 및 사본 교부를 청구할 수 있도록 규정하고 있습니다. 따라서 자동차보험 진료수가 청구를 받은 보험회사 등은 피보험자의 동의가 없더라도 의료기관에 대해 관계 진료기록의 열람 및 사본교부를 청구할 수 있습니다.

다만 「자동차손해배상보장법」이나 「의료법」 등에서와 같이 환자 아닌 사람에게 환자에 관한 기록의 열람이 가능하도록 법령에서 특별히 규정한 경우가 아니라면, 일반적으로 보험회사가 의료기관으로부터 환자의 진료기록을 열람하기 위해서는 정보주체로부터 위임장을 받아야 할 것입니다.

Q23. 경찰이 문서로 환자의 인적 사항 제공을 요구할 경우 어떤 조치를 해야 하나요?

경찰로부터 환자의 인적 사항 요구가 있는 경우에는 정보주체인 환자로부터 별도의 동의를 받아 해당 개인정보를 제공할 수 있습니다. 이 경우 정보주체인 환자에게 ① 개인정보를 제공받는 자 ② 개인정보를 제공받는 자의 이용 목적 ③ 제공하는 개인정보의 항목 ④ 개인정보를 제공받는 자의 보유 및 이용 기간 ⑤ 동의를 거부할 권리가 있다는 사실 및 동의 거부에 따른 불이익이 있는 경우에는 그 불이익의 내용을 알려야 하고, 이와 같은 사항을 변경하는 경우에도 알리고 동의를 받아야 합니다.

다만 경찰이 「형사소송법」 제106조 또는 제215조, 제218조에 따른 압수·수색영장에 의하여 해당 환자의 개인정보를 압수하는 것은 민사소송법 제347조에 의하여 "다른 법률에 특별한 규정이 있는 경우"에 해당하므로, 「개인정보보호법」 제18조제2항제7호또는 8호에 따라 정보주체 또는 제3자의 이익을 부당하게 침해할 우려가 있을 때를 제외하고는 환자의 동의 없이 해당 개인정보를 제공할 수 있습니다.

Q24. 전화로 환자 본인 또는 가족, 보험사 직원이라고 하면서 환자의 진료정보를 문의할 때 알려줘도 되나요? 또는 가족의 보험 정산을 위하여 병원에 영수증, 처방 내역 등을 팩스로 요청

하는데 보내줘도 되나요?

의료인이나 의료기관 종사자는 환자가 아닌 다른 사람에게 환자에 관한 기록을 열람하게 하거나 그 사본을 내주는 등 내용을 확인할 수 있게 하여서는 아니 됩니다. 다만 ① 환자의 배우자, 직계 존속·비속 또는 배우자의 직계 존속이 환자 본인의 동의서와 친족관계임을 나타내는 증명서 둥을 첨부하는 등 보건복지부령으로 정하는 요건을 갖추어 요청한 경우 ② 환자가 지정하는 대리인이 환자 본인의 동의서와 대리권이 있음을 증명하는 서류를 첨부하는 등 보건복지부령으로 정하는 요건을 갖추어 요청한 경우 ③ 환자가 사망하거나 의식이 없는 등 환자의 동의를 받을 수 없어 환자의 배우자, 직계 존속·비속 또는 배우자의 직계 존속이 친족관계임을 나타내는 증명서 등을 첨부하는 등 보건복지부령으로 정하는 요건을 갖추어 요청한 경우 등, 의료법 제21조제2항 각 호의 사유 가운데 어느 하나에 해당하는 때에는 환자의 진료기록을 열람하게 하거나 그 사본을 교부하는 등 내용을 확인하게 할 수 있습니다.

이 경우에도 의료기관 개설자는 ① 기록 열람이나 사본 발급을 요청하는 자의 신분증 사본 ② 가족관계증명서, 주민등록표 등본 등 친족관계임을 확인할 수 있는 서류 등을 제출받아야 합니다(자세한 것은 「의료법」 시행규칙 제13조의2 참조).

Q25. 환자의 편의를 위하여 검사 결과를 전화 또는 문자로 알려주고 있는데, 개인정보보호법상 문제가 되나요?

환자 본인이 확인된 경우, 환자의 검사 결과 동보는 진료 목적의 범위에 해당하므로 별도의 동의 없이 환자의 전화 또는 문자로 알려줄 수 있습니다. 다만, 환자가 아닌 다른 사람에게 환자에 관한 기록을 알려주는 것은 「의료법」 제21조에 해당하는 경우로 제한됩니다.

Q26. 회원으로 가입하여 이용해오던 서비스가 다른 기업 서비스와 통합된다는 안내를 받고 개인정보 이전 거부와 회원 탈퇴를 신청했는데 나중에 통합된 서비스에서 계속 홍보물이 옵니다. 개인정보보호 침해 아닌가요?

개인정보처리자(사업자)는 영업의 양도·합병 등으로 개인정보를 이전하는 경우에 개인정보 이전 사실, 이전받는 자에 관한 정보, 정보주체가 개인정보 이전을 원치 않는 경우의 조치방법 및 절차를 통지하도록 되어 있습니다(개인정보보호법 제27조).

따라서 영업양도 · 양수 시에 정보주체가 개인정보 이전을 거부한 경우, 개인정보처리자(사업자)는 이에 따라 회원 탈퇴 등 필요한 조치를 반드시 취해야 합니다.

Q27. 개인정보보호법이 제정되어 직원의 개인정보를 회사 업무에 활용하기 위해서 직원의 동의가 있어야 한다고 합니다. 직원의 임금 지급을 위해서 직원의 이름, 은행계좌번호를 이용해야 하고 산재보험, 건강보험, 고용보험, 국민연금의 4대보험을 처리하기 위하여 직원의 이름, 주민등록번호를 이용하여 근로복지공단에 제공해야 합니다. 회사가 임금 지급 및 4대보험 처리를 위해 직원의 개인정보를 이용 · 제공하려면 직원의 동의를 받아야 하나요?

개인정보처리자는 원칙적으로 정보주체의 동의를 받아 개인정보를 수집 · 이용 · 제공하여야 하나, 개인정보보호법 제15조제1항제4호에 따라 계약의 이행을 위해 필요한 경우에는 정보주체의 동의 없이도 개인정보를 수집 · 이용할 수 있고, 개인정보보호법 제18조제2항제2호에 따라 다른 법률에 특별한 규정이 있는 경우에는 정보주체의 동의 없이 개인정보를 제공할 수 있습니다.

회사는 직원과의 근로계약을 이행하기 위하여 임금을 지급해야 하는 경우 직원의 이름, 은행계좌번호 등 임금 지급을 위하여 필요한 개인정보를 수집 · 이용할 수 있으며 이때 직원의 동의는 필요하지 않습니다. 또한 회사는 법에 따라 산재보험, 건강보험, 고용보험, 국민연금을 처리해야 할 의무가 있고, 고용보험 및 산업재해보상보험의 보험료 징수 등에 관한 법률, 국민연금법, 건강보험법에 따라 직원의 이름, 주민등록번호, 급여 내역 등을 근로복지공단, 국민연금공단, 국민건강보험공단 등에 제공해야 하며 이때 역시 직원의 동의는 필요하지 않습니다.

Q28. A공사에서 고객만족도 조사를 위한 설문조사를 외부 리서치 업체에 위탁하고자 합니다. 전자우편 또는 전화를 이용하여 설문조사를 실시할 예정이며, 이를 위하여 A공사에서 수집한 설문 대상자의 성명, 소속, 이메일주소, 전화번호 등을 리서치 업체에 제공하고자 합니다. A공사에서 고객만족도 조사를 위한 설문조사를 위탁하면서 수집한 개인정보를 외부 리서치업체에 제공할 수 있는지요?

개인정보보호법에 따라 개인정보처리자(A공사)는 법령상 의무 준수 또는 법령에서 정한 소관 업무 수행을 위하여 불가피한 경우 정보주체의 동의 없이 개인정보를 수집 · 이용할 수 있습니다. 또한 「공공기관의 운영에 관한 법률」 제13조제2항에 따라 공공기관은 연 1회 이상 고객만족도 조사를 의무적으로 실시해야 합니다.

따라서 공공기관은 공공기관의 운영에 관한 법률에 따른 고객만족도 실시 의무를 준수하기 위하여 동의 없이 고객만족도 설문조사에 필요한 개인정보를 이용할 수 있습니다. 그러므로 A공사에서는 외부 기관을 선정하여 고객만족도 조사를 위탁할 수 있으며, 정보주체인 조사 대상자의 동의 없이 고객만족도 조사를 위해 필요한 개인정보를 외부 기관에 제공할 수 있습니다.

Q29. A사는 급여 관련 업무를 외부업체에 위탁하여 처리하고 있으며, 급여 관련 업무 수행에 필요한 직원의 개인정보를 수탁자인 외부업체에 제공하고 있습니다. A사는 급여 관련 업무가 위탁되어 처리되고 있으며 직원의 개인정보가 외부업체에 제공된다는 사실을 직원들에게 알려야 하나요?

개인정보보호법 제26조에 따라 개인정보처리자(A사)는 개인정보처리업무의 일부 또는 전부를 위탁할 수 있으며, 위탁업무 수행에 필요한 개인정보를 수탁자에게 제공할 수 있습니다. 따라서 A사는 급여 관련 업무를 외부기관에 위탁하고, 직원의 동의 없이 업무처리에 필요한 직원의 개인정보를 제공할 수 있습니다.

개인정보처리업무를 위탁하는 경우, A사는 위탁하는 업무의 내용과 수탁자를 내부 직원들이 언제든지 쉽게 확인할 수 있도록 내부 인트라넷(사내망)에 지속적으로 게재하는 방법으로 공개해야 합니다.

Q30. 퇴직한 근로자의 개인정보는 언제 파기하여야 하나요?

퇴직한 근로자의 경력증명 등 사용증명서 발급을 위하여 3년 동안 퇴직근로자의 개인정보를 보관할 수 있으며, 보존 기간이 종료된 후 5일 이내에 파기하여야 합니다. 단, 보존기간 이상의 기간 동안 보관하기 위해서는 퇴직근로자의 동의를 별도로 받아야 합니다. 근로기준법 제39조에 따르면 의료기관의 장은 근로자가 퇴직한 후라도 사용 기간, 업무 종류, 지위와 임금, 그 밖에 필요한 사항에 관한 증명서를 청구하면 사실대로 적은 증명서를 즉시 내주어야 합니다. 사용증명서를 청구할 수 있는 기한은 퇴직 후 3년 이내로 합니다(근로기준법 시행령 제19조).

따라서 사용증명서 발급을 위한 퇴직근로자 개인정보 보관 기간은 3년입니다.

IV

영상정보처리기기 등
신기술과 개인정보보호

1. 정의

"영상정보처리기기"란 일정한 공간에 지속적으로 설치되어 사람 또는 사물의 영상 등을 촬영하거나 이를 유·무선망을 통하여 전송하는 일체의 장치로서, 시행령 제3조에 따른 폐쇄회로 텔레비전(CCTV) 및 네트워크 카메라를 의미한다(법 제2조제7호, 시행령 제3조).

"개인영상정보"라 함은 영상정보처리기기에 의하여 촬영·처리되는 영상정보 중 개인의 초상, 행동 등 사생활과 관련된 영상으로서 해당 개인의 동일성 여부를 식별할 수 있는 정보를 의미한다.

"영상정보처리기기운영자"라 함은 법 제25조제1항 각 호에 따라 영상정보처리기기를 설치·운영하는 자를 의미한다.

법 제25조에 의하여 설치·운영이 금지 또는 제한되는 영상정보처리기기는 일정한 공간에 지속적으로 설치되어 사람 또는 사물의 영상 등을 촬영하거나 이를 유·무선

폐쇄회로 텔레비전, 네트워크 카메라

* 폐쇄회로 텔레비전: 다음 각 목의 어느 하나에 해당하는 장치
  가. 일정한 공간에 지속적으로 설치된 카메라를 통하여 영상 등을 촬영하거나 촬영한 영상정보를 유·무선 폐쇄회로 등의 전송로를 통하여 특정 장소에 전송하는 장치
  나. 가목에 따라 촬영되거나 전송된 영상정보를 녹화·기록할 수 있도록 하는 장치
* 네트워크 카메라: 일정한 공간에 지속적으로 설치된 기기로 촬영한 영상정보를 그 기기를 설치·관리하는 자가 유무선 인터넷을 통하여 어느 곳에서나 수집·저장 등의 처리를 할 수 있도록 하는 장치

망을 통하여 전송하는 장치에 한정한다(제2조제7호). 구체적으로 폐쇄회로 텔레비전(CCTV)과 네트워크 카메라가 이에 속한다(시행령 제3조). 다만, 차량에 설치되어 외부를 촬영하는 블랙박스는 일정한 공간에 지속적으로 설치된 것으로 볼 수 없고 이동성을 전제로 하므로 이에 속한다고 볼 수 없다. 그러나 차량 안에 설치된 영상처리기기는 개인정보보호법 제25조에 따른 적용을 받는다.

2. 영상정보처리기기 설치 및 운영 제한

공개된 장소에서의 영상정보처리기기 설치는 원칙적으로 금지되고, 예외적으로 법령에서 구체적으로 허용하고 있는 경우, 범죄의 예방 및 수사를 위하여 필요한 경우, 시설안전 및 화재 예방을 위하여 필요한 경우, 교통 단속을 위하여 필요한 경우, 교통정보의 수집 · 분석 및 제공을 위하여 필요한 경우에 해당하는 경우에만 영상정보처리기기를 설치 · 운영할 수 있다(법 제25조제1항).

영상정보처리기기는 개인의 의사와 무관하게 초상 및 활동 정보가 수집되어 무단 공개나 유출 등으로 인한 사생활 침해 우려가 높은 만큼, 영상정보처리기기임을 쉽게 인식할 수 있는 형태의 영상정보처리기기를 정보주체 눈에 잘 띄는 곳에 설치 · 운영하는 것이 바람직하다. 개인정보의 최소 수집 원칙에 따라 영상정보처리기기의 설치 목적을 달성할 수 있는 최소한의 범위(촬영 장소, 촬영 각도 및 시간) 내에서 개인정보를 수집해야 한다(법 제3조제1항).

영상정보처리기기 운영자는 영상정보처리기기의 설치 목적과 다른 목적으로 영상정보처리기기를 임의로 조작하거나 다른 곳을 비출 수 없다(법 제25조제5항).

공공기관은 영상정보처리기기 설치 · 운영 시 다음 중 어느 하나에 해당하는 절차를 거쳐 관계인의 의견을 수렴하여 반영하여야 한다(법 제25조제3항).

- 「행정절차법」에 따른 행정예고의 실시 또는 의견 청취(공청회 등)

- 해당 영상정보처리기기의 설치로 직접 영향을 받는 지역 주민 등을 대상으로 하는 설명회 · 설문조사 또는 여론조사

* 공공기관의 경우, 범죄 수사 등 공익적 목적으로 도로 등과 같이 불특정 다수인이 왕래하는 공개장소에 CCTV를 지속적으로 설치 · 운영하는 경우가 많고, 방대한 영상정보를 취득 · 보관 · 축적하거나 넓은 지역을 감시하기 때문에 해당 지역 주민설명회 등의 의견을 수렴하도록 의무화하고 있음.

CCTV 운영자는 정보주체가 쉽게 인식할 수 있도록 안내판 설치 등 필요한 조치를 취하여야 한다. 다만, 다음의 어느 하나에 해당하는 경우에는 안내판 설치를 갈음하여 영상정보처리기기 운영자의 인터넷 홈페이지에 게재할 수 있다.

- 공공기관이 원거리 촬영, 과속 · 신호위반 단속 또는 교통흐름 조사 등의 목적으로 영상정보처리기기를 설치하는 경우로서 개인정보 침해의 우려가 적은 경우
- 산불 감시용 영상정보처리기기를 설치하는 경우 등 장소의 특성으로 인하여 안내판을 설치하는 것이 불가능하거나 안내판을 설치하더라도 정보주체가 쉽게 알아볼 수 없는 경우

다만, 군사시설이나 국가중요시설 등과 같이 관제장치를 안내하는 것이 국가안보 등에 영향을 미칠 수 있는 대통령령이 정하는 시설에 대해서는 안내판 설치 등 조치의무가 면제된다.

공개된 장소, 비공개된 장소[1]
* 공개된 장소: 공원, 도로, 지하철, 상가 내부, 주차장 등 불특정 다수(정보주체)가 접근 및 통행하는 데 제한을 받지 아니하는 장소를 의미한다. * 비공개된 장소인 경우에는 법 제15조제1항에 따라 정보주체의 동의나 법률에 특별한 규정이 있는 경우 등에만 영상정보처리기기의 설치 · 운영(개인영상정보의 수집 및 이용)이 가능하다.

(1) 설치 목적 및 설치 장소의 제한

공개된 장소에 영상정보처리기기를 설치·운영하는 것은 원칙적으로 금지되나, 다른 법익의 보호를 위하여 필요한 경우에는 예외적으로 설치·운영이 허용된다.

- 법령에서 구체적으로 허용하고 있는 경우
- 범죄의 예방 및 수사를 위하여 필요한 경우
- 시설 안전 및 화재 예방을 위하여 필요한 경우
- 교통 단속을 위하여 필요한 경우
- 교통정보의 수집·분석 및 제공을 위하여 필요한 경우

사생활이 현저히 침해될 우려가 있는 장소에 대해서는 영상정보처리기기의 설치·운영을 엄격히 제한할 필요가 있다. 따라서 누구든지 불특정 다수가 이용하는 목욕실, 화장실, 발한실(發汗室), 탈의실 등 개인의 사생활을 현저히 침해할 우려가 있는 장소의 내부를 볼 수 있도록 영상정보처리기기를 설치·운영하는 행위를 금지하고 있다. 다만, 교도소·구치소·외국인 보호시설·소년원이나 정신보건 시설 등과 같이 법령에 근거하여 사람을 구금·보호하는 시설에 대해서는 예외를 인정하고 있다.

(2) 설치·운영 절차 및 방법

영상정보처리기기의 무분별한 설치·운영 및 이로 인한 사생활 침해를 방지하기 위하여 공공기관이 공개된 장소에 영상정보처리기기를 설치·운영하려는 경우에는 관계 전문가 및 이해관계인의 의견을 수렴하여야 한다.

영상정보처리기기는 공개된 장소에 지속적으로 설치·운영되고 있으므로, 촬영 대상자는 자기의 모습이 촬영되는지에 대해 통제권을 행사하는 것이 사실상 불가능하다. 따라서 영상정보처리기기 운영자는 정보주체가 영상정보처리기기가 설치·운영 중

임을 쉽게 알아볼 수 있도록 안내판을 설치하여야 한다.

안내판 기재 항목
① 설치 목적 및 장소
② 촬영 범위 및 시간
③ 관리책임자 및 연락처
④ (영상정보처리기기 설치 · 운영을 위탁한 경우) 위탁받는 자의 명칭 및 연락처

건물 안에 다수의 영상정보처리기기를 설치하는 경우에는 출입구 등 잘 보이는 곳에 해당 시설 또는 장소 전체가 영상정보처리기기 설치 지역임을 표시하는 안내판을 설치할 수 있다. 공공기관이 원거리 촬영, 과속 · 신호위반 단속 또는 교통흐름 조사 등의 목적으로 영상정보처리기기를 설치하는 경우로서 개인정보침해의 우려가 적은 경우 또는 영상정보처리기기운영자가 산불 감시용 영상정보처리기기를 설치하는 경우 등 장소의 특성으로 인하여 안내판을 설치하는 것이 불가능하거나 안내판을 설치하더라도 정보주체가 이를 쉽게 알아볼 수 없는 경우에는 안내판 설치를 갈음하여 영상정보처리기기운영자의 인터넷 홈페이지에 게재할 수 있다.

인터넷 홈페이지에 게재사항을 게재할 수 없는 경우에는 영상정보처리기기 운영자의 사업장 등의 보기 쉬운 장소에 게시하거나 관보(공공기관인 경우로 한정)나 사업장 등이 소재하는 특별시 · 광역시 또는 특별자치도 이상의 지역을 주된 보급 지역으로 하는 「신문 등의 진흥에 관한 법률」 제2조제1호, 제2호에 따른 일반일간신문, 일반주간신문 또는 인터넷신문에 싣는 방법으로 게재사항을 공개하여야 한다. 국가안보 등 중대한 공익적 목적을 위해 설치 · 운영되는 영상정보처리기기에 대해서는 안내판 설치가 오히려 그 목적 달성에 장애가 될 수도 있다. 이에 따라 다음의 경우에는 영상정보처리기기를 설치할 때에는 안내판을 설치하지 아니할 수 있다.

• 「군사기지 및 군사시설 보호법」 제2조제2호에 따른 군사시설
• 「통합방위법」 제2조제13호에 따른 국가중요시설

- 「보안업무규정」제36조에 따른 국가보안시설

(3) 영상정보처리기기 운영자의 의무

타인 간의 대화를 청취 · 녹음하는 행위는 「통신비밀보호법」에서 엄격히 금지하고 있으며(제3조), 운영자에 의한 임의조작을 가능하게 할 경우에도 역시 사생활 침해의 우려가 커진다. 따라서 영상정보처리기기의 설치 목적과 다른 목적으로 임의로 조작하거나 다른 곳을 비출 수 없도록 하고, 녹음 기능 역시 사용할 수 없도록 규정하고 있다. 영상정보처리기기 운영자는 개인정보가 분실 · 도난 · 유출 · 위조 · 변조 또는 훼손되지 아니하도록 제29조에 따라 안전성 확보에 필요한 조치를 하여야 한다.

영상정보처리기기 운영자는 다음 사항이 포함된 영상정보처리기기 운영 · 관리 방침을 마련하여야 한다.

- 영상정보처리기기의 설치 근거 및 설치 목적
- 영상정보처리기기의 설치 대수, 설치 위치 및 촬영 범위
- 관리책임자, 담당 부서 및 영상정보에 대한 접근권한이 있는 사람
- 영상정보의 촬영 시간, 보관 기간, 보관 장소 및 처리 방법
- 영상정보처리기기 운영자의 영상정보 확인 방법 및 장소
- 정보주체의 영상정보 열람 등 요구에 대한 조치
- 영상정보의 보호를 위한 기술적 · 관리적 · 물리적 조치
- 그 밖에 영상정보처리기기의 설치 · 운영 및 관리에 필요한 사항

영상정보처리기기 운영 · 관리 방침을 마련한 경우에는 법 제30조에 따른 개인정보 처리 방침을 정하지 아니할 수 있다. 또한 영상정보처리기기 설치 · 운영에 관한 사항을 법 제30조에 따른 개인정보처리 방침에 포함하여 정할 수도 있다.

★실생활에서 알아보는 개인정보보호(FAQ)

Q1. 응급실 내 음주 환자, 조직폭력배 등이 진료 중 의료인에게 폭언이나 폭행을 하거나 응급실의 각종 장비를 파손한 사례가 있어서 CCTV를 설치하려고 합니다. CCTV를 설치하여 운영할 수 있나요?

병원, 응급실 내의 접수창구, 대기실, 복도 등은 환자 및 보호자가 비교적 제약 없이 출입할 수 있는 장소이므로 개인정보보호법에 따른 '공개된 장소'에 해당합니다. 따라서 범죄 예방 및 수사, 시설 안전 및 화재 예방 등의 목적으로 CCTV를 설치할 수 있습니다(개인정보보호법 제25조).

그렇지만 응급실 내의 진료실, 치료실 등은 비공개 장소에 해당하므로 이러한 장소에는 촬영 대상 정보주체(환자 및 보호자)의 동의를 받아 CCTV를 운영할 수 있습니다.

Q2. 진료실에 CCTV를 설치하여 촬영할 경우 해당 장소에 노출되는 모든 사람들의 동의를 얻어야 하나요?

공개된 장소에서 CCTV를 설치·운영하는 것은 원칙적으로 금지되지만 예외적으로 다음과 같은 사유에 해당하는 경우 그 설치·운영이 허용됩니다. 그 설치·운영이 허용된 경우에는 정보주체의 동의를 받지 않고 개인영상정보를 수집할 수 있습니다.

① 법령에서 구체적으로 허용하고 있는 경우
② 범죄의 예방 및 수사를 위하여 필요한 경우
③ 시설 안전 및 화재 예방을 위하여 필요한 경우
④ 교통 단속을 위하여 필요한 경우
⑤ 교통정보의 수집·분석 및 제공을 위하여 필요한 경우

다만, 진료실은 의료인과 환자만이 출입할 수 있으므로 불특정 다수가 출입할 수 있는 공개된 장소가 아닙니다. 그러므로 CCTV 등 영상정보처리기기를 설치하여 촬영하기 위해서는 진료실에 출입하는 모든 사람의 동의를 받아야만 녹화할 수 있습니다. 동의를 받은 경우에도 개인의 사생활 침해가 최소화되도록 녹화만 할 수 있을 뿐 녹음은 할 수 없습니다.

V

정보주체
권리 보장 등

1. 개요

    정보주체는 개인정보처리자가 자신에 관하여 어떤 정보를 보유하고 있고, 어떻게 활용하고 있으며, 개인정보처리자가 보유하는 개인정보는 정확한지 여부를 확인할 수 있어야 한다. 이와 같은 정보주체의 권리는 개인정보자기결정권의 핵심을 이룬다.

    정보주체는 개인정보 수집, 이용, 제공 등의 처리[1] 목적과 범위 등에 관한 정보를 제공받을 권리가 있다. 이에 따라 개인정보처리자는 개인정보 수집 · 이용 · 제공 목적 · 범위 등의 고지, 개인정보처리 방침의 제정 · 공개 등의 의무를 진다.

    이에 근거하여 개인정보처리자(해당 기관)는 개인정보 열람, 정정 및 삭제 처리정지[2] 절차를 수립해야 하며 관련된 신청 양식을 만들고 신청을 처리한 내역을 기록하고 관리해야 한다(시행령 제41조, 제43조, 제44조). 개인정보처리자가 행한 처분[3] 또는 부작위[4]로 인하여 권리 또는 이익의 침해를 받은 자에게 불복청구를 할 수 있는 절차를 안내하도록 한다. 개인정보 열람, 정정 · 삭제 및 처리정지 요청 시 정보주체 본인임을 확인하도록 한다(시행령 제46조).

    정보주체 본인임을 확인하는 방법

- 정보 주체(본인)인 경우: 신분을 증명할 수 있는 증명서(주민등록증, 운전면허증 등 행정기관에 의해 공인된 것으로 쉽게 위조 · 변조 및 도용이 불가능한 것)

- 대리인인 경우: 위임장과 위임자와 대리인의 주민등록증 등 신분을 확인할 수 있는 증명서
- 웹사이트의 경우: ID/PW, 그 밖의 인증 방법으로 확인 가능

2. 열람 · 정정 · 삭제 · 처리정지 등

(1) 열람요구권

정보주체가 자신의 개인정보에 대한 열람을 공공기관에 요구하고자 할 때에는 공공기관에 직접 열람을 요구하거나 행정안전부장관을 통하여 열람을 요구할 수 있다.

정보주체가 행정안전부장관을 통하여 자신의 개인정보에 대한 열람을 요구하려는 경우에는 다음의 사항 중 열람하려는 항목을 표시한 '개인정보 열람요구서'를 행정안전부장관에게 제출하여야 한다.

열람요구 항목
① 개인정보의 항목 및 내용
② 개인정보의 수집 · 이용의 목적
③ 개인정보 보유 및 이용 기간
④ 개인정보의 제3자 제공 현황
⑤ 개인정보처리에 대하여 동의한 사실 및 내용

개인정보처리자가 정보주체로부터 개인정보 열람을 요구받았을 때에는 10일 이내에 정보주체가 해당 개인정보를 열람할 수 있도록 조치하여야 한다.

이 경우 개인정보처리자는 열람할 개인정보와 열람이 가능한 일시 및 장소 등을 해당 정보주체에게 알려야 한다. 개인정보처리자가 정보주체로부터 개인정보 열람을 요구받았지만 10일 이내에 열람을 하게 할 수 없는 정당한 사유가 있을 때에는 정보주체에게 그 사유를 알리고, 그 사유가 소멸하면 지체 없이 열람하게 하여야 한다.

개인정보처리자가 법 제35조제3항 후문에 따라 개인정보의 열람을 연기한 후 그 사유가 소멸한 경우에는, 정당한 사유가 없는 한 사유가 소멸한 날로부터 10일 이내에 열람하도록 하여야 한다(표준지침 제31조). 정보주체로부터 시행령 제41조제1항제4호의 규정에 따른 개인정보의 제3자 제공 현황의 열람청구를 받은 개인정보처리자는 국가안보에 긴요한 사안으로 법 제35조제4항제3호마목의 규정에 따른 업무를 수행하는데 중대한 지장을 초래하는 경우 제3자에게 열람청구의 허용 또는 제한, 거부와 관련한 의견을 조회하여 결정할 수 있다(표준지침 제31조).

개인정보처리자는 다음의 어느 하나에 해당하는 경우에는 정보주체에게 그 사유를 알리고 열람을 제한하거나 거절할 수 있다.

개인정보처리자가 정보주체의 열람을 거절하려는 경우에는 열람 요구를 받은 날부터 10일 이내에 거절의 사유 및 이의제기 방법을 '열람의 연기 · 거절 통지서'로 해당 정보주체에게 알려야 한다.

- 법률에 따라 열람이 금지되거나 제한되는 경우
- 다른 사람의 생명 · 신체를 해할 우려가 있거나 다른 사람의 재산과 그 밖의 이익을 부당하게 침해할 우려가 있는 경우
- 공공기관이 다음 각 목의 어느 하나에 해당하는 업무를 수행할 때 중대한 지장을 초래하는 경우
 - 조세의 부과 · 징수 또는 환급에 관한 업무
 -「초 · 중등교육법」및「고등교육법」에 따른 각급 학교,「평생교육법」에 따른 평생교육시설, 그 밖의 다른 법률에 따라 설치된 고등교육기관에서의 성적 평가 또는 입학자 선발에 관한 업무
 - 학력 · 기능 및 채용에 관한 시험, 자격 심사에 관한 업무

- 보상금 · 급부금 산정 등에 대하여 진행 중인 평가 또는 판단에 관한 업무
- 다른 법률에 따라 진행 중인 감사 및 조사에 관한 업무

(2) 정정 · 삭제요구권

정보주체는 해당 개인정보에 오류가 있거나 보존 기간이 경과한 경우에는 개인정보처리자에게 그 개인정보의 정정 또는 삭제를 요구할 수 있다. 정보주체가 개인정보처리자에게 그 개인정보의 정정 또는 삭제를 요구하려는 경우에 '개인정보 정정 · 삭제 요구서'를 해당 개인정보처리자에게 제출하여야 한다.

개인정보처리자가 정보주체로부터 정정 · 삭제의 요구를 받았을 때에는 다른 법령에 특별한 절차가 규정되어 있는 경우를 제외하고는 지체 없이 그 개인정보를 조사하여야 한다. 이 경우 개인정보처리자는 해당 정보주체에게 정정 · 삭제 요구사항의 확인에 필요한 증거자료를 제출하게 할 수 있다.

개인정보처리자는 조사결과 정보주체의 요구가 정당하다고 판단되면 개인정보 정정 · 삭제 요구서를 받은 날부터 10일 이내에 그 개인정보를 조사하여 정보주체의 요구에 따라 해당 개인정보의 정정 · 삭제 등의 조치를 한 후 그 결과를 '개인정보 정정 · 삭제 결과 통지서'로 해당 정보주체에게 알려야 한다.

다른 법령에서 그 개인정보가 수집 대상으로 명시되어 있는 경우에는 그 삭제를 요구할 수 없다. 이 경우 개인정보처리자는 '개인정보 정정 · 삭제 요구서'를 받은 날부터 10일 이내에 삭제의 요구에 따르지 않기로 한 사실, 근거 법령의 내용 및 그 이유와 이의제기 방법을 '개인정보 정정 · 삭제 결과 통지서'로 해당 정보주체에게 알려야 한다.

(3) 처리정지 요구권

정보주체가 공공기관에 대하여 개인정보 처리정지를 요구하는 경우에는 제32조에

따라 행정안전부에 등록 대상이 되는 개인정보파일 중에 포함된 자신의 개인정보에 대해서만 요구를 할 수 있다.

개인정보처리자가 개인정보처리정지 요구를 받았을 때에는 지체 없이 정보주체의 요구에 따라 개인정보처리의 전부를 정지하거나 일부를 정지하여야 한다. 이 경우 '개인정보 처리정지 요구서'를 받은 날부터 10일 이내에 처리정지 조치를 한 사실을 그 이유와 이의제기 방법을 적은 '개인정보 처리정지 요구에 대한 결과 통지서'로 해당 정보주체에게 알려야 한다.

개인정보처리자가 정보주체로부터 개인정보처리정지 요구를 받았을 때 다음의 어느 하나에 해당하는 경우에는 정보주체의 처리정지 요구를 거절할 수 있다. 이 경우 개인정보처리자는 '개인정보 처리정지 요구서'를 받은 날부터 10일 이내에 처리정지 요구를 거절하기로 한 사실 및 그 이유와 이의제기 방법을 적은 '개인정보 처리정지 요구에 대한 결과 통지서'를 해당 정보주체에게 알려야 한다.

- 법률에 특별한 규정이 있거나 법령상 의무를 준수하기 위하여 불가피한 경우
- 다른 사람의 생명·신체를 해할 우려가 있거나 다른 사람의 재산과 그 밖의 이익을 부당하게 침해할 우려가 있는 경우
- 공공기관이 개인정보를 처리하지 아니하면 다른 법률에서 정하는 소관 업무를 수행할 수 없는 경우
- 개인정보를 처리하지 아니하면 정보주체와 약정한 서비스를 제공하지 못하는 등 계약의 이행이 곤란한 경우로서 정보주체가 그 계약의 해지 의사를 명확하게 밝히지 아니한 경우

처리정지 요구권, 동의철회권

* 처리정지 요구권: 개인정보처리 활동에 대한 정지를 요구하는 것으로 동의철회권보다 개념이 넓다. 정보주체 자신이 처리에 동의하지 아니한 것에 대해서 처리정지를 요구할 수 있는 일종의 법정 해지권과 같은 성격의 것이며, 정보주체는 처리정지 요구의 이유를 댈 필요가 없이 언제든지 요구를 할 수 있다.

* 동의철회권: 정보주체 자신이 동의한 것에 대해서만 동의를 철회할 수 있다.

(4) 권리행사 방법 및 절차

정보주체는 개인정보 열람요구권, 정정·삭제요구권, 처리정지 요구권 등의 권리 행사를 대리인을 통하여 할 수 있다.

14세 미만 아동의 법정대리인은 개인정보처리자에게 그 아동에 관한 개인정보의 열람, 정정·삭제, 처리정지 등을 요구할 수 있다.

개인정보처리자는 열람 등을 요구하는 자에게 수수료와 우송료(사본의 우송을 청구하는 경우에 한한다)를 청구할 수 있다.

개인정보처리자는 정보주체가 열람 등을 요구할 수 있는 구체적인 방법과 절차를 마련하고, 이를 정보주체가 알 수 있도록 공개하여야 한다.

열람 등의 요구에 대한 거절 조치에 대하여 불복이 있는 경우 정보주체가 이의를 제기할 수 있도록 개인정보처리자는 필요한 절차를 마련하고 안내하여야 한다.

단, 동 시행령의 개정으로 행정자치부장관을 통하여 공공기관이 보유한 개인정보에 대한 열람을 요구하는 경우를 제외하고는 개인정보의 열람, 정정·삭제, 처리정지 요구 시 관련 서식을 따르도록 하는 규정을 삭제하였다.

(5) 손해배상책임

불법행위에 기인한 손해배상청구의 경우에는 원고(피해자)인 정보주체가 고의 또는 과실의 입증책임을 지는 것이 원칙이다. 그러나 개인정보보호법 위반에 따른 손해배상청구에 대해서는 고의 또는 과실의 입증책임은 개인정보처리자 자신이 부담한다. 즉 개인정보처리자 자신에게 고의 또는 과실이 없음을 스스로 입증하여야 한다.

정보주체는 개인정보처리자가 이 법을 위반한 행위로 손해를 입으면 개인정보처리자에게 손해배상을 청구할 수 있다. 이 경우 그 개인정보처리자는 고의 또는 과실이 없음을 입증하지 아니하면 책임을 면할 수 없다(징벌적 손해배상, 법 제39조).

법원은 이른바 징벌적 손해 배상액을 정할 때에는 다음의 사항을 고려하여야 한다.

- 고의 또는 손해 발생의 우려를 인식한 정도

- 위반행위로 인하여 입은 피해 규모

- 위법행위로 인하여 개인정보처리자가 취득한 경제적 이익

- 위반행위에 따른 벌금 및 과징금

- 위반행위의 기간 · 횟수 등

- 개인정보처리자의 재산 상태

- 개인정보처리자가 정보주체의 개인정보 분실 · 도난 · 유출 후 해당 개인정보를
  회수하기 위하여 노력한 정도

- 개인정보처리자가 정보주체의 피해구제를 위하여 노력한 정도

개인정보처리자의 고의 또는 중대한 과실로 인하여 개인정보가 분실 · 도난 · 유출 · 위조 · 변조 또는 훼손된 경우로서 정보주체에게 손해가 발생한 때에는 법원은 그 손해액의 3배를 넘지 아니하는 범위에서 손해배상액을 정할 수 있다. 다만, 개인정보처리자가 고의 또는 중대한 과실이 없음을 증명한 경우에는 그러하지 아니하다(징벌적 손해배상, 법 제39조).

법 제39조제1항에도 불구하고 정보주체는 개인정보처리자의 고의 또는 과실로 인하여 개인정보가 분실 · 도난 · 유출 · 위조 · 변조 또는 훼손된 경우에는 300만 원 이하의 범위에서 상당한 금액을 손해액으로 하여 배상을 청구할 수 있다. 이 경우 해당 개인정보처리자는 고의 또는 과실이 없음을 입증하지 아니하면 책임을 면할 수 없다.

법원은 법정손해배상에 따른 청구가 있는 경우에 변론 전체의 취지와 증거조사의 결과를 고려하여 300만 원 이하의 범위에서 상당한 손해액을 인정할 수 있다.

법 제39조에 따라 손해배상을 청구한 정보주체는 사실심(事實審)의 변론이 종결되기 전까지 그 청구를 법정손해배상에 따른 청구로 변경할 수 있다(법 제39조의 2).

[표1] 징벌적 손해배상과 법정 손해배상

구분	징벌적 손해배상	법정 손해배상
근거법	법 제39조	법 제39조의2
적용 요건	개인정보처리자의 고의 또는 중과실로 인하여 개인정보가 분실·도난·유출·위조·변조 또는 훼손된 경우	개인정보처리자의 고의 또는 과실로 인하여 개인정보가 분실·도난·유출·위조·변조 또는 훼손된 경우
입증 책임	개인정보처리자의 고의 또는 중과실 없음을 입증(피해액은 피해자가 입증)	개인정보처리자의 고의 또는 과실 없음을 입증(피해자에 대한 피해액 입증 책임 면제)
구제 범위	재산 및 정신적 피해 모두	사실상 피해 입증이 어려운 정신적 피해
배상 규모	실제 피해액의 3배 이내 배상	300만 원 이하의 범위에서 상당한 금액

GDPR에서의 정보주체 권리보장

우리나라의 현행 「개인정보보호법」과 EU의 GDPR에서의 정보주체 권리 보장 방안을 비교하면 아래와 같다.

EU의 GDPR	현행 개인정보보호법	비고
정보를 제공받을 권리 (right to be informed)	명시적 규정 없음 (개별 법조문에 흩어져 있는 방식으로 일부 존재)	• GDPR의 정보를 제공받을 권리는 추가적인 정보 취득 시 추가정보 제공 의무가 있음 • (해당되는 경우) 언제라도 동의를 철회할 수 있는 권리, 프로파일링 등 자동화된 결정의 존재 및 결정방식 등과 그 중요성 및 영향 고지의무, 감독기구 등에 불만을 신청할 수 있는 권리 등이 존재
정보주체의 열람권 (right of access by the data subject)	개인정보의 열람권 (법 제35조)	• GDPR의 열람권은 컨트롤러에게 잠재적 요청에 대한 대비라는 목적(유일한 목적)으로 개인정보를 보관할 수 없도록 하고 있으며, 컨트롤러는 열람 요구에 대해 처리 중인 개인데이터의 사본을 무상 제공할 의무가 있음

EU의 GDPR	현행 개인정보보호법	비고
정정권 (right of rectification)	개인정보의 정정 · 삭제 (법 제36조)	• GDPR의 삭제권이 현행 개인정보의 삭제권보다 삭제 · 거부 사유가 넓음 • 표현 및 정보의 자유에 관한 권리 행사, 공적 업무 수행 등 법적 의무 이행, 공익을 위한 보건 목적, 공공기록 보관, 과학 및 역사적 연구 또는 통계 목적, 법적 청구권 행사나 방어 등에서 폭넓게 보장됨
삭제권(잊힐 권리, right of erasure; right to be forgotten)		
처리에 대한 제한권 (right to restriction of processing)	개인정보의 처리정지권 (법 제37조)	• 정보주체가 자신의 정보에 대해 개인정보처리자에게 해당정보의 정확성에 대해 이의제기하거나, 처리가 불법적이지만 해당 개인정보에 삭제를 원하는 대신 이용 제한을 요청한 경우, 개인정보의 처리가 더 이상 필요하지는 않지만 정보주체의 법적 청구권 행사나 방어를 위해 그 정보를 요구하는 경우 등 개인정보처리자의 처리를 제한 할 수 있도록 하는 권리로 우리나라의 처리정지권보다 폭넓은 권리 • 처리 제한을 해제하는 경우, 그 사실을 정보주체에 고지할 필요 있음
데이터 이동권 (right to data portability)	규정 없음	• GDPR상의 데이터 이동권은 처리가 자동화된 수단에 의해 수행되는 것을 전제로 정보주체에게 선택권이 있어, 정보주체가 주도적으로 자신의 정보를 제3자에게 제공해 줄 것을 요청할 수 있다는 점에서 차이가 있음
반대권 (right to object)	규정 없음	• GDPR상의 반대권은 정보주체가 자신의 "특수한 상황"에 근거하여 개인정보의 처리에 반대할 수 있는 권리로, 정보주체의 권리보장 영역이 현행법에 비해 넓음
프로파일링을 포함한 자동화된 의사결정 관련 권리(right to related to automated decision making and profiling)	규정 없음	• GDPR상의 프로파일링을 포함한 자동화된 개인정보의 처리가 정보주체 자신에게 법적 효력 또는 이와 유사한 효력을 초래하여 자신에게 중대한 영향을 끼치게 되는 경우, 그러한 의사결정의 적용을 배제할 수 있는 권리

3. 집단분쟁조정 및 개인정보 단체소송

(1) 집단분쟁조정

개인정보 유출 및 오남용 사건을 개별적인 분쟁조정절차를 통해서 처리하는 것은 시간으로나 비용으로나 낭비이다. 따라서 이와 같은 집단적 분쟁 사건에 대해서는 하나의 분쟁조정절차에서 일괄적으로 해결하는 것이 편리하고 효율적이다.

분쟁조정위원회에 일괄적인 분쟁조정(집단분쟁조정)을 의뢰하거나 신청할 수 있는 자는 ① 국가 및 지방자치단체 ② 개인정보보호단체 및 기관 ③ 정보주체 ④ 개인정보처리자이다. 집단분쟁조정을 의뢰할 수 있는 개인정보보호단체 및 기관의 자격에는 제한이 없다.

집단분쟁조정의 신청 대상이 되기 위해서는 정보주체의 피해 또는 권리 침해가 다수의 정보주체에게 같거나 비슷한 유형으로 발생했어야 하며, 다음과 같은 집단분쟁조정 신청 요건을 모두 갖춘 사건이어야 한다.

첫째, 피해 또는 권리 침해를 입은 정보주체의 수가 50명 이상이어야 하나, 개인정보처리자와 분쟁 해결이나 피해보상에 관한 합의가 이루어진 정보주체, 동일한 사안으로 다른 법령에 따라 설치된 분쟁조정기구에서 분쟁조정절차가 진행 중인 정보주체, 해당 개인정보 침해로 인한 피해에 대하여 법원에 소(訴)를 제기한 정보주체에 해당하는 경우를 제외한 정보주체의 수가 50명 이상이어야 한다.

둘째, 해당 사건의 중요한 쟁점이 사실상 또는 법률상 공통되어야 한다.

집단분쟁조정이 성립된 경우의 법적 효력은 일반 분쟁조정의 경우와 같다. 즉 당사자가 조정안을 수락한 경우에는 재판상 화해와 동일한 효력이 발생한다. 다수의 정보주체 중 일부만이 조정안을 수락한 경우에는 수락한 사람에 한해서만 재판상 화해의 효력이 미친다.

(2) 단체소송

개인정보 단체소송을 제기할 수 있는 자는 등록 소비자단체와 비영리민간단체로 한정되어 있다. 소비자단체가 개인정보 단체소송을 제기하기 위해서는 소비자기본법 제29조에 따라 공정거래위원회에 등록한 ① 정관에 따라 상시적으로 정보주체의 권익 증진을 주된 목적으로 하는 단체이며, ② 단체의 정회원 수가 1천 명 이상이고, ③ 소비자기본법 제29조에 따른 등록 후 3년이 경과하여야 한다.

비영리민간단체가 개인정보 단체소송을 제기하기 위해서는 비영리민간단체지원법 제2조에 따른 비영리민간단체로서 ① 법률상 또는 사실상 동일한 침해를 입은 100명 이상의 정보주체로부터 단체소송의 제기를 요청받고, ② 정관에 개인정보보호를 단체의 목적으로 명시한 후 최근 3년 이상 이를 위한 활동 실적이 있으며, ③ 단체의 상시 구성원 수가 5천 명 이상으로, ④ 중앙행정기관에 등록되어 있어야 한다.

개인정보단체소송의 대상이 되는 개인정보처리자의 행위는 개인정보처리와 관련한 정보주체의 권리를 침해하는 행위이다. 소 제기 당시 권리 침해 행위가 계속되고 있어야 하고 과거의 권리 침해 행위는 단체소송의 대상이 되지 못한다.

단체소송과 집단소송

집단소송(Class Action)은 피해 집단에 속해 있는 개인에게 당사자 적격을 인정하여 그로 하여금 집단구성원 전원을 위하여 소송을 수행할 수 있게 하는 제도이고, 단체소송(Verbandsklage)은 일정한 자격을 갖춘 단체로 하여금 전체 피해자들의 이익을 위해 소송을 제기할 수 있는 권한을 부여하는 제도이다. 집단소송은 주로 소액 다수의 피해구제를 위한 손해배상 청구소송으로 그 장점을 발휘해왔고, 단체소송은 사업자들의 위법행위를 금지·중단시키기 위한 금지·중지청구 소송제도로 발전해왔다.

개인정보보호법은 유럽식의 단체소송 제도를 도입하여 일정한 자격 요건을 갖춘 단체에게만 개인정보 단체소송을 제기할 권한을 부여하고 있으며, 단체소송의 청구범위도 권리 침해 행위의 금지·중지에 한정하고 있다.

구 분	단체소송(Verbandsklage)	집단소송(Class Action)
청구권자	일정 요건을 구비한 소비자단체 등 (단체가 소송 수행)	이해관계가 밀접한 다수의 피해자 집단 (대표당사자가 소송 수행)
소송 목적	위법행위의 금지·중지	금전적 피해 구제(손해배상청구)
기대 효과	피해의 확산 방지 및 예방	피해의 사후적 구제
판결의 효과	다른 단체에게도 판결의 효력이 미침	모든 피해자에게 판결의 효과가 미침 (단, 제외 신청을 한 사람은 제외)

★실생활에서 알아보는 개인정보보호(FAQ)

Q1. A홈쇼핑에 회원 가입을 한 적도 없는데 제 명의로 된 스마트폰을 통해 제 이름으로 구매 완료 또는 배송 관련 문자가 주기적으로 옵니다. 어떤 조치를 하면 되나요?

현행 「개인정보보호법」은 정보주체의 개인정보에 관한 열람권을 보장하고 있습니다. 따라서 가입하지 않은 홈쇼핑이라면 해당 안내센터에 연락해 자신의 개인정보에 대한 열람 요청을 한 후, 개인정보의 삭제를 요청하면 됩니다.

다만 SMS를 이용한 피싱 등의 사기 문자일 수도 있으니, 해당 문자를 발송한 곳이 정확한지 사실을 확인한 후 권리를 행사하시길 바랍니다.

VI

법 위반 시
처벌사항과 적용제외

1. 형사적 책임

개인정보보호법 위반행위에 대해서는 보호 법익의 중요성, 예상되는 피해의 규모 및 사회적 비용 등에 따라 4단계로 나누어 형사벌을 부과하도록 규정하고 있다. 또한, 법 위반행위자를 벌하는 외에 행위자가 소속된 조직이나 법인 등에 대해서도 책임을 물을 수 있도록 양벌(兩罰) 제도를 도입하고 있다.

법인의 대표자나 법인 또는 개인의 대리인, 사용인, 그 밖의 종업원이 그 법인 또는 개인의 업무에 관하여 제70조부터 제73조까지에 해당하는 위반행위를 하면 그 행위자를 처벌할 뿐만 아니라 그 법인 또는 개인에 대해서도 벌금을 과한다. 이는 임직원, 대리인 등의 법 위반행위에 대하여 해당 행위자뿐만 아니라 개인정보처리자도 처벌함으로써 임직원, 대리인 등의 업무 처리에 대한 개인정보처리자의 경각심을 높이고 관리 · 감독을 강화하기 위한 것이다.

법 제70조는 그 처벌사항을 보다 세분화하여, 다음의 어느 하나에 해당하는 자는 10년 이하의 징역 또는 1억 원 이하의 벌금에 처하도록 하고 있다.

- 공공기관의 개인정보처리업무를 방해할 목적으로 공공기관에서 처리하고 있는 개인정보를 변경하거나 말소하여 공공기관의 업무 수행의 중단 · 마비 등 심각한 지장을 초래한 자
- 거짓이나 그 밖의 부정한 수단이나 방법으로 다른 사람이 처리하고 있는 개인정

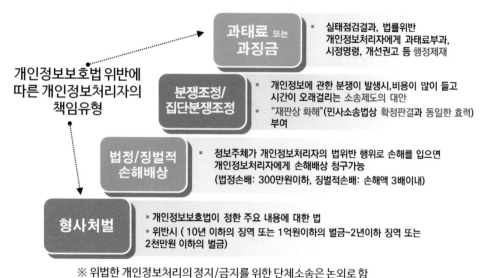

[그림1] 개인정보보호법 위반에 따른 형사적 책임

개인정보보호법 위반에 따른 개인정보처리자의 책임유형

과태료 또는 과징금
- 실태점검결과, 법률위반 개인정보처리자에게 과태료부과, 시정명령, 개선권고 등 행정제재

분쟁조정/ 집단분쟁조정
- 개인정보에 관한 분쟁이 발생시, 비용이 많이 들고 시간이 오래걸리는 소송제도의 대안
- "재판상 화해"(민사소송법상 확정판결과 동일한 효력) 부여

법정/징벌적 손해배상
- 정보주체가 개인정보처리자의 법위반 행위로 손해를 입으면 개인정보처리자에게 손해배상 청구가능 (법정손배: 300만원이하, 징벌적손배: 손해액 3배이내)

형사처벌
- 개인정보보호법이 정한 주요 내용에 대한 법
- 위반시 (10년 이하의 징역 또는 1억원이하의 벌금~2년이하 징역 또는 2천만원 이하의 벌금)

※ 위법한 개인정보처리의 정지/금지를 위한 단체소송은 논외로 함
※ 공공기관 내부 규정에 의한 처벌은 논외로 함

보를 취득한 후 이를 영리 또는 부정한 목적으로 제3자에게 제공한 자와 이를 교사·알선한 자

• 법 제74조의2(몰수·추징 등)의 조항을 신설하여 법 제70조부터 제73조까지의 어느 하나에 해당하는 죄를 지은 자가 해당 위반행위와 관련하여 취득한 금품이나 그 밖의 이익은 몰수할 수 있다. 이를 몰수할 수 없을 때에는 그 가액을 추징할 수 있도록 하고 있으며, 이 경우 몰수 또는 추징은 다른 벌칙에 부가하여 과할 수 있도록 하였다(신설조항 2015.7.24.).

2. 행정적 책임

 법 위반에 따른 과태료의 부과·징수는 행정안전부장관과 관계 중앙행정기관의 장
이 한다.

 공공기관도 과태료 부과의 대상이다. 과태료의 부과·징수, 재판 및 집행 등의 절차
에 관하여는 이 법에서 정한 것을 제외하고는「질서위반행위규제법」에 따른다.

 과태료 부과의 공정성과 투명성을 보장하기 위해 법 위반 횟수 등을 고려하여 과태
료 부과의 세부적인 기준을 규정하고 있다.

과태료의 부과기준(제63조 관련)

1. 일반 기준

가. 위반행위의 횟수에 따른 과태료 부과 기준은 최근 3년간 같은 위반행위로 과태
   료를 부과받은 경우에 적용한다. 이 경우 위반행위에 대하여 과태료 부과처분을
   한 날과 다시 같은 위반행위를 적발한 날을 각각 기준으로 하여 위반 횟수를 계
   산한다.

나. 행정안전부장관 또는 관계 중앙행정기관의 장은 다음의 어느 하나에 해당하는
   경우에는 제2호에 따른 과태료 부과금액의 2분의 1의 범위에서 그 금액을 감경
   할 수 있다. 다만, 과태료를 체납하고 있는 위반행위자의 경우에는 그러하지 아

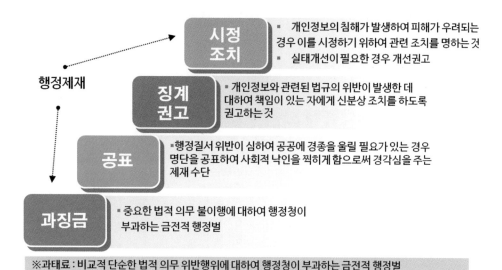

[그림2] 개인정보보호법 위반에 따른 행적적 책임

시정조치
- 개인정보의 침해가 발생하여 피해가 우려되는 경우 이를 시정하기 위하여 관련 조치를 명하는 것
- 실태개선이 필요한 경우 개선권고

징계권고
- 개인정보와 관련된 법규의 위반이 발생한 데 대하여 책임이 있는 자에게 신분상 조치를 하도록 권고하는 것

공표
- 행정질서 위반이 심하여 공공에 경종을 울릴 필요가 있는 경우 명단을 공표하여 사회적 낙인을 찍히게 함으로써 경각심을 주는 제재 수단

과징금
- 중요한 법적 의무 불이행에 대하여 행정청이 부과하는 금전적 행정벌

행정제재

※과태료 : 비교적 단순한 법적 의무 위반행위에 대하여 행정청이 부과하는 금전적 행정벌

니하다.

1) 위반행위자가 「질서위반행위규제법 시행령」 제2조의2제1항 각 호의 어느 하나에 해당하는 경우

2) 위반행위가 사소한 부주의나 오류로 인한 것으로 인정되는 경우

3) 위반행위자가 위법행위로 인한 결과를 시정하였거나 해소한 경우

4) 그 밖에 위반행위의 정도, 위반행위의 동기와 그 결과 등을 고려하여 과태료를 감경할 필요가 있다고 인정되는 경우

다. 행정안전부장관 또는 관계 중앙행정기관의 장은 다음의 어느 하나에 해당하는 경우에는 제2호에 따른 과태료 부과금액의 2분의 1의 범위에서 그 금액을 가중할 수 있다. 다만, 가중할 사유가 여러 개인 경우라도 법 제75조제1항부터 제3항까지의 규정에 따른 과태료 금액의 상한을 넘을 수 없다.

1) 위반의 내용 및 정도가 중대하여 소비자 등에게 미치는 피해가 크다고 인정되는 경우

2) 법 위반 상태의 기간이 3개월 이상인 경우

3) 그 밖에 위반행위의 정도, 위반행위의 동기와 그 결과 등을 고려하여 과태료를 가중할 필요가 있다고 인정되는 경우

2. 개별기준

(단위: 만 원)

위반행위	근거 법조문	과태료 금액		
		1회 위반	2회 위반	3회 이상 위반
가. 법 제15조제1항을 위반하여 개인정보를 수집한 경우	법 제75조 제1항제1호	1000	2000	4000
나. 법 제15조제2항, 제17조제2항, 제18조제3항 또는 제26조제3항을 위반하여 정보주체에게 알려야 할 사항을 알리지 않은 경우	법 제75조 제2항제1호	600	1200	2400
다. 법 제16조제2항 또는 제22조제4항을 위반하여 재화 또는 서비스의 제공을 거부한 경우	법 제75조 제2항제2호	600	1200	2400
라. 법 제20조제1항을 위반하여 정보주체에게 같은 항 각 호의 사실을 알리지 않은 경우	법 제75조 제2항제3호	600	1200	2400
마. 법 제21조제1항을 위반하여 개인정보를 파기하지 않은 경우	법 제75조 제2항제4호	600	1200	2400
바. 법 제21조제3항을 위반하여 개인정보를 분리하여 저장·관리하지 않은 경우	법 제75조 제3항제1호	200	400	800
사. 법 제22조제1항부터 제3항까지의 규정을 위반하여 동의를 받은 경우	법 제75조 제3항제2호	200	400	800
아. 법 제22조제5항을 위반하여 법정대리인의 동의를 받지 않은 경우	법 제75조 제1항제2호	1000	2000	4000
자. 법 제24조제2항을 위반하여 정보주체가 주민등록번호를 사용하지 않을 수 있는 방법을 제공하지 않은 경우	법 제75조 제2항제5호	600	1200	2400
차. 법 제24조제3항, 제25조제6항 또는 제29조를 위반하여 안전성 확보에 필요한 조치를 하지 않은 경우	법 제75조 제2항제6호	600	1200	2400
카. 법 제25조제1항을 위반하여 영상정보처리기기를 설치·운영한 경우	법 제75조 제2항제7호	600	1200	2400
타. 법 제25조제2항을 위반하여 영상정보처리기기를 설치·운영한 경우	법 제75조 제1항제3호	1000	2000	4000
파. 법 제25조제4항을 위반하여 안내판 설치 등 필요한 조치를 하지 않은 경우	법 제75조 제3항제3호	200	400	800

위반행위	근거 법조문	과태료 금액		
		1회 위반	2회 위반	3회 이상 위반
하. 법 제26조제1항을 위반하여 업무 위탁 시 같은 항 각 호의 내용이 포함된 문서에 의하지 않은 경우	법 제75조 제3항제4호	200	400	800
거. 법 제26조제2항을 위반하여 위탁하는 업무의 내용과 수탁자를 공개하지 않은 경우	법 제75조 제3항제5호	200	400	800
너. 법 제27조제1항 또는 제2항을 위반하여 정보주체에게 개인정보의 이전 사실을 알리지 않은 경우	법 제75조 제3항제6호	200	400	800
더. 법 제30조제1항 또는 제2항을 위반하여 개인정보처리 방침을 정하지 않거나 이를 공개하지 않은 경우	법 제75조 제3항제7호	200	400	800
러. 법 제31조제1항을 위반하여 개인정보보호책임자를 지정하지 않은 경우	법 제75조 제3항제8호	500		
머. 법 제34조제1항을 위반하여 정보주체에게 같은 항 각 호의 사실을 알리지 않은 경우	법 제75조 제2항제8호	600	1200	2400
버. 법 제34조제3항을 위반하여 조치 결과를 신고하지 않은 경우	법 제75조 제2항제9호	600	1200	2400
서. 법 제35조제3항을 위반하여 열람을 제한하거나 거절한 경우	법 제75조 제2항제10호	600	1200	2400
어. 법 제35조제3항·제4항, 제36조제2항·제4항 또는 제37조제3항을 위반하여 정보주체에게 알려야 할 사항을 알리지 않은 경우	법 제75조 제3항제9호	200	400	800
저. 법 제36조제2항을 위반하여 정정·삭제 등 필요한 조치를 하지 않은 경우	법 제75조 제2항제11호	600	1200	2400
처. 법 제37조제4항을 위반하여 처리가 정지된 개인정보에 대하여 파기 등 필요한 조치를 하지 않은 경우	법 제75조 제2항제12호	600	1200	2400
커. 법 제63조제1항에 따른 관계 물품·서류 등 자료를 제출하지 않거나 거짓으로 제출한 경우 1) 자료를 제출하지 않은 경우 2) 자료를 거짓으로 제출한 경우	법 제75조 제3항제10호	 100 200	 200 400	 400 800
터. 법 제63조제2항에 따른 출입·검사를 거부·방해 또는 기피한 경우	법 제75조 제3항제11호	200	400	800
퍼. 법 제64조제1항에 따른 시정명령에 따르지 않은 경우	법 제75조 제2항제13호	600	1200	2400

개인정보 관리실태 현장점검은 침해 우려가 큰 취약 분야를 대상으로 실시하는 예방적 차원의 기획점검, 침해 신고나 민원 접수 등 침해사고가 발생할 때 실시하는 특별점

[그림3] 과징금 산정 기준 및 부과 절차[1]

위반 정도	산정 기준액	비 고
매우 중대한 위반행위	3억 5천만 원	고의·중과실+10만 건 이상 위반
중대한 위반행위	2억 3천만 원	고의·중과실+10만 건 미만 또는 경과실+10만 건 이상 위반
일반 위반행위	1억 원	경과실+10만 건 미만 위반

검, 개인정보 관리실태를 자체적으로 점검하여 행정안전부로 제출하는 서면점검으로 나뉜다.[2]

기획점검은 먼저 개인정보 보유량, 기업 규모, 사전 온라인 점검 결과 등을 종합적으로 판단하여 점검 대상을 선정하고, 공문 발송 후 수검 기관 현장을 직접 방문하여 자료 조사, 담당자 인터뷰, 시스템 점검 등을 실시한다. 주요 점검 항목은 개인정보처리시스템의 안전조치 준수 여부, 수탁자 관리 · 감독 여부, 보존 기간이 지난 개인정보의 파기 여부, 마케팅 정보 수신 등 선택 정보에 대한 구분 동의 여부 등 60여 가지 항목이다.[3]

특별점검은 해킹 등을 통한 개인정보 유출 사고가 발생하였을 때 사고의 원인 조사 및 책임 규명이 필요한 경우 실시한다. 또한 언론 보도 및 민원 접수 등으로 점검이 필요한 해당 업체 또는 업종에 대하여 실시한다.[4]

서면점검은 수검 기관을 확대하기 위하여 2017년 처음 도입되었으며, 자율에 초점을 맞춘 간소화된 점검 방식이다. 서면점검은 현장점검 인력 부족으로 점검 대상 34만 개 사업자 대비 연간 300개소 수준에 그치는 현장점검을 보완하기 위하여 도입되었으며, 현장점검 대상에 비하여 개인정보 보유량 및 기업 규모가 상대적으로 작은 업체를 대상으로 실시한다. 점검 절차는 수검 기관이 직접 점검표와 증거 자료를 작성하여 제

출하고, 행정안전부와 한국인터넷진흥원이 이를 점검하는 방식으로 진행한다.[5]

처리단계별 법 준수사항과 위반 시 처벌사항은 [표1]과 같다.

[표1] 개인정보처리단계별 준수사항 및 위반 시 처벌사항

구분	주요 내용	처벌사항
수집·이용	민감정보(사상·신념·정당 가입·건강 등) 처리기준 위반(제23조)	5년 이하 징역 또는 5천만 원 이하 벌금
	고유식별정보(주민등록·여권·운전면허 번호 등) 처리기준 위반(제24조)	
	부당한 수단이나 방법에 의해 개인정보를 취득하거나 개인정보처리에 관한 동의를 얻는 행위를 한 자(제59조)	3년 이하 징역 또는 3천만 원 이하 벌금
	개인정보의 수집 기준 위반(제15조)	5천만 원 이하 과태료
	만 14세 미만 아동의 개인정보 수집 시 법정대리인 동의 획득 여부 위반(제22조)	
	탈의실·목욕실 등 영상정보처리기기 설치 금지 위반(제25조)	
	최소한의 개인정보 외 정보의 미동의를 이유로 재화 또는 서비스 제공을 거부한 자(제16조, 제22조)	3천만 원 이하 과태료
	주민등록번호를 제공하지 아니할 수 있는 방법 미제공(제21조)	
	동의획득 방법 위반하여 동의받은 자(제22조)	1천만 원 이하 과태료
제공·위탁	정보주체의 동의 없는 개인정보 제3자 제공(17조)	5년 이하 징역 또는 5천만 원 이하 벌금
	개인정보의 목적 외 이용·제공(제18조, 제19조, 제26조)	
	개인정보 주체에게 알려야 할 사항을 알리지 아니한 자(제15조, 제17조, 제18조, 제26조)	3천만원 이하 과태료
	업무위탁 시 공개의무 위반(제26조)	1천만 원 이하 과태료
개인정보안전관리	개인정보의 누설 또는 타인 이용에 제공(제59조)	5년 이하 징역 또는 5천만 원 이하 벌금
	개인정보의 훼손, 멸실, 변경, 위조, 유출(제59조)	
	영상정보처리기기 설치 목적과 다른 목적으로 임의 조작하거나 다른 곳을 비추는 자 또는 녹음 기능을 사용한 자(제25조)	3년 이하 징역 또는 3천만 원 이하 벌금
	직무상 알게 된 비밀을 누설하거나 직무상 목적 외 사용한 자(제60조)	
	안전성 확보에 필요한 보호조치를 취하지 않아 개인정보를 도난·유출·위조·변조 또는 훼손당하거나 분실한 자(제24조, 제25조, 제29조)	2년 이하 징역 또는 2천만 원 이하 벌금
	안전성 확보에 필요한 조치의무 불이행(제24조, 제25조, 제29조)	3천만 원 이하 과태료
	영상정보처리기기 설치·운영기준 위반(제25조)	
	개인정보를 분리해서 저장·관리하지 아니한 자(제21조)	1천만 원 이하 과태료
	개인정보처리 방침 미공개(제30조)	
	개인정보관리책임자 미지정(제31조)	
	영상정보처리기기 안내판 설치 등 필요조치 불이행(제25조)	

구분	주요 내용	처벌사항
정보주체권익보호	개인정보의 정정·삭제요청에 대한 필요한 조치를 취하지 않고, 개인정보를 계속 이용하거나 제2자에게 제공한 자(제36조)	2년 이하 징역 또는 2천만 원 이하 벌금
정보주체권익보호	개인정보의 처리정지 요구에 따라 처리를 중단하지 않고 계속 이용하거나 제3자에게 제공한 자(제37조)	2년 이하 징역 또는 2천만 원 이하 벌금
정보주체권익보호	개인정보 유출 사실 미통지(제34조)	3천만 원 이하 과태료
정보주체권익보호	정보주체의 열람 요구의 부당한 제한·거절(제35조)	1천만 원 이하 과태료
정보주체권익보호	정보주체의 정정·삭제 요구에 따라 필요 조치를 취하지 아니한 자(제36조)	1천만 원 이하 과태료
정보주체권익보호	처리정지된 개인정보에 대해 파기 등의 조치를 하지 않은 자(제37조)	1천만 원 이하 과태료
정보주체권익보호	시정명령 불이행(제64조)	1천만 원 이하 과태료
정보주체권익보호	정보주체의 열람, 정정·삭제, 처리정보 요구 거부 시 통지의무 불이행(제35조, 제36조, 제37조)	1천만 원 이하 과태료
정보주체권익보호	관계 물품·서류 등의 미제출 또는 허위 제출(제63조)	1천만 원 이하 과태료
정보주체권익보호	출입·검사를 거부·방해 또는 기피한 자(제63조)	1천만 원 이하 과태료
파기	개인정보 미파기(제21조)	3천만 원 이하 과태료

3. 적용 일부 제외 등

　개인정보처리자 중 통계법에 수집되는 개인정보, 국가안전보장 관련 개인정보, 공중위생 등 공공의 안전과 안녕을 위하여 긴급히 필요한 경우로서 일시적으로 처리되는 개인정보, 언론, 종교 단체, 정당이 각각 취재 · 보도, 선교, 선거 입후보자 추천 등 고유목적을 달성하기 위하여 수집 · 이용하는 개인정보는 법 제3장(개인정보의 처리), 제4장(개인정보의 안전한 관리), 제5장(정보주체의 권리보장), 제6장(개인정보분쟁조정위원회), 제7장(개인정보 단체소송) 등이 제외된다.

　공개된 장소에 영상정보처리기기를 설치 · 운영하여 처리되는 개인정보에 대하여는 제15조(대인정보 수집), 제22조(동의를 받는 방법), 제27조제1항 · 제2항(영업양도), 제34조(개인정보 유출통지) 및 제37조(개인정보처리정지)를 적용하지 아니한다. 개인정보처리자가 동창회, 동호회 등 친목 도모를 위한 단체를 운영하기 위하여 개인정보를 처리하는 경우에는 제15조(개인정보 수집 이용), 제30조(개인정보처리 방침의 수립 및 공개) 및 제31조(개인정보 관리책임자의 지정)를 적용하지 아니한다. 개인정보처리자에게 소속되어 개인정보를 처리하고 있거나 처리한 적이 있는 전 · 현직 임직원, 파견직, 수탁자 등은 법 제59조에 의해 다음의 행위가 금지된다.

- 거짓이나 그 밖의 부정한 수단이나 방법으로 개인정보를 취득하거나 처리에 관한 동의를 받는 행위

[그림4] 개인정보보호법 위반 적용의 제외

제3장~제7장 규정 적용 제외 대상 (제58조)

○ 공공기관이 처리하는 개인정보 중「통계법」에 따라 수집되는 개인정보
○ 국가안전보장과 관련된 정보 분석을 목적으로 수집 또는 제공 요청되는 개인정보
○ 공중위생 등 공공의 안전과 안녕을 위하여 긴급히 필요한 경우로서 일시적으로 처리되는 개인정보
○ 언론, 종교단체, 정당이 각각 취재·보도, 선교, 선거 입후보자 추천 등 고유 목적을 달성하기 위하여 수집·이용하는 개인정보

준수사항 개인정보처리자는 위에 따라 개인정보를 처리하는 경우에도 그 목적을 위하여 필요한 범위에서 최소한의 기간에 최소한의 개인정보만을 처리하여야 하며, 개인정보의 안전한 관리를 위하여 필요한 기술적·관리적 및 물리적 보호조치, 개인정보의 처리에 관한 고충처리, 그 밖에 개인정보의 적절한 처리를 위하여 필요한 조치 마련해야함.

개인정보를 처리하거나 처리하였던 자의 금지행위 (제59조)

○ 거짓이나 그 밖의 부정한 수단이나 방법으로 개인정보를 취득하거나 처리에 관한 동의를 받는 행위
○ 업무상 알게 된 개인정보를 누설하거나 권한 없이 다른 사람이 이용하도록 제공하는 행위
○ 정당한 권한 없이 또는 허용된 권한을 초과하여 다른 사람의 개인정보를 훼손, 멸실, 변경, 위조 또는 유출하는 행위

의무대상자 개인정보처리자에게 소속되어 개인정보를 처리하고 있거나 처리한 적이 있는 전·현직 임직원, 파견직, 수탁자 등

- 업무상 알게 된 개인정보를 누설하거나 권한 없이 다른 사람이 이용하도록 제공하는 행위
- 정당한 권한 없이 또는 허용된 권한을 초과하여 다른 사람의 개인정보를 훼손, 멸실, 변경, 위조 또는 유출하는 행위

한편 헌법재판소는 '개인정보보호법상 개인정보처리자에 대한 법리오해에 기초한 기소유예처분 사건'에서 개인정보보호법상 개인정보처리자, 개인정보취급자에 관한 개념 정의 및 관계 규정을 종합하여 보면 개인정보처리자는 공공기관인 A공단이고 청구인은 A공단 감사팀 소속 직원으로서 개인정보취급자에 불과한 것으로 보이며, 피청구인은 개인정보보호법상 '개인정보처리자'에 대한 법리오해에 기초하여 청구인의 개인정보 수집에 관하여 제대로 수사하지 않은 채 청구인에게 이 사건 근거조항 위반혐의를 그대로 인정하고 이 사건 기소유예처분을 하였으므로 이는 자의적인 처분에 해당하고, 그로 인하여 청구인의 평등권과 행복추구권이 침해되었다고 해석한 바 있다.[5]

다만, 헌법재판소의 이 결정으로 현행 개인정보보호법은 제9장(제70조~제76조)에서 개인정보보호법을 위한한 경우 형사적·행정적 처벌 근거를 규정하고 있는데, 해당

행위를 한 자(또는 처리자)로 규정하고 있으므로 법문상 개인정보처리자와 그 취급자와의 관계에서 처벌의 정도를 명확히 적용, 판단할 명확한 근거를 마련하는 것이 수범자의 혼선을 방지할 수 있을 것으로 판단된다.

GDPR 제재 규정

제재 종류	주요 내용	관련 조문
손해배상 (제82조)	• GDPR 위반의 결과로 물질적 또는 비물질적 손해를 입은 정보주체는 그 손해에 대하여 컨트롤러나 프로세서로부터 배상을 받을 수 있다.	–
	• 컨트롤러는 GDPR을 위반하는 처리가 일으킨 손해에 대하여 책임을 져야 한다. • 다만 손해를 일으킨 사건에 대하여 책임이 없음을 입증하면, 컨트롤러 또는 프로세서의 책임 면제가 가능하다.	
	• 복수의 컨트롤러 또는 프로세서가 일으킨 손해에 대하여 책임이 있는 경우 정보주체의 실효적 배상을 위하여 모든 손해에 대한 책임을 부담한다. • 이 경우 하나의 컨트롤러나 프로세서가 완전한 배상을 하면 다른 컨트롤러나 프로세서에 대한 구상권 행사가 가능하다.	
과징금 (제83조)	• EU 회원국 감독기구는 과징금 부과 권한이 있다. • EU 회원국의 법체계에 과징금 부과 근거가 없는 경우, 회원국의 법원이 해당 과징금을 부과할 수도 있다. • 컨트롤러나 프로세서가 고의 또는 과실로 GDPR의 여러 규정을 위반한다면, 과징금 총액은 가장 중한 위반에 규정된 금액을 초과하여서는 안 된다.	–
	전세계 연간 매출액 2% 또는 1천만 유로 중 더 큰 금액 부과	
	• 컨트롤러 및 프로세서 의무 위반	제8조, 제11조, 제25~39조, 제42조, 제43조
	• 인증기관 의무 위반	제42조, 제43조
	• 공인된 행동규약 준수에 대한 모니터링 의무 위반	제41조제4항
	전세계 연간 매출액 4% 또는 2천만 유로 중 더 큰 금액 부과	
	• 동의의 조건을 포함하여 개인정보 처리 기본 원칙 위반	제5~7조, 제9조
	• 정보주체의 권리 보장 의무 위반	제12~22조
	• 제3국이나 국제기구의 수령인에게 개인정보 이전 시 준수 의무 위반	제44~49조
	• 제24~43조에 따라 채택된 EU 회원국 법률 의무 위반	–
	• 감독기구가 내린 명령 또는 정보 처리의 제한 불복 • 감독기구의 개인정보 이동 중지 명령 미준수 및 정보주체의 열람권 보장 의무 위반	제58조제2항 제58조제1항
벌칙 (제84조)	• 회원국의 과징금이 부과되지 않는 위반에 대한 벌칙 규정 신설 의무(제1항) • 각 회원국은 제1항에 따라 채택하는 법 규정을 2018년 5월 25일까지, 그리고 해당 법 규정에 영향을 미치는 후속 개정을 지체 없이 유럽 집행위원회에 통보하여야 한다.	–

출처: 행정안전부 · 방송통신위원회 · 한국인터넷진흥원, 『우리 기업을 위한 '유럽 일반 개인정보보호법(GDPR)' 가이드북』, 181면.

★실생활에서 알아보는 개인정보보호(FAQ)

Q1. A헬스클럽을 운영 중인데, 종종 다른 회원의 가입여부와 이용 여부를 문의하는 전화를 받습니다. 해당 문의에 대해 개인정보보호를 이유로 알려줄 수 없다고 해도 막무가내인 경우가 있습니다. 이러한 경우에 법률 규정에 근거하여 그러한 요청을 받을 수 없고, 처벌될 수 있다는 사실을 알리기 위하여 적절한 설명을 하려면 어떻게 해야 하나요?

정보주체 이외의 사람이 개인정보의 제공을 요구하는 경우, 개인정보의 목적 외 제3자 제공 요건 가운데 어느 하나에 해당하지 않는 경우에는 제공하여서는 안 됩니다. 만일 제공하는 경우에는 제공하는 사람과 제공받는 사람 모두 5년 이하의 징역 또는 5천만 원 이하의 벌금으로 처벌을 받을 수 있습니다

A헬스클럽이 문의자에게 목적 외 제3자 제공을 하기 위해서는 다음의 요건 가운데 어느 하나에 해당하여야 하며, 이 경우에도 정보주체 또는 제3자의 이익을 부당하게 침해할 우려가 있을 때에는 제공하지 않아야 합니다.

> ### 개인정보의 목적 외 이용 · 제3자 제공 요건
> ① 정보주체로부터 별도의 동의를 받은 경우
> ② 다른 법률에 특별한 규정이 있는 경우
> ③ 정보주체 또는 그 법정대리인이 의사표시를 할 수 없는 상태에 있거나 주소불명 등으로 사전 동의를 받을 수 없는 경우로서 명백히 정보주체 또는 제3자의 급박한 생명, 신체, 재산의 이익을 위하여 필요하다고 인정되는 경우
> ④ 통계 작성 및 학술 연구 등의 목적을 위하여 필요한 경우로서 특정 개인을 알아볼 수 없는 형태로 개인정보를 제공하는 경우

위의 요건 가운데 어느 하나에 해당하지 않음에도 개인정보를 제3자에게 제공한 자 및 그 사정을 알면서도 영리 또는 부정한 목적으로 개인정보를 제공받은 자는 5년 이상의 징역 또는 5천만 원 이하의 벌금으로 처벌될 수 있습니다.

미주

Ⅰ. 초연결사회와 개인정보보호

1. Wellman, Barry, June 2001, "Physical Place and Cyber Place: The Rise of Networked Individualism", *International Journal of Urban and Regional Research*, 25 (2): 227 – 52; Anabel Quan-Haase and Barry Wellman, "Networks of Distance and Media: A Case Study of a High Tech Firm", Trust and Communities conference, Bielefeld, Germany, July, 2003; Anabel Quan-Haase and Barry Wellman, 2004, "Local Virtuality in a High-Tech Networked Organization", *Anaylse & Kritik 26*(special issue 1): 241 – 57 SEQ CHAPTER \h \r 1; Anabel Quan-Haase and Barry Wellman, "How Computer-Mediated Hyperconnectivity and Local Virtuality Foster Social Networks of Information and Coordination in a Community of Practice", International Sunbelt Social Network Conference, Redondo Beach, California, February 2005; Anabel Quan-Haase and Barry Wellman, "Hyperconnected Net Work: Computer-Mediated Community in a High-Tech Organization", pp. 281 – 333 in *The Firm as a Collaborative Community: Reconstructing Trust in the Knowledge Economy*, edited by Charles Heckscher and Paul Adler. New York: Oxford University Press, 2006; https://en.wikipedia.org/wiki/Hyperconnectivity. Anabel Quan-Haase와 Barry Wellman은 "hyperconnectivity" 외에도 "local virtuality"와 "virtual locality"라는 용어를 창시했다.
2. 네트워크 장치로, 다른 네트워크 간에 중계 역할을 담당하며 패킷의 위치를 추출하여 인터넷에서 트래픽 지시 기능을 수행하는 공유기.
3. ZB(Zettabyte): 1021를 의미하는 SI 접두어인 제타와 컴퓨터 데이터의 표시단위인 바이트가 합쳐진 자료량을 의미하는 단위. 1 ZB=1021 bytes=1,000,000,000,000,000,000,000 bytes.
4. Andy Patrizio, "IDC: Expect 175 zettabytes of data worldwide by 2025", Network World, December 03, 2018 02:30 AM.
5. 한편 이처럼 초연결사회, IoE 시대(또는 제4차 산업혁명 시대)로 대변되는 디지털에 기반을 둔 고도화된 정보통신사회는 정보가 자본(또는 자원)이 되고 권력이 되는 사회라 할 수 있다. 이러한 이유로 일부에서는 디지털사회를 정보자본주의 시대라 부르기도 한다. 이는 일반적인 자본이 사회에서 큰 힘을 가지고 있던 시대가 끝나고, 고도화된 정보통신사회에서는 정보와 지식을 축적과 전달 및 처리하는 자본이 사회에서 강한 역할을 하는 시대가 형성된다는 의미이다. 이러한 정보자본주의의 영향으로 감시자본주의가 형성되고, 이에 따라 정보자본주의

시대는 소지하고 있는 정보의 양의 많고 적음에 따라 지배 관계가 성립될 수 있다는 우려가 존재한다.

6. 박정은 · 윤미영, 한국정보화진흥원, 「초연결사회와 미래서비스」, 『한국통신학회지(정보와통신)』, 2014, 3면.

7. *Journal of Computer-Mediated Communication*, Volume 8, Issue 3, 1 April 2003, JCMC834, https://doi.org/10.1111/j.1083-6101.2003.tb00216.x; https://academic.oup.com/jcmc/article/8/3/JCMC834/4584288

8. 댓글로 의사를 결정하는 현대인들의 속성을 이용해 여론을 조작하는 행위로, 사람이 아닌 컴퓨터 프로그램이 댓글을 작성하는 것을 댓글봇이라 한다. 미국 대선 때 수많은 스팸봇이 트위터 · 페이스북 등 소셜미디어상에서 여론을 조작한 것으로 드러나 미국의 인터넷 · 통신 정책을 관장하는 연방통신위원회(FCC)가 '망(網) 중립성(net neutrality)' 원칙 폐기에 대한 논의를 하기에 이르렀던 사건을 댓글봇 사건이라 한다. 미국 보안 회사들이 적발한 한 가짜 뉴스 배포용 스팸봇에는 7억 1100만 개의 이메일 정보가 들어 있었던 것으로 전해졌으며, 이처럼 동시다발적으로 대량 살포가 가능하기 때문에 여론의 향배를 짧은 시간 안에 바꿔놓을 수 있다는 것이 전문가들의 진단이다("'스팸 봇'이 올린 100만 댓글, 미국이 낚였다", 조선일보, 2017년11월30일). 한편 미국은 2017년 12월 14일 연방통신위원회(FCC)가 '망 중립성' 정책을 폐지하였으며, 이 결정은 향후 정보통신 분야의 변화를 이끌 것으로 판단된다. 또한 이에 대한 대응책 마련도 시급한 실정이다.

9. "'댓글族' 3,000명에 흔들흔들… '정치 · 이념 도구'로 변색된 포털", 서울경제, 2018-04-16 17:46; "덕후부터 혁명가까지… '드루킹' 사태로 본 파워블로거의 세계", 이데일리, 2018-04-17 04:15(무차별 댓글… 통제 불능 인터넷 여론 조작, 日방문자 2만~3 만명 등에 업어, 자기 과신에 도덕적 불감증 겹쳐, 김영란법도 언론중재위도 피해가), "1억 내면 1위 만들어줄게… 음원차트도 은밀한 거래", 동아일보, SNS 통한 불법홍보-조작 논란, 입력 2018-04-17 03:00 수정 2018-04-17 03:00 .

10. 미국의 경우 이러한 사이버심리전 등을 통해 민주주의에 심각한 영향을 끼치고 주권을 침해하는 행위에 대해 강력 대응할 것을 국무장관이 공식석상에서 표명한 바 있다("美 민주주의 침해하는 사이버적대 행위, 좌시 않겠다", "민주주의를 공격해 선거에 영향을 주고 주권을 침해하려는 이들에게 한 마디 경고하겠다. 하지마라(Don't)", 디지털데일리, 2018.04.19 07:17:59).

11. 2000년 Barry Wellman이 인터넷연구자협회(Association of Internet Researchers) 창립총회에서 처음 사용한 용어로(Barry Wellman, "Living Wired in a Networked World: The Rise of Networked Individualism", Founding conference, Association of Internet Researchers, Lawrence, KS, Sept 2000), 이후 Manuel Castells와 Barry Wellman이 이러한 내용을 담아 2001년에 처음으로 책으로 발간하였다(Manuel, Castells, *The Internet Galaxy: Reflections on the Internet, Business and Society*, Oxford University Press. p. 132, 2001).

12. '정보자본주의(information capitalism)'는 자본주의의 새로운 형태로, '정보'를 자본으로 이익을 창출하는 경제활동과 경제시스템을 의미한다.

13. 디지털 시대는 디지털 컴퓨터와 기술이 진화한 20세기 후반에 시작한 시대로, 무선 시대와 정보화 시대로 알려져 있다.

14. Zuboff, Shoshana, "Google as a Fortune Teller: The Secrets of Surveillance Capitalism", Frankfurter Allgemeine Zeitung, 5 March 2016.

15. 프라이버시 보호와 관련해 조수영, "개인정보보호법과 EU의 GDPR에서의 프라이버시 보호에 관한 연구", 경북대학교 법학연구원『법학논고』, 제61집, 2018. 각주 9)와 10)에 기술한 내용 참조.

16. 『放送ハンドブック改訂版』, 日本民間放送連盟編 日経BP社 2007, 제1판, pp. 150~151.

17. 예를 들어 프라이버시와 관련된 영어권이나 일본의 웹페이지에 'privacy' 또는 'プライバシ＿(프라이버시)'가 나오면 '개인정보'로 자동 번역된다.

18. 佐藤信行, "プライバシ＿保護と個人情報保護の再びの出会い", プライバシ＿保護と個人情報保護の再びの出会い.

19. Ibid.

20. B. Harding, Mark J. Criser & Michael R. Ufferman, Right to Be Let Alone - Has the Adoption of Article I, Section 23 in the Florida Constitution, Which Explicitly Provides for a State Right of Privacy, Resulted in Greater Privacy Protection for Florida Citizens, 14 Notre. Dame J.L. Ethics & Pub. Pol'y 945(2000). p. 946.

21. Louis D. Brandeis and Samuel Warren, "The Right to Privacy", Harvard Law Review, Vol. 4, No. 5, Dec. 15, 1890, pp. 193-220. 이 논문은 미국 법의 역사에서 가장 영향력 있는 논문 중 하나로, '프라이버시권'을 주장한 미국 최초의 출판물로 널리 알려져 있다.

22. Dorothy J. Glancy, "The Invention Of the Right to Privacy", Arizona Law Review, Volume 21 1979, pp.1-2.

23. "an unjustified exploitation of one's personality or intrusion into one's personal activity", BLACK'S LAW DIcTIoNARY, p.829(7th ed. 1999); B. Harding, Mark J. Criser & Michael R. Ufferman, supra note 20, p.946.

24. Harding, Mark J. Criser & Michael R. Ufferman, p.946. 판사인 루이스 브랜다이스(Louis Brandeis)는 이 논문 후 심리가 진행된 Olmstead v. United States 판결에서 "미국 헌법의 제정자들은 인간 행복의 최소한의 조건으로 인간의 영적 본성과 감정 및 지성의 중요성을 인식했으며, 이러한 차원에서 미국인들이 그들의 신념, 생각, 감정과 감각을 보호받아야 한다는 점을 인식했다고 볼 수 있기에, 이를 근거로 '혼자 있을 권리'가 보장된다고 판시하였다(Dorothy J. Glancy, supra note 22, p.2).

25. 日本衆議院資料 2003, p.13; https://ja.wikipedia.org/wiki/プライバシ＿

26. 생래적 개인의 권리(Inherent Individual Rights)란 법률, 규제, 사회 기준을 통해 조직 구성원

에게 보복 없이 행동하고 일하고 사고하고 행동할 수 있는 자유를 의미한다. 업무안전보건청 (OSHA)과 같은 미국 정부 당국은 직장 내 생래적 개인의 권리를 보호한다.

27. Dorothy J. Glancy, supra note 22, p.2

28. Ibid.,p.3.

29. Ibid.,p.4.

30. Ibid., p.4.

31. Ibid.

32. William L. Prosser, *Privacy*, 48 Calif. L. Rev. 383 (1960).

33. Alan F. Westin은 초기 컴퓨터 시대에서 현대의 프라이버시권을 정의했다.

34. Solove, Daniel J. *Understanding Privacy*, Cambridge, Mass: Harvard University Press. 2008.

35. (남의 눈길 · 간섭 등을 받지 않고) 혼자 있는 상태, 사생활(을 누리는 상태), (대중의 관심을 벗어난) 사생활을 말하며, 앨런 웨스틴은 이 상태에 대해 '고립(solitude), 친근함(intimacy), 익명(anonymity), 담보(reserve)'로 정의한 바 있다(Westin, Alan, *Privacy and Freedom*, New York: Atheneum, 1967).

36. 이 지침이 프라이버시 보호를 위해 개인정보의 국경 간 이동에 관한 지침을 제공함에도 우리 나라는 이 지침을 '개인정보호보지침'으로 간략히 부르고 있는데, 이러한 관행이 오늘날 프라 이버시 보호와 개인정보보호가 유사한 의미로 해석되는 근거가 된 것으로 추측된다.

37. 일본 소설가 미시마 유키오(三島由紀夫)가 쓴 총 19장으로 구성된 장편 소설『연회는 끝나고 (宴のあと)』에 대하여 전 외무 장관이자 당시 도쿄 도지사 후보인 아리타 하치로(有田八郎) 가 이 작품이 자신의 프라이버시를 침해했다며 미시마와 출판사를 상대로 100만 엔의 손해 배상과 사죄 광고를 요구하는 소송을 제기한 사건이다. 미시마 측은 표현의 자유(언론 출판의 자유)를 주장하며 언론 매체를 통해 자신의 주장을 펼쳤고, 이에 따라 표현의 자유와 프라이 버시권의 기본권 충돌 문제가 사회적 이슈가 되어 프라이버시권의 인식 폭을 넓히는 계기가 되었다. 당시 재판부는 소설가 미시마 측에 80만 엔의 손해 배상 판결을 선고하며 "언론 표현 의 자유는 절대적인 것이 아니라 다른 명예, 신용, 프라이버시 등의 법익을 침해하지 않는 한 에서 그 자유가 보장되는 것"이라고 판시하였다. 이 판결 후 미시마 측은 항소를 하였으나 이 듬해인 1965년 아리타가 사망했기 때문에 1966년 11월 28일 아리타의 유족과 미시마 사이에 화해가 성립하여 다시 출판할 수 있게 되었다.

38. 私生活上の事実'またはそれらしく受け取られるおそれのある事柄であること

39. 一般人の感受性を基準として当事者の立場に立った場合' 公開を欲しないであろうと認めら れるべき事柄であること

40. 一般の人にまだ知られていない事柄であること

41. 私生活上の事実' またはそれらしく受け取られるおそれのある事柄であること

42. 개인의 과거 SNS 등에서의 활동이 본인도 모르는 사이에 수집되어 컴퓨터 데이터베이스에 저 장되고 이를 모아 기업에 제공하는 회사가 생김에 따라, 취업 시 기업 측에서 비밀리에 이용하

는 사례나 개인정보를 모아 정보주체의 동의 없이 홍보나 마케팅 용도로 활용하는 사례 등이
있다.

43. 사토 노부유키(佐藤信行), "プライバシー_保護と個人情報保護の再びの出会い", The Yomiuri Shimbun, https://yab.yomiuri.co.jp/adv/chuo/research/20180322.html

44. Ibid.

45. Ibid. 이와 관련해 일본은 정보 프라이버시권(즉 자기정보통제권)을 헌법에는 규정되지 않았지만 실정법상의 권리로 인정하여 보호 조치를 하고 있으며, OECD 프라이버시 8원칙에 근거해 2003년부터 「개인정보보호법((個人情報の保護に関する法律, こじんじょうほうのほごにかんするほうりつ)」을 제정해 시행하고 있다. 2017년 전면적 법 개정을 실시한 바 있는 일본은 해당 법 제1조의 법의 목적에 "이 법은 고도 정보통신 사회의 진전에 따라 개인정보의 이용이 크게 확대되고 있는 점을 감안하여 개인정보의 적정한 취급에 관한 기본 이념 및 정부의 기본 방침의 작성 및 기타 개인정보보호에 관한 시책의 기본이 되는 사항을 정하고, 국가 및 지방 공공단체의 책무 등을 분명히 하는 것과 동시에, 개인정보를 취급하는 사업자가 준수해야 할 의무 등을 규정함으로써 개인정보의 적절하고 효과적인 활용이 새로운 산업 창출 및 활력 있는 경제 사회와 풍요로운 국민 생활 실현에 이바지하고, 기타 개인정보의 유용성을 배려하면서 개인의 권리 이익을 보호하는 것을 목적으로 한다"고 규정함으로써, '개인의 권리 이익'을 보호하는 목적뿐만 아니라 '개인정보의 유용성을 배려하는 것'도 목적으로 하고 있다.

46. 한 이용자가 EU의 GDPR에 근거해 미국의 인기 데이트 앱 'Tinder'에 자신의 개인데이터에 대한 액세스 권한을 요청했더니, 800페이지의 정보가 수집 처리되고 있었다("I asked Tinder for my data. It sent me 800 pages of my deepest, darkest secrets", Guardian, 2017.09.26. https://www.theguardian.com/technology/2017/sep/26/tinder-personal-data-dating-app-messages-hacked-sold).

47. "누군가 나를 훔쳐본다… '몰카 주의보'"(KBS 뉴스, 입력 2017.06.27. 08:45).

48. "중국서 가장 무서운 말 신용불량자… 자녀 대학 합격도 취소"(중앙일보, 입력 2018.08.12. 15:12).

49. 여기서는 특정한 구분의 필요성이 있는 경우를 제외하고 프라이버시권을 우리나라 헌법 제17조에 규정된 '사생활의 비밀과 자유'와 유사한 의미로 해석하여 기술하고자 한다.

50. 성낙인, 『헌법학』, 법문사, 2011, 612면.

51. 헌재 2005. 5. 26. 99헌마513등, 판례집 17-1, 681.

52. 헌재 2005. 7. 21. 2003헌마282 등, 판례집 17-2, 81, 90

53. 헌재 1998. 5. 28. 96헌가5

54. 성낙인, 앞의 책, 402면.

55. 국가 주요 업무 전산화의 확대 추진과 전국적 행정 전산망의 구축 등으로 개인정보의 부당 사용 또는 무단 유출로 인한 개인 사생활의 침해 등 각종 부작용이 우려됨에 따라, 공공기관이 컴퓨터로 개인정보를 취급하는 데 필요한 사항을 정함으로써 공공업무의 적정한 수행을 도

모함과 아울러 개인의 권리와 이익을 보호하려는 목적으로 제정되었다(제정이유서http://www.law.go.kr/LSW/lsRvsRsnListP.do?lsId=001358&chrClsCd=010202&lsRvsGubun=all).

56. 톰 체트필드 지음, 정미나 옮김, 『인생학교 | 시간 – 디지털 시대에 살아남는 법』, 쌤앤파커스, 2013, 56면.

57. 앞의 책, 66면.

58. 선원진 · 김두현, 한국정보화진흥원, 「초연결사회로의 변화와 개인정보보호」, 한국통신학회지(정보와통신), 2014, 53면.

59. 선원진 · 김두현, 한국정보화진흥원, 앞의 논문, 53면.

60. Ibid.

61. Ibid.

62. 루이스 브랜다이스는 '혼자 있을 권리'는 그 자체가 훨씬 더 일반적인 권리인 '삶을 누릴 권리(the right to enjoy life)'의 일부로, 삶 자체에 대한 개인의 기본적 권리의 일부분이라고 보았다. 이러한 '삶에 대한 권리'는 미국 헌법 제5차 개정안에 반영된 근본적이고 고유한 개인 권리의 3요소 중 하나로 이해할 수 있다(Dorothy J. Glancy, supra note 22, p.3.).

63. 헌재 2005.05.26, 99헌마513, 판례집 제17권 1집, 668.

64. 헌재 2005.05.26, 99헌마513, 판례집 제17권 1집, 681,682.

65. '민관 데이터'란 전자적 기록(전자적 방식, 자기적 방식, 그 외인의 지각에 따라서는 인식할 수 없는 방식으로 만들어진 기록을 말한다(이 법 제2조).

66. 이 법에서 '익명가공정보'란 다음 각 호의 개인정보 구분에 따라 해당 각 호에 정하는 조치를 취해 특정 개인을 식별할 수 없도록 개인정보를 가공해서 얻은 개인에 관한 정보로서, 해당 개인정보를 복원할 수 없도록 한 것을 말한다. (1) 제1항 제1호에 해당하는 개인정보: 해당 개인정보에 포함된 기술 등의 일부를 삭제할 것(해당 일부 기술 등을 복원할 수 있는 규칙성을 갖지 아니한 방법으로 기타 기술 등으로 대체하는 경우를 포함한다). (2) 제1항 제2호에 해당하는 개인정보: 해당 개인정보에 포함된 개인 식별 부호의 전부를 삭제할 것(해당 개인 식별 부호를 복원할 수 있는 규칙성을 갖지 아니한 방법으로 기타 기술 등을 대체하는 경우를 포함한다).

67. 이에 대한 자세한 사항은 졸고 "개인정보보호법과 EU의 GDPR에서의 프라이버시 보호에 관한 연구", 경북대학교 법학연구원 『법학논고』, 제61집에 기술한 내용 참조.

69. 이에 대한 자세한 내용은 위의 논문 참조.

68. 위와 같음.

70. 현재 개인정보보호법과 정보통신망법을 통합한 개정안이 국회에 계류 중이므로, 개정안이 통과될 경우, 이에 대한 상세설명을 추가할 예정임.

71. 행정자치부, 개인정보보호 법령 및 지침, 고시 해설서, 2016, 9면.

72. 행정자치부, 개인정보보호 법령 및 지침, 고시 해설서, 2016, 10면.

73. Ibid.

74. RFID(radio frequency identification): IC칩과 같은 극소형 칩에 상품정보 등을 저장하고 안테나 등을 통해 무선으로 데이터를 송신하는 장치(예: 하이패스 단말기).

75. 생체인식 기술에 의한 바이오정보: 지문, 홍채, 음성 등 생체인식 정보기술에 의한 바이오정보 기술.

76. 특정 개인을 식별할 수 없도록 개인정보를 가공하며, 그 개인정보를 복원하지 않도록 하는 것.

77. GDPR Recital 26(Not applicable to anonymous data): The principles of data protection should apply to any information concerning an identified or identifiable natural person. Personal data which have undergone pseudonymisation, which could be attributed to a natural person by the use of additional information should be considered to be information on an identifiable natural person. To determine whether a natural person is identifiable, account should be taken of all the means reasonably likely to be used, such as singling out, either by the controller or by another person to identify the natural person directly or indirectly. To ascertain whether means are reasonably likely to be used to identify the natural person, account should be taken of all objective factors, such as the costs of and the amount of time required for identification, taking into consideration the available technology at the time of the processing and technological developments. The principles of data protection should therefore not apply to anonymous information, namely information which does not relate to an identified or identifiable natural person or to personal data rendered anonymous in such a manner that the data subject is not or no longer identifiable. This Regulation does not therefore concern the processing of such anonymous information, including for statistical or research purposes.(https://gdpr-info.eu/recitals/no-26/)

78. Data Protection Commissioner (https://www.dataprotection.ie/docs/Anonymisation-and-pseudonymisation/1594.htm)

79. 앞서 고전적 의미의 프라이버시와 현대적 의미의 프라이버시를 설명한 바 있는데, 일본의 경우 현대적 의미의 프라이버시권을 보장하도록 하되, 인터넷, 스마트폰, 소셜 네트워크 서비스(SNS) 등이 발달한 현대 정보화사회에서는 사람들의 삶의 모든 장면에서 사업자가 그 사람에 대한 정보를 얻을 수 있는 환경이 기술적으로 가능해지고 있으며, 그렇게 얻은 정보를 활용하는 비즈니스(빅데이터 사업)의 창출을 목적으로 개인정보보호법제를 개편해 운영하고 있다. 이는 일본 개인정보보호법 제1조의 목적과도 부합하는 구현 방법이다.

80. https://thefinance.jp/law/170517

81. ibid. 우리나라도 개인정보보호법제 해석상 익명정보는 개인정보가 아니기에, 「공공데이터법」을 통해 공공기관 등에서 만들어지는 공공데이터를 활용한 국민의 생활 서비스 개선 등에 활용하고 있다.

82. 행정안전부 · 방송통신위원회 · 한국인터넷진흥원, 『우리 기업을 위한 '유럽 일반 개인정보보호법(GDPR)' 가이드북』, 42~44면 참조.

83. 적법성: 개인정보를 합법적으로 처리하려면 처리를 위한 구체적인 근거('합법적 근거')를 확인해야 한다. 특히 민감 개인정보의 유형을 처리하기 위한 적법 근거를 확인하고 이에 따라 처리하여야 하며, 합법적인 근거가 적용되지 않는 경우 해당 행위는 위법으로 간주된다. 주로 개인정보의 처리자가 형사 범죄를 저지르거나 다음의 4가지 – 관련 개인정보보호법 위반, 저작권법의 침해, 강제 집행 계약의 위반, 산업별 법규 또는 규정 위반) – 중 어느 하나에 해당하는 개인정보처리를 한 경우 그 처리는 불법으로 간주된다. GDPR 제6조 내지 제10조에 '합법적인 처리'에 관한 세부사항이 규정되어 있다. Lydia F. de la Torre, "What does 'lawfulness, fairness and transparency' mean under EU Data Protection law?"(https://medium.com/golden-data/what-does-lawfulness-fairness-and-transparency-mean-under-eu-dp-law-a385d249d754; https://ico.org.uk/for-organisations/guide-to-data-protection/guide-to-the-general-data-protection-regulation-gdpr/principles/)

84. 일반적으로 공정성은 사람들이 합리적으로 기대하는 방식으로 처리해야 하며 부당한 영향을 미치는 방식으로 처리하지 말아야 한다는 것을 의미한다.

85. 투명성은 근본적으로 공정성과 관련이 있는데, 투명한 처리란 처음부터 자신이 누구인지 그리고 데이터를 처리하는 방법에 대해 명확하고 개방적이며 정직하게 처리될 수 있도록 하는 것을 의미한다. 컨트롤러가 개인과 직접적인 관계가 있는지 여부와 관계없이 정보주체가 쉽게 접근할 수 있고 이해할 수 있는 언어로 개인에게 알리는 것이 중요하다. '통보받을 권리'의 일환으로 GDPR 제13조 및 제14조에 투명성 의무에 관한 상세한 조항을 규정하고 있다.

86. GDPR에서 책임성은 회사가 데이터 보호 규칙을 준수함을 입증하기 위한 내부 메커니즘 및 절차를 구현해야 하는 의무를 의미한다(https://www.cnil.fr/fr/glossaire).

87. 행정안전부 · 한국인터넷진흥원, 『개인정보 영향평가 수행 안내서』, 2018. 4. 29면.

88. 행정자치부 『개인정보보호 법령 및 지침, 고시 해설서』 2016, 19면.

89. 행정자치부, 앞의 해설서, 19면.

90. 일반법인 「개인정보보호법」과 「정보통신망법」상의 개인정보에 관한 특별조항이 상충할 때 법학 지식이 없는 일반인들의 경우 어떤 조항을 적용해야 하는지 혼선이 발생해 문제가 되었고, 이를 보완하기 위해 2018년 6월 12일 「정보통신망법」 개정을 통해 정보통신 분야의 개인정보보호에 관하여 현행법과 「개인정보보호법」의 적용이 경합하는 경우에 현행법을 우선 적용하도록 명시적으로 규정하였다. 「정보통신망법」 제5조(다른 법률과의 관계) '정보통신망 이용 촉진 및 정보보호 등에 관하여'는 다른 법률에서 특별히 규정된 경우 외에는 이 법으로 정하는 바에 따른다. 다만, 제4장의 개인정보의 보호에 관하여 이 법과 「개인정보보호법」의 적용이 경합하거나 제7장의 통신과금서비스에 관하여 이 법과 「전자금융거래법」의 적용이 경합하는 때에는 이 법을 우선 적용한다(개정 2018.6.12.).

91. 앞의 책, 20면

92. 행정자치부, 앞의 책, 47면.

93. EU 내 설립된 기관의 개인정보처리 활동 외에 EU 밖에서 EU 내에 있는 정보주체에게 재화나 용역을 제공하는 경우, 또는 EU 내에 있는 정보주체가 수행하는 활동을 모니터링하는 기관에 적용된다.

94. EU 개인정보보호 지침(Directive 95/46/EC 1995)이 1995년 10월 24일 제정되어 GDPR의 시행 전인 2018년 7월 24일까지 시행되었다. 이 지침은 회원국들이 제정된 국내법의 준수 여부를 감시하고 독립적인 감독기관을 두고 개인정보에 대한 접근권, 수사권 및 사법적인 절차를 개시할 권한 등을 가질 수 있도록 규정했다.

95. 유럽평의회(Council of Europe), 약칭 CoE는 1949년에 설립된 유럽의 국제기구로 EU와는 별개 조직이며, EU에 포함되지 않는 아이슬란드, 리히텐슈타인, 노르웨이도 가입되어 있다. 현재 47개국이 회원국이며, 국방(군사) 분야를 제외한 모든 분야에서 점진적인 유럽 통합을 지향한다. 캐나다, 일본, 미국, 멕시코, 바티칸 시국은 유럽 평의회에서 옵서버 지위를 갖고 있으며 각료 위원회 등 모든 정부 간 위원회에 참여하고 있다.

96. 유럽평의회는 2013년 에드워드 스노든이 일부 주에서 일어나는 정보기관에 의한 대규모 인터넷 및 전화 감시 프로그램 운영에 대해 폭로한 사건을 계기로 그 위험성과 데이터 보호의 중요성을 인식하고 PbD 등이 구현될 수 있도록 설계하는 법제도 마련에 주의를 기울이고 있다(Office of the European Union, *Handbook on European data protection law*, 2018, 347~370면 참조).

97. https://www.coe.int/en/web/portal/28-january-data-protection-day-factsheet

98. 유럽의회의 데이터보호법의 안내를 위한 핸드북은, 일반적으로 빅데이터는 다양한 의미를 포함하고 있는데 "데이터의 큰 크기, 속도 및 다양성에서 새롭고 예측 가능한 지식을 수집하고 추출하는 기술 능력의 증가"를 포함하며, 빅데이터의 개념은 데이터 자체와 데이터 분석 모두를 포함하는 것으로 설명하고 있다(Office of the European Union, *Handbook on European data protection law*, 2018, 350면 참조).

99. 각 당사국은 이 협약의 조항에 효력을 부여하고 그 효과적인 적용을 확보하기 위해 법에 필요한 조치를 취해야 하며, 이러한 조치는 각 당사국이 비준하거나 이 조약에 가입할 때까지 발효되어야 한다(108+제4조).

100. 비당사국(제3국)의 역외 정보 유통과 국가정보보호 감독기관의 의무적 설립에 관한 규정 등의 도입.

101. 조약 제13조에 따르면, 당사자들은 데이터 피사체에 이 협약에 명시된 것보다 더 광범위한 보호 조치를 부여할 수 있으므로 더 강력한 보호를 채택할 수 있다(Proposal for a COUNCIL DECISION authorising Member States to sign, in the interest of the European Union, the Protocol amending the Council of Europe Convention for the Protection of Individuals with regard to Automatic Processing of Personal Data (ETS No. 108), p.3).

102. 각 당사국은 이 협약을 공공 및 민간 부문의 관할권에 따라 데이터 처리에 적용함으로써 개

인데이터 보호권을 모든 개인이 확보하게 된다(108+제3조).

103. 데이터는 다양한 유형을 띠고 있으며, 사람과 개인데이터, 기계 또는 센서, 기후 정보, 위성 이미지, 디지털 사진 및 비디오 또는 GPS 신호를 포함하는 것으로 이해하여, 유럽의회의 데이터보호법 안내서는 빅데이터를 지능데이터와 유사한 의미로 이해하고 있는 것으로 판단된다. 이것은 수집된 데이터와 정보가 원래 의도된 것보다 다양한 목적에 사용될 수 있음을 의미한다. 이를테면 통계적 경향, 또는 광고와 같은 맞춤형 서비스들에 사용될 수 있다. 실제로 빅데이터를 수집하고 처리하고 평가하기 위한 기술이 존재하는 곳에서는 금융 거래, 신용도, 의료, 민간 소비, 전문 활동, 추적 및 경로, 인터넷 사용, 전자카드 및 스마트폰, 비디오 또는 통신 모니터링 등 모든 종류의 정보를 결합하고 재평가할 수 있다. 빅데이터 분석은 새로운 정량적 차원의 데이터를 가져오는데, 이를테면 소비자에게 맞춤형 서비스를 제공하기 위해 실시간으로 평가되고 사용될 수 있는 것으로 보고 있다(Office of the European Union, *Handbook on European data protection law*, 2018, 350~351면 참조).

104. 조약 108+ 제5조

105. 주로 합법성, 데이터 최소화, 목적 제한 및 투명성의 원칙과 관련해 문제가 제기되는데, '데이터 최소화의 원칙'은 개인데이터가 적절하고 처리되는 목적에 필요한 것에 제한되어야 하지만, 빅데이터의 비즈니스 모델은 데이터 최소화의 반대일 수 있으며, 데이터 최소화는 종종 불특정 목적으로 점점 더 많은 데이터를 요구하기 때문이다. 또한 이와 같은 것은 목적 제한의 원칙에 적용되며, 이는 데이터가 지정된 목적에 따라 처리되어야 하며, 그러한 처리가 데이터 주체의 동의와 같은 법적 근거에 근거하지 않는 한 수집의 초기 목적과 양립할 수 없는 목적으로 사용할 수 없지만(제4.1조 참조), 딥러닝을 거치는 과정에서 이에 대한 원칙에 위배되는 결과를 초래할 수 있으며, 빅데이터는 빅데이터 애플리케이션이 수집된 데이터의 정확성을 확인 또는 유지할 수 있는 가능성을 갖지 않고 다양한 소스에서 데이터를 수집하는 경향이 있기 때문에 데이터의 정확성 원칙과도 배치되는 결과를 야기할 수 있다(Office of the European Union, *Handbook on European data protection law*, 2018, 356~357면 참조).

106. Consultative Committee Of The Convention For The Protection of Individuals With Regard To Automatic Processing of Personal Data.

107. 개인데이터 처리: 수집, 저장, 보존, 변경, 검색, 공개, 이용 가능, 삭제 또는 파괴 또는 그러한 데이터에 대한 논리적 및 산술적 연산 수행과 같은 개인데이터에 대해 수행되는 연산 또는 집합(Processing: any operation or set of operations which is performed on personal data, such as the collection, storage, preservation, alteration, retrieval, disclosure, making available, erasure, or destruction of, or the carrying out of logical and/or arithmetical operations on such data).

108. 이 가이드라인은 '가명화'에 대해 다음과 같이 정의하고 있다.

가명화: 이러한 추가 정보가 별도로 유지되고 개인데이터가 식별되거나 식별 가능한 자연인에게 귀속되지 않도록 하기 위한 기술적, 조직적 조치의 대상이 되는 경우, 개인데이터

가 더 이상 추가 정보를 사용하지 않고 특정 데이터 주체에 귀속될 수 없는 방식으로 개인데 이터를 처리하는 것을 의미(Pseudonymisation: means the processing of personal data in such a manner that the personal data can no longer be attributed to a specific data subject without the use of additional information, provided that such additional information is kept separately and is subject to technical and organisational measures to ensure that the personal data are not attributed to an identified or identifiable natural person).

109. 7.1 빅데이터의 사용은 의사결정 과정에서 인간 개입의 자율성을 유지해야 한다. 7.2 빅데이터 분석에서 제공하는 결과에 기반한 결정은 데이터에 관한 모든 상황을 고려해야 하며, 단지 비맥락화된 정보나 데이터 처리 결과에 기반하지 말아야 한다. 7.3 빅데이터에 기반한 결정이 개인의 권리에 크게 영향을 미치거나 법적 효력을 발생시키는 경우, 의사 결정권자는 데이터 주체의 요청에 따라 데이터 주체에 대한 결과를 포함하여 처리의 근거가 되는 추론을 제공해야 한다. 7.4 합리적인 근거를 토대로, 의사결정자는 빅데이터를 사용하여 제공된 권고의 결과에 의존하지 않을 자유를 허용해야 한다. 7.5 빅데이터 분석에 근거한 직접 또는 간접적인 차별이 있었다고 추정할 수 있는 징후가 있는 곳에서 컨트롤러와 프로세서는 차별이 존재하지 않음을 입증해야 한다. 7.6 빅데이터에 기반한 의사결정에 영향을 받는 정보주체는 관할 감독당국에 이의를 제기할 권한을 갖는다.

110. 브란덴부르크, 베를린, 브레멘, 함부르크, 헤센 등의 주(land)에서는 개별 데이터보호법을 제정해 시행하고 있다.

111. Artikel 31 Bundesrecht bricht Landesrecht.

112. 우리나라에 개인정보보호법에 우선하는 '정통망법', '신용정보호보법', '의료법(파기 관련)', '공공기록물관리법(보관 · 파기관련)'이 있듯이, 독일에도 부문별 특별법이 있다.

113. IT 보안 강화를 위해 '통신법(Telekommunikationsgesetz, TKG), 텔레미디어법(Telemediengesetz, TMG), 원자력법(Atomgesetz), 에너지법(Energiewirtschaftsgesetz)' 등의 법률 중 해당 부분을 개정하였으며, 이러한 관련법의 개정 사항을 통칭하여 'IT보안법(Gesetz zur Erhöhung der Sicherheit informationstechnischer Systeme)'이라 일컫는다.

114. https://www.rechnungswesen-verstehen.de/lexikon/datenschutz.php

115. 우리나라는 헌법재판소의 2005년 결정을 통해 "인간의 존엄과 가치, 행복추구권을 규정한 「헌법」제10조제1문에서 도출되는 일반적 인격권 및 「헌법」제17조의 사생활의 비밀과 자유에 의하여 보장되는 개인정보자기결정권은 자신에 관한 정보가 언제 누구에게 어느 범위까지 알려지고 이용되도록 할 것인지를 그 정보주체가 스스로 결정할 수 있는 권리(헌재 2005. 5. 26. 99헌마513등, 판례집 17-1, 681,682)"라고 개념 정의하며, 기본권으로 해석하여 이를 보호하는 후행 판결을 내놓고 있다. 이 용어는 우리나라에서는 '개인정보자기결정권'으로 사용되나, 독일 원어에 충실하고자 '정보의 자기결정권(Recht auf informationelle Selbstbestimmung)'으로 해석하고자 한다.

116. BVerfG, Urteil vom 15.12.1983.

117. https://openjur.de/u/268440.html

118. Ibid.

119. 내재적 한계론은 독일 헌법체계의 특수성으로 인해 발달한 헌법학 이론으로, 우리나라의 경우 일반적 법률 유보조항인 「헌법」 제37조제2항의 존재로 인해 3한계론을 인정하는 것에 관해 학설의 대립이 있음에 유의하여야 한다.

120. https://openjur.de/u/268440.html

121. BDSG 1977, BDSG 1990, BDSG 2001, BDSG 2003, BDSG 2009, BDSG 2017

122. 연방 국가라는 특징으로 인해 독일의 각 주(16개주)들도 그들에게 부여된 입법권한의 범위 내에서 협력을 통한 중앙집권화에 기여한다. 그리고 각 주는 그들의 헌법을 통해 입법적 권한을 가지며, 이러한 입법권한에 근거해 각 주별로 규율한 행정법을 제정해 시행하고 있다.

123. 해당 내용은 정보의 객관성 확보를 위해 법제체에서 운용하는 세계법제정보센터에 올라온 내용을 그대로 사용하였다.

124. 단 GDPR 리사이틀 제26항에 근거해, 독일도 동일하게 익명의 데이터는 BDSG의 적용을 받지 않고 익명의 데이터로 처리된다.

125. 우리나라가 법인에 관한 정보를 「개인정보보호법」의 적용 대상에서 제외시키는 것과 유사한 개념으로 이해하면 된다.

126. https://dsgvo-gesetz.de/bdsg/

127. Entscheidung des BAG vom 11.12.2014, 8 AZR 1010/13; http://juris. bundesarbeitsgericht.de/zweitesformat/bag/2015/2015-04-29/8_AZR_1010-13.pdf

128. BDSG-neu 제26조제8항에 따를 때, BDSG-neu의 적용을 받는 고용인은 직원, 임시 근로자, 연수생, 직원 유사 직원, 공무원 및 판사 등이 해당된다.

129. https://www.datenschutz-wiki.de/BDSG:%C2%A7_26

130. http://www.searchsecurity.de/lernprogramm/DSGVO-Auswirkungen-des-neuen-Bundesdatenschutzgesetzes-auf-die-IT-Sicherheit

Ⅱ. 개인정보보호 관리체계

1. http://www.privacybydesign.ca/content/uploads/2009/08/7foundationalprinciples.pdf; https://www.jipitec.eu/issues/jipitec-4-1-2013/jipitec4krebs/jipitec-4-1-2013-2-krebs.pdf; https://www.ryerson.ca/pbdce/certification/seven-foundational-principles-of-privacy-by-design/

2. 출처: European Union Agency For Network And Information Security. Privacy by Design. 2014.

3. technical and organisational measures (TOM)

4. 행정안전부, 『2019년 공공기관 개인정보보호 관리수준 진단 안내서』, 1면.

5. 4만 1000여 개 기업의 정보보호 최고책임자 지정 의무가 부과될 것이라 예측한다.

6. 행정자치부 · 한국인터넷진흥원, 『개인정보의 안전성 확보조치 기준 해설서』, 2017, 44면.

7. Ibid.

8. 정보통신망법상의 『개인정보의 기술적 · 관리적 보호조치 기준 해설서』는 그 밖에 개인정보보호를 위해 필요한 사항으로 다음을 제시하고 있다(방송통신위원회 · 한국인터넷진흥원, 『개인정보의 기술적 · 관리적 보호조치 기준 해설서』, 2017. 12, 43면).

    개인정보보호 관리체계 등 개인정보보호 관련 인증 획득 · 개인정보보호 컨설팅 · 위험관리(자산식별, 위험평가, 대책 마련, 사후관리) · 개인정보처리시스템 설계, 개발, 운영 보안 · 보안장비 및 보안솔루션 도입 및 운영, 형상 · 운영 관리 및 기록 · 개인정보보호 예산 및 인력의 적정 수준 반영 · 개인정보보호 관련 지침, 규정 등 수립 및 시행 · 개인정보 파기 절차 수립 및 시행 등

9. 출처: 행정안전부/한국인터넷진흥원 교육자료 참조.

10. 행정자치부 · 한국인터넷진흥원, 『개인정보의 안전성 확보조치 기준 해설서』, 2017, 35면.

11. 개인정보취급자에게 개인정보처리시스템에 대한 접근을 재부여하는 경우에도 반드시 개인정보취급자여부를 확인 후 계정 잠금 해제 등의 조치가 필요하다(같은 책, 47면).

12. 특히 개인정보처리시스템의 데이터베이스(DB)에 대한 직접적인 접근은 데이터베이스 운영 · 관리자에 한정하는 등의 안전조치를 적용할 필요성이 있다(같은 책, 45면).

13. 「개인정보의 안전성 확보조치 기준」(고시)이 2019년 6월 7일 개정되어 접속한 기록을 6개월 이상 보관하는 것에서 1년 이상으로 변경되었다.

14. 예를 들어 계정정보 또는 비밀번호를 일정 횟수 이상 잘못 입력한 경우 사용자계정 잠금 등의 조치를 취하거나, 계정정보 · 비밀번호 입력과 동시에 추가적인 인증수단(공인인증서, OTP 등)을 적용하여 정당한 접근권한자임을 확인하는 등의 조치를 취하는 것을 말한다(행정자치부 · 한국인터넷진흥원, 『개인정보의 안전성 확보조치 기준 해설서』, 2017, 47면).

15. 방송통신위원회 · 한국인터넷진흥원, 『개인정보의 기술적 · 관리적 보호조치 기준 해설서』, 2017. 12, 80~90면 참조.

16. https://gdpr-info.eu/issues/privacy-by-design/

III. 개인정보의 처리단계별 보호

1. 법률(法律): 국회의 의결을 거쳐 대통령이 서명, 공포한 법규범만을 의미함.

2. 법령(法令): 일반적으로 법률과 명령을 의미하며, 국회에서 제정한 법률과 그 하위규범인 시행

령(施行令)으로서의 대통령령과 시행규칙(施行規則)으로서의 총리령 · 부령(部令) 등을 의미함.

3. 행정자치부,『개인정보보호 법령 및 지침 · 고시 해설서』, 2016, 76~77면.

4. 『개인정보보법 해설서』에 따른 '별도의 동의'란 다른 동의와 구분되어 있으면 되고, 반드시 시간 · 매체 · 절차 · 방법 등이 다를 필요는 없다. 예를 들어, 하나의 페이지 내에서 수집 · 이용에 대한 동의 항목과 목적 외 이용 · 제공 동의 항목을 별도로 구분하여 동의를 받을 수 있는 것으로 해석할 수 있다(행정안전부,『개인정보보법 해설서』, 119면).

5. 행정안전부 · 방송통신위원회 · 한국인터넷진흥원,『우리 기업을 위한 '유럽 일반 개인정보보호법(GDPR)' 가이드북』, 51면.

6. 타 기관 연계 · 제공 시 안전성 확보조치: 개인정보의 제공 범위, 데이터의 가공 여부, 제공하는 파일의 형태 및 특성에 따른 보안 방법, 접근 통제, 인증, 제공 시 암호화 등의 보호 조치와 제공된 개인정보의 파기 방법 및 확인에 있어서의 안전조치 및 제공기관이 제공기관장의 동의 없이 다른 기관에 재 제공을 금지하는 것 등.

7. 대상 시스템에서 취급하는 개인정보를 제3자에게 제공하는 경우 해당사항을 개인정보처리 방침에 기재하고 인터넷 홈페이지 · 관보 등을 통해 안내하도록 한다.

8. 조약이란 국가 간의 문서에 의한 합의를 뜻하는데, 그 명칭이 '조약'이든 조약 이외의 '협약, 협정, 규약, 선언, 의정서'이든 상관없이 '국가 간의 문서에 의한 합의'이면 조약에 해당한다.

9. 헌재 2018. 8. 30. 2014헌마368, 판례집 30-2, 363.

10. 대상 시스템에서 취급하는 개인정보를 위탁하여 처리하는 경우 위탁 목적, 위탁되는 개인정보의 범위, 위탁 사실 및 위탁 기간, 수탁자의 명칭 및 연락처 등을 개인정보처리 방침에 기재하고 인터넷 홈페이지 · 관보 등을 통해 공개하도록 계획하고 있는지 확인한다.

Ⅳ. 영상정보처리기기 등 신기술과 개인정보보호

1. "비공개된 장소"의 예시: 입주자만 이용 가능한 시설, 직원만 출입이 가능한 사무실, 권한이 있는 자만 접근 가능한 통제구역, 학생 · 교사 등 학교관계자만 출입이 가능한 학교시설(교실, 실험실 등), 진료실 · 입원실 · 수술실, 비디오 감상실, 노래방의 개별 방, 지하철 내 수유실 등 사생활 침해 위험이 큰 공간.

Ⅴ. 정보주체 권리보장 등

1. 처리: 개인정보의 수집, 생성, 연계, 연동, 기록, 저장, 보유, 가공, 편집, 검색, 출력, 정정(訂正), 복구, 이용, 제공, 공개, 파기(破棄), 그 밖에 이와 유사한 행위를 말한다.
2. 처리정지: 상기에 기술된 처리 관련 업무의 정지를 말한다.
3. 행정처분: 행정청이 행하는 구체적인 사실에 관한 집행으로서의 공권력의 행사 또는 그 거부와 그 밖에 이에 준하는 행정작용으로, ① 행정청의 공권력 행사작용 ② 공권력 행사의 거부 ③ 공권력 행사나 그 거부에 준하는 행정작용이 포함된다.
4. 부작위: 행정권이 행하는 소극적 작용으로, 마땅히 해야 할 것으로 기대되는 조치를 취하지 않는 것을 의미한다.

Ⅵ. 법 위반 시 처벌사항과 적용제외

1. 출처: 2013~2017 개인정보 실태 점검 및 행정 처분 사례집, 2018, 27면.
2. 행정안전부 · 한국인터넷진흥원, 『2013~2017 개인정보 실태 점검 및 행정 처분 사례집』, 2018. 4., 16면
3. Ibid.
4. Ibid.
5. 행정안전부 · 한국인터넷진흥원, 『2013~2017 개인정보 실태 점검 및 행정 처분 사례집』, 2018. 4., 17면
6. 헌재 2018. 4. 26. 2017헌마711, 공보 제259호, 781.